久保田秀樹 著

ドイツ商法現代化と税務会計

東京 森山書店 発行

はじめに

　「グローバリゼーション」という言葉は，一時の流行語から，普通の言葉となって久しい。しかし，グローバリゼーション自体は，ますます進展しているが，それを一般的，かつ具体的に観察できる領域は余りない。財務会計の世界は，数少ないそうした例の1つである。国際財務報告基準（IFRS）の影響力拡大という形で，グローバルスタンダードが浸透する一方で，それが各国の課税所得計算という，国家にとって重要なファクターを脅かす事態が生じている。グローバリゼーションが国境の意味を希薄化することを最も具体的に示す例なのである。

　経済のグローバリゼーションは，金融の世界でもっとも急速に進展している。その一環として資本市場のグローバリゼーションが進み，証券取引所間の競争の激化，及びそれに対応するための取引所の統合が行われてきた。こうした事態に対処すべく，証券監督機関でも国際協力が不可欠となり，証券監督者国際機構（IOSCO）の役割の重要性が増大した。そうした流れによって証券市場規制の柱としての財務公開制度と，それを支える会計基準の整備が進められる中で，資本市場にリンクした会計としてのIFRS会計の普遍化が進行している。

　日本においても，資本市場にリンクした会計としての証券取引法（金融商品取引法）会計の整備のための企業会計基準の改訂・新設が急ピッチで進められてきた。これは，資本市場にリンクした会計の普遍化のプロセスとして理解することができる。また，IFRSとのコンバージェンスが2007年の東京合意によって日本基準との間でも着実に進められている。これは，会計基準のグローバリゼーションの具体的姿である。

　上記の問題意識の下に，資本市場にリンクした会計という，アメリカに源を

発する特異な会計が，金融のグローバリゼーションの進展によって，グローバルスタンダードとして確立され，その影響力を拡大していく中で，国の課税所得計算にどのような影響を及ぼしているのか。また，国はそれにどう対処しようとしているのかという問題について，ドイツの経験を紐解くことにより明らかにすることが本書の目的である。

　従来，商法（会社法）会計と税務会計は，第1章で詳述する「大陸モデル」においては，大枠を定める商法（会社法）会計の規制が空白となっている箇所を税務会計の詳細なルールが埋めるという形で，ある種の相互依存の関係が成立していた。しかし，日本では商法（会社法）会計と密接な関係を持つ証券取引法（金融商品取引法）会計，ドイツでは商法（会社法）会計の情報提供機能に対して，資本市場にリンクした会計基準であるIFRSが影響を及ぼすにつれて，商法（会社法）会計のルールが詳細化し，それまでの相互依存関係が成り立たない領域が広がってしまった。

　ドイツをはじめとするEUでは，IFRSを上場企業の連結決算に限定して強制適用することにより，つまり，「連単分離」によって商法会計と税務会計との直接的軋轢を回避してきた。しかし，商法会計における情報提供機能の強化という要請は，連結決算にとどまらず，例えば，ドイツでは2009年の会計法現代化法（BilMoG）による個別決算書の情報提供機能の強化につながった。それによって商法会計と税務会計との関係が大きく変化するに至った。すなわち，資本市場にリンクした会計の影響が商法に強く及ぶことの結果，税法との間のリンク（基準性の原則）が問題となっている。日本でも，2007年のASBJとIASBとの東京合意の結果，金融商品取引法会計および会社法会計に対するIFRSの影響が強まることにより，確定決算主義ないし損金経理要件の在り方が問われている。この点は，商法（会社法）と税法とが基準性の原則（確定決算主義）でリンクされている日独に共通している。詳細は，本書において明らかにしていくが，結論的にいえば，商法（会社法）会計と税務会計との関係は希薄化し，ないしは後者の前者からの独立を唱える見解もある。

　また，証券取引法（金融商品取引法）会計は，当初より上場会社中心，つま

り比較的大規模な会社を規制対象としてきた。したがって，中小会社をも規制対象とする商法（会社法）会計とは，自ずと異なる性格を有する。にもかかわらず，かつては，大会社会計規制は，中小会社にとっても少なくともその理想，あるいは到達目標として措定された時代があった。すなわち，従来，開示規制という点における商法会計と証券取引法会計との重なりを根拠に，証券取引法（金融商品取引法）会計が商法（会社法）会計の近代化を先導してきた。しかし，会計規制のグローバリゼーションによって複雑化した大会社会計規制は，中小会社にとっては，単なる過重負担（over load）となってしまった。ドイツをはじめとするヨーロッパでは，中小会社のこうした過重負担を軽減する方策が追求されている。

日本でも，IFRSの任意適用やIFRSと日本基準のコンバージェンスの進展を受けて，「連単分離」といった形で，商法会計と税務会計との関係が論ぜられている。ドイツをはじめとするEUでは，既にこうした対応策の経験が蓄積されている。それらの経験は，後を追うようにその対応策を求める我が国にとって貴重な示唆を与えるものである。

本書では，まず，第1章において，資本市場にリンクした会計の成立とその普遍化について考察する。そして，「英米モデル」と「大陸モデル」との特徴を対比した上で，それと課税所得計算との異質性について明らかにする。

第2章では，ドイツにおける連結決算に限定した会計規制の現代化の経緯を明らかにした上で，商法会計における情報提供機能の強化という要請が個別決算にも反映されることを目指して制定されたBilMoGの特徴について考察する。そのポイントの1つが日本の損益経理要件に類似する「逆基準性原則」の廃止である。これにより，税務会計の商法会計からの独立の度合いが高まり，税務会計の余地が広がった。第3章では，これらを踏まえて，日本の確定決算主義に相当する「基準性の原則」の行方について考察する。

第4章では，複雑化する商法会計規制からのマイクロ資本会社に対する軽減策を取上げる。ドイツでは，小規模企業に対する過重負担を軽減すべくマイクロ資本会社会計法改正法（MicroBilG）が制定された。しかし，電子税務決算

書（E-Bilanz）の送達開始によって税務会計の独立性が高まる一方，小規模企業に対する商法上の軽減策を無効化する恐れがある。

　第5章では，まず，EU加盟国における法人課税ベース算定の多様性を示し，独仏間での法人課税ベースのコンバージェンスを提案した，独仏両政府による共同報告書「グリーンブック」（2012年）を紹介する。次に，ヘルツッヒ（Norbert Herzig）教授の研究に依拠して，簡素化された課税所得計算の可能性について考察する。課税所得計算の企業会計からの独立傾向を放置すると，両者の「重なり」が失われる分，企業に負担を掛けることになる。そこで，独立した課税所得計算については簡素化が必要とされる。

　第6章では，簡素化された課税所得計算の例として，EUにおける共通連結法人税課税ベース（CCCTB）に関する指令案について考察する。そして，CCCTBの実施の困難性について取り上げる。

　補論では，第1章から第6章で論じた，資本市場にリンクした会計であるIFRS会計の普遍化がドイツの商法現代化に及ぼした影響，そしてBilMoGによって個別決算に現代化が及ぶことによって生じている課税所得計算との関係についてのドイツの経験を踏まえて，財務会計に関する近代的会計規制の根本的変容について考察する出発点として，日本の会計規制近代化の経緯を「企業会計原則」を中心に概観する。

　本書を刊行するにあたり，税務会計研究をまとめるという，神戸大学経営学部税務会計講座助手の頃からの宿題をようやく果たせたことを　故武田隆二先生にご報告申し上げたい。

　本書は，ケルン大学経営社会学部名誉教授であるヘルツッヒ教授（Professor Dr. Dr. h. c. Norbert Herzig）の文献を中心に依拠しながら進めてきた，ドイツの税務会計についての研究をまとめたものである。教授は，連邦財務省（BMF）の委託を受けて「国際的会計基準の適用と課税所得計算へのその影響」を調査する意見書（Herzig 2004）を作成・公表され，また欧州委員会でのCCCTBに関する指令案にドイツ連邦政府のアドバイザーとして関与された。

教授には，ケルン大学の研究室で直接お目にかかって指導を受ける機会を得ることができた。心よりの感謝を捧げる。

　ハインリヒ・ハイネ大学（デュッセルドルフ）の経営経済的租税論講座のフェースター教授（Prof. Dr.Guido Forster）の日頃のご指導に感謝する。ドイツの税務会計全般にわたる疑問点につき，いつも懇切丁寧な解説を頂いている。

　本書刊行に対して甲南大学伊藤忠兵衛基金による出版助成を受けたことに御礼を申し上げる。

　また，私事になるが妻典子，長男良輔による日頃の協力に感謝することをお許しいただきたい。

　出版については有限会社森山書店代表取締役社長　菅田直文氏の心温まるご配慮とご尽力を賜った。ここに心より感謝申し上げる。

2014年7月19日

久保田　秀樹

【略語一覧】

ASOBAT	A Statement of Basic Accounting Theory	基礎的会計理論ステートメント
BFH	Bundesfinanzhof	連邦財政裁判所
BilKoG	Bilanzkontrollgesetz	会計統制法
BilMoG	Bilanzrechtsmodernisierungsgesetz	会計法現代化法
BilReG	Bilanzrechtsreformgesetz	会計法改革法
BMF	Bundesministerium der Finanzen	連邦財務省
CCCTB	the Common Consolidated Corporate Tax Base（ドイツ語 die Gemeinsame Konsolidierte Köperschaftsteuer-Bemessungsgrundlage：GKKB）	共通連結法人課税ベース
CCTB（ドイツ語 GKB）	the Common Corporate Tax Base	共通法人課税ベース
DRS	Deutsche Rechnungslegungsstandards	ドイツ会計基準
DRSC	Deutsches Rechnungslegungs Standards Committee	ドイツ会計基準委員会
EStDV	Einkommensteuer-Durchführungsverordnung	所得税施行令
EStG	Einkommensteuergesetz	所得税法
EStR	Einkommensteur-Richtlinien	所得税ガイドライン
FASB	Financial Accounting Standards Board	財務会計基準審議会
HGB	Handelsgesetzbuch	ドイツ商法典
IASB	International Accounting Standards Board	国際会計基準審議会
IFRS	International Financial Reporting Standards	国際財務報告基準
KapAEG	Kapital-aufnahmeerleichterungsgesetz	資本調達容易化法
KapCoRiLiG	Kapitalgesellschaften- und Co. Richtlinie-Gesetz	資本会社&Co. 指令法
KonTraG	Gesetz zur Kontrolle und Transparenz im Unternehmensbereich	企業領域統制・透明化法
MicroBilG	Kleinstkapitalgesellschaften-Bilanzrechtsänderungsgesetz	マイクロ資本会社会計法改革法
TransPuG	Transparenz- und Publizitätsgesetz	透明化・開示法

目　　次

第1章　資本市場にリンクした会計の普遍化と課税所得計算 …………… 1
　Ⅰ　資本市場にリンクした会計の誕生 ………………………………… 1
　Ⅱ　AAA会計原則における利用者指向と多元的規準アプローチ …… 3
　Ⅲ　資本市場にリンクした会計とFASB概念フレームワーク・プロジェクト … 6
　Ⅳ　「公正価値アプローチ」と「受託責任アプローチ」……………… 8
　Ⅴ　「英米モデル」と「大陸モデル」………………………………… 13
　Ⅵ　「英米モデル」の浸透 …………………………………………… 18
　Ⅶ　IFRS会計と課税所得計算の相異点 ……………………………… 20
　Ⅷ　日本におけるIFRS導入と税務会計 ……………………………… 25

第2章　ドイツにおける商法現代化と基準性の原則 ………………… 29
　Ⅰ　ドイツ商法現代化の経緯 ………………………………………… 29
　Ⅱ　「逆基準性」への批判 …………………………………………… 33
　Ⅲ　BilMoGの概要 …………………………………………………… 35
　Ⅳ　2つの「基準性」………………………………………………… 40
　Ⅴ　基準性の原則の歴史的展開 ……………………………………… 47
　Ⅵ　課税所得計算と憲法 ……………………………………………… 49

第3章　ドイツにおける課税所得計算と「基準性の原則」の行方 …… 53
　Ⅰ　商法決算書と税務決算書との関係の在り方 …………………… 53
　Ⅱ　基準性の原則とその行方 ………………………………………… 57
　Ⅲ　基準性の原則と中小企業 ………………………………………… 62
　Ⅳ　税/会計リンケージの類型化 …………………………………… 64

Ⅴ	税/会計リンケージにおける「英米モデル」と「大陸モデル」の特徴	70
Ⅵ	IFRS 準拠連結財務諸表に対する税の影響	72
Ⅶ	「大陸モデル」と「英米モデル」との接近	76

第4章　ドイツ商法におけるマイクロ資本会社会計規制軽減と電子税務決算書（E-Bilanz）の導入 …… 79

Ⅰ	資本会社の規模と会計規制	79
Ⅱ	マイクロ資本会社に対する年度決算書に関する軽減	82
Ⅲ	マイクロ資本会社に対するその他の軽減	86
Ⅳ	商法のその他の改正および株式法，企業登記簿規則および司法事務処理費規則の改正	91
Ⅴ	MicroBilG と E-Bilanz	94
Ⅵ	ドイツにおける電子税務決算書（E-Bilanz）の適用時期等に関する軽減	96
Ⅶ	物的適用領域とタクソノミ	101
Ⅷ	項目種類および項目領域	105
Ⅸ	任意記載および収容項目	108
Ⅹ	企業サイドの対応戦略	111
Ⅺ	E-Bilanz の問題点	113

第5章　EU における財務会計と税務会計との関係および簡素化された課税所得計算 …… 117

Ⅰ	財務会計と税務会計との関係	117
Ⅱ	財務会計が解決策を提供しない領域	120
Ⅲ	企業グループ課税および税率	125
Ⅳ	人的会社および特定の事業支出の取扱い	130
Ⅴ	グリーンブックの意義	132

Ⅵ　所得税法第4条第3項による収入余剰計算 ………………………… *133*
　Ⅶ　期間区分的要素の受容 ……………………………………………… *138*
　Ⅷ　修正収入余剰計算の適用範囲 ……………………………………… *146*
　Ⅸ　事業財産比較と修正収入余剰計算間の全般的選択権 …………… *149*

第6章　EU共通連結法人税課税ベース（CCCTB）とEUにおける法人税課税ベース調和化の困難性 ………………………………… *151*
　Ⅰ　共通連結法人課税ベース（CCCTB）に関するEU指令案 ……… *151*
　Ⅱ　指令案成立の経緯とCCTBおよびCCCTBの影響アセスメント …… *152*
　Ⅲ　CCCTBの特徴 ……………………………………………………… *155*
　Ⅳ　CCCTBの損益計算書指向性と「影の貸借対照表」 ……………… *157*
　Ⅴ　借方項目の計上と評価 ……………………………………………… *160*
　Ⅵ　引当金の計上と計上額 ……………………………………………… *169*
　Ⅶ　潜在的税務貸借対照表上の修正および潜在的決算書外修正 …… *174*
　Ⅷ　課税所得計算としてのCCCTBの観点からのIFRSの評価 ……… *182*
　Ⅸ　連結（第2段階）と所得割当（第3段階） ………………………… *187*
　Ⅹ　税務上の正規の簿記原則 …………………………………………… *190*

補　論　日本における会計規制近代化と「企業会計原則」 …………… *195*
　Ⅰ　財務諸表規則とシャウプ勧告 ……………………………………… *195*
　Ⅱ　会計制度監査 ………………………………………………………… *199*
　Ⅲ　戦後昭和期の商法改正 ……………………………………………… *210*

引用文献 ……………………………………………………………………… *221*
索　　引 ……………………………………………………………………… *233*
あとがき

第1章　資本市場にリンクした会計の普遍化と課税所得計算

I　資本市場にリンクした会計の誕生

　アメリカ会計基準（US-GAAP）も国際財務報告基準（IFRS）も，資本市場にリンクした会計基準である。

　資本市場にリンクした会計基準の起源は，アメリカにある。US-GAAPこそが，資本市場にリンクした会計基準の出発点であり，日本の企業会計基準やIFRSのモデルとなってきた。会計基準のグローバリゼーションは，資本市場にリンクした会計の普遍化として具体化している。資本市場にリンクした会計は，資本市場規制と財務公開制度とをワンセットとしてアメリカで成立し，その特徴は，利用者指向と概念フレームワークの整備にある。本章では，アメリカにおける資本市場にリンクした会計成立の経緯を辿り，資本市場にリンクした会計にとっての概念フレームワークの存在意義とその根幹にある世界観を取上げる。そして，「英米モデル」と「大陸モデル」との特徴を対比した上で，資本市場にリンクした会計と課税所得計算との根本的相違について明らかにする。

　資本市場にリンクした会計の根底には，市場経済において資本市場がその中心的役割を担っており，会計はその資本市場を支える重要なサブ・システムであるという次のような思想が横たわっている。

　「投資家の信頼が会計専門業の活動によって提供される信頼しうる財務情報

やその他の情報開示によって高められれば，それだけ社会の資本市場構造が強化される。」(傍点筆者)(大野ほか訳1983，329-330頁)

　イギリスにおいて大衆投資家の保護のために破産法の整備によって社会的役割を担うようになった会計士は，イギリスの資本と共にアメリカに渡ってきた。しかし，大衆投資家の保護をきっかけに発達したイギリスの会計士制度も，アメリカにおける投機熱およびバブル崩壊に伴う大衆投資家の損害の防止には役立たなかった。

　アメリカでは，19世紀後半に企業の合同・合併の進展によって，大衆所有による製造企業が多数出現した。その結果として，いわゆる「所有と支配の分離」が進展した。すなわち，企業の大衆による所有は「所有と支配の分離」と同義でもある。ホーキンスによれば，特に1920年代を通じて，それまでの閉鎖的な私的所有企業が，次々に大衆所有企業へと移り変わり，アメリカにおける株主の数は，1900年の約50万人から1920年の約200万人，そして1930年には推定1000万人へと増加したという(山口訳1972，161頁)。

　しかし，「所有と支配の分離」がすぐさま財務公開制度につながったわけではない。企業家は，主に競争者を援助することをおそれて，なお財務情報を秘密にしたがる傾向にあった(山口訳1972，175頁)。結局，財務情報公開が制度化されるのはニューヨーク証券取引所(NYSE)におけるバブルの崩壊によって投資大衆が損害を被った後のことであった。

　1928年に株式投機がアメリカあげてのブームとなり，1929年の9月の初めにはNYSEの市場平均はピークに達した。1928年3月から1929年9月初めまでの1年半の株価の上昇率は，それまでの5年間のそれに匹敵したという(井手訳1993，29頁)。しかし，10月21日月曜日に，市場は当時の標準を上回る出来高を伴う安値で始まり，水曜日に状況は一層悪化した。木曜日の午前中の株価は底なしと思われるほど下落した。いわゆる「暗黒の木曜日」である。人々に安心感を与えるための大銀行家等による声明や行動によって，事態は一時的に好転したが，週明けの月曜日には大量の売りが出て，翌29日はニューヨーク証券取引所の歴史上最も破滅的な日となり，その後も株価は続落した。

そして，この株式市場の暴落がやがて世界的な大不況へとつながっていく。

歴史的バブル現象を振り返って，その渦中にあった人々の証言を引用して，井尻雄士は次のようにいう。

「われわれの判断は正しかったが，もとになった数字がデタラメだったから大損害を被ったとそろって議会に陳情し，もっとしっかりした財務諸表の公表制度と監査制度の確立をうながしたのです。」（傍点筆者）（井尻 1984，158-159 頁）。

このように，大衆産業化経済の進展にともなって会計士は更に独特の位置を占めることになる。すなわち，バブルの崩壊による投資大衆の損害が，公認会計士監査を伴う財務情報公開の制度化につながったのである。

II　AAA 会計原則における利用者指向と多元的規準アプローチ

第 V 節で詳述する，ミューラーほか（G. Mueller/H. Gernon/G. Meek 1994）による会計類型では，アメリカ会計が属する「英米モデル」の特徴として，会計の「投資者および債権者の意思決定ニーズ」指向と「大規模でかつ発達した証券市場」の存在が挙げられている（野村・平松監訳 1999，16 頁）。資本市場にリンクした会計は，同時に利用者指向という特徴をもつ。

AAA（アメリカ会計学会）によって 1966 年に公表された "*A Statement of Basic Accounting Theory*"，いわゆる ASOBAT（AAA 1966）で展開された会計については，一般に，「意思決定有用性アプローチ」の採用という点で，それまでの AAA の会計原則に関する報告書とは異なる性格をもつものと理解されている。確かに，それまでの AAA による一連の報告書がその目的を達したとして，ASOBAT 作成委員会には新しい別の仕事，すなわち「教育者，会計士その他会計に関係のある人々に指針として役だつ，基礎的会計理論に関する総合的報告書」（AAA 1966, p. v, 飯野訳 1969, iii 頁）の作成が命じられた。しかし，ASOBAT の最大の特徴とされる利用者指向は，1930 年代に始まる会計原則論の当初から掲げられたアメリカ会計理論共通の特徴であり，ASOBAT も

その流れを汲むものであった。また，概念的基礎としての会計理論の役割については，ASOBAT は，AAA の会計原則論の伝統に連なるものであった（久保田 1995b 参照）。

アメリカでは，職業会計士団体（AICPA）による会計原則設定の努力と同時に，研究者団体（AAA）による会計原則に関する報告書が公表された。会計原則論としての展開は，アメリカ会計理論の大きな特徴である。AAA によって 1936 年に「会計原則試案」（"A Tentative Statement of Accounting Principles Affecting Corporate Reports"）が公表された。その後 1941 年，1948 年そして 1957 年にそれぞれ改訂版が公表されたが，これらの AAA の一連の会計原則において利用者指向が明示されていた（久保田 1995b, 25-26 頁参照）。

ASOBAT 公表の約 10 年後に ASOBAT と同じような報告書を作成するという任務の下に公表された AAA の『会計理論及び理論承認に関するステートメント』（AAA1977，以下では『1977 年報告書』と略す。）は，概念的基礎の提示という AAA の会計原則論の伝統を放棄した。他方，その伝統は，FASB（財務会計基準審議会）の概念フレームワーク・プロジェクトによって踏襲された。すなわち，『1977 年報告書』が放棄した，会計基準を構築する「概念的な上部構造」の提示は，FASB によって達成されることになる。

AAA の一連の会計原則における利用者指向の伝統が 1966 年の ASOBAT における以下の有名な定義につながる。

「本委員会は，会計を，情報の利用者が事情に精通して判断や意思決定を行なうことが出きるように，経済的情報を識別し，測定し，伝達するプロセスである，と定義する。」（傍点筆者）（AAA 1966, p. 1, 飯野訳 1969, 2 頁）

このように，利用者指向を頂点に置く ASOBAT は，AAA の会計原則論の系譜に連なる伝統的な会計理論であるといえよう。しかし，例えば，1936 年の会計原則試案等でも利用者指向の記述はみられるが（中島訳 1964, 87 頁），それが具体的な会計基準の基礎にされたわけではなかった。『1977 年報告書』は次のようにいう。

「1950 年代以前においては，会計理論について綿密に作成された多数の研究

書は会計のアウトプットの利用者にはふれてはいたけれども，それらの研究書の理論構造がいわゆる利用者の情報『要求』にもとづいていなかったことは，はっきりしている。」(傍点筆者)(AAA 1977, p. 11, 染谷訳 1980, 23 頁)

その点，ASOBAT は，利用者指向を掲げるだけでなく，「意思決定有用性アプローチ」を受容し，さらに，その受容が，「目的適合性」を頂点とする多元的規準アプローチの前提となった。

「意思決定-有用性目的が認められなければ，多元的規準接近法はこれほどまでに発展しなかったと思われる。」(AAA 1977, p. 16, 染谷訳 1980, 35 頁)

ASOBAT では，「意思決定有用性目的」の受容の下に，「目的適合性」，「検証可能性」，「不偏性」および「量的表現可能性」という，潜在的な会計情報を評価すべき会計情報の基準が展開された。但し，ASOBAT においても情報利用者の目的の詳細な研究は，その後にまかされていた。ASOBAT は，次のようにいう。

「しかし，外部利用者についてさらに多くのことがわかり，またかれらの意思決定モデルが洗練され，しかもそれがさらによく知られるようになるにつれて，会計理論も会計実務も変わるであろう。」(AAA 1966, p. 19, 飯野訳 1969, 29 頁)

情報利用者の目的に関する研究の影響が現れるのは，会計原則審議会(APB)による APB ステートメント第 4 号「営利企業の財務諸表の基礎をなす基本概念および会計原則」(AICPA 1970) や「財務諸表目的スタディグループ報告書」(AICPA 1973) においてであった。後者は，委員長の名を冠した，トゥルーブラッド委員会 (財務諸表の目的に関する調査会) による報告書であり，その後，それは，FASB の概念ステートメント・プロジェクトに継承されていく。すなわち，概念ステートメント (SFAC) No. 1「営利企業の財務報告の目的」(FASB 1978) である。SFAC No. 1 は，財務報告の目的が「意思決定有用性」にあるとしていた。

また，多元的規準アプローチは，SFAC No. 2「会計情報の質的特徴」(FASB1980a) として引き継がれた。SFAC No. 2 は，SFAC No. 1 とそれに続

く他の概念ステートメントとを橋渡しするものであり，会計情報が有用であるためには，どのような質的特徴を備えていなければならないかという問題を扱っていた。

そこでは，情報を望ましいものにするための特徴が，質的要素の階層構造として示され，「意思決定有用性」の下に，主要な意思決定固有の質的要素として「目的適合性」と「信頼性」が挙げられていた。そして，主要な意思決定固有の下位要因として「目的適合性」の下には，「予測価値」，「フィードバック価値」及び「適時性」，「信頼性」の下には，「検証可能性」，「中立性」及び「忠実な表現」が挙げられていた。その他，利用者固有の質的要素として「理解可能性」，2次的・相互作用的な質的要素として「比較可能性（継続性）」，普遍的制約条件として「対費用効果」，認識の境界として「重要性」が挙げられていた。

Ⅲ 資本市場にリンクした会計と FASB 概念フレームワーク・プロジェクト

資本市場にリンクした会計の特徴は，利用者指向と概念フレームワークの整備にあるが，実は両者は，コインの裏表の関係にある。1994年の AICPA の報告書は，次のようにいう。

「その代わりに，彼ら（会計専門家―筆者注）は，情報ニーズに整合していると考えられる概念およびフレームワークを形成してきており，その結果，利用者に対するより直接的な検証に基づくよりもむしろ現在の概念と整合する程度に基づいて，報告を改善するための考え方を判定するのが通例である。」
（傍点筆者）（八田・橋本訳 2002, 39頁）

したがって，利用者指向を謳う資本市場にリンクした会計にとって，概念フレームワークは利用者のニーズの代替として不可欠の前提となる。井尻雄士によれば，ペイトン＝リトルトンの『序説』は，現在の FASB の概念フレームワーク・プロジェクトにつながる概念フレームワークを開発する初期の試みの一つであった（Ijiri 1980, p. 622）。『序説』は次のようにいう。

「意図する所は基礎的な骨組を打ちたてることであって，その骨組みのなかで，これに続いて，会社会計基準要綱が設定されるべきものである。」(傍点筆者)(Paton/Littleton 1940, p. ix, 中島訳 1958, 1頁)

この箇所は，あたかも FASB の概念ステートメント・プロジェクトについての説明であるかのようである。また，『1977年報告書』は，『序説』について，それが演繹的な議論を示すかぎりでは，われわれは，意思決定モデル接近法とみなすとしている (AAA 1977, p. 28, 染谷訳 1980, 62頁)。

『序説』では，基礎概念として「企業実体」「事業活動の継続性」「測定された対価」「原価の凝着性」「努力と成果」および「検証力ある客観的な証拠」が挙げられている。『序説』における基礎概念とは性格は異なるものの，ASOBAT の「会計情報の基準」も概念的基礎という点では，AAA の会計原則論の系譜に連なるものと見ることができる。ASOBAT は，次のように述べている。

「本委員会が主として力を注いだのは，個々の実務を判断することのできる概念の基礎を確立することであった。」(AAA 1966, P. 1, 飯野訳 1969, 1頁)

後に，FASB は，「概念フレームワーク・プロジェクトの範囲と意義」において次のようにいう。

「概念的枠組は，一貫した諸基準をもたらすことができ，かつ財務会計および財務諸表の性質，機能および限界を規定する，相互に関連した目的と基本概念 (fundamentals) の脈絡ある体系，すなわち一種の『憲法』である。」(傍点筆者)(FASB 1976, 森川監訳 1988, 5頁)

資本市場にリンクした会計，つまり資本市場と財務公開制度とを結びつけた契機は，1929年の NYSE の株式大暴落であった。しかし，理念として両者をつなぐのは，後の表現でいえば「意思決定有用性」という概念である。

会計が意思決定に役立つ以上に「意思決定有用性」という概念が会計に役立っているのかもしれない。つまり，「意思決定有用性」を標榜する ASOBAT の段階での意味は，「真実利益」理論 ("true income" theory) では決着がつかなかった原価か時価かという問題に，原価と時価の双方を開示するという結論の

根拠とするという点にあった（久保田1995a参照）。それは，その後のFASBの時価情報開示の理論的根拠になったと考えられる。そして，それは，さらに，公正価値測定の拡大につながっていく。

　取引記録をベースとした情報以外の情報を会計情報に取り込むというトレンドは，その後，FASBの時価情報開示の実験が1980年代に終了した後も，一部，金融商品の公正価値評価や退職給付会計といった形で拡大してきた。そうしたトレンドの出発点である「意思決定有用性」概念自体は，概念ステートメントによって精緻化されている。すなわち，概念ステートメントは，「意思決定有用性」を標榜する資本市場にリンクした会計にとって不可欠の装置となっている。

　これまで見てきたように，アメリカでは，AAAが，「会計理論」と「実務」との橋渡しを担う概念的基礎の提示において重要な役割を果たしてきた。利用者指向と概念的基礎の提示というAAAの会計原則論の系譜に連なるASOBATは，利用者指向を「意思決定有用性アプローチ」として，より具体化し，その受容のもとに多元的規準アプローチを展開するという，FASBの概念ステートメント・プロジェクトの原型となった。そして，このスタイルがIFRSにも踏襲されている。

Ⅳ　「公正価値アプローチ」と「受託責任アプローチ」

①　資産負債アプローチと収益費用アプローチ

　アンソニー（R. N. Anthony）によれば，FASBの概念ステートメント・プロジェクトにおける資産負債アプローチへの移行の根底にも，貸借対照表が何らかの意味で価値の報告書であるべきだという信念が存在したという（佐藤訳1989, 77-78頁）。

　FASBの「概念フレームワーク・プロジェクトの範囲と意義」（FASB [1976]，以下では『範囲と意義』と略す。）は，主要な概念的利益観として次の2つを挙げている（FASB 1976, p. 12）。

(1) 資産負債アプローチ（Assets and Liabilities View）：この利益観の下では，利益はある期間の営利企業の正味経済資源の変動の測度として（しかし必ずしも完全な変動としてではないが）決定される。
 (2) 収益費用アプローチ（Revenues and Expenses View）：この利益観の下では，利益はアウトプットを得たり販売するためにインプットを利用する際の企業の効率性の直接的測度であり，それは必ずしも正味経済資源の変動に限定されない。

　資産負債アプローチの下での利益は，純資産の一定の変動という観点から定義され，したがって，その定義は資産と負債の定義に依存する。そして，収益，費用，利得及び損失の定義は利益がどのようにして得られたかということを示す損益計算書（earnings statements）を作成するには有用であるが，利益を定義するためには必要とされない。すなわち，それらは定義というよりむしろ表示の問題とみなされる（FASB 1976, p. 14）。

　これに対して，収益費用アプローチでは，利益は，収益，費用，利得及び損失を明確に定義することによって定義され，資産と負債の定義に依存しない。企業のフローが収益費用アプローチの中心的関心事であり，そして利益測定は費用のフローを収益のフローに適切かつ歪み無しに対応させる事に依存している。したがって，「対応」（"matching"）と「歪曲」（"distortion"）の意味はこの利益観にとって最も重要である（FASB 1976, p. 14）。

　資産負債アプローチでは，資産と負債の変動をそれらの変動が生じた期間に報告することが，当該企業の収益力についての投資家の予測にとって最も信頼しうる情報を提供するとの考えから，会計的手法による報告利益の標準化には反対されることになる。標準化は，何が標準かということについての決定，換言すれば，「対応」及び「非歪曲」という概念の厳密な定義を必要とする。そのため資産負債アプローチでは，そうした概念は客観的に定義することは不可能であり，したがって標準化は何が標準かということについての作成者の主観的判断と偏向とを報告利益に含めてしまうとみなされる。そして，利益標準化は，企業の収益力の査定の一部として財務諸表の利用者の責務であり財務諸表

の作成者の責務ではないと考えられるのである (FASB 1976, p. 20)。これは，後述の「公正価値アプローチ」の「市場参加者の仮定」(market participant assumptions) と通底する前提である。

　他方，収益費用アプローチでは，財務諸表の作成者がその利用者よりも標準化を行うには有利な位置にいるとみなされる。すなわち，財務会計が継続的業績を査定するのに目的適合的でないと判断される事象の影響を極小化し，複数の期間にわたって不可避ではあるが，時たまそして予測できない間隔で生じる事象の影響を平均化すべきだと主張される。収益費用アプローチのポイントは，「財務諸表の作成者がその利用者よりも標準化を行うには有利な位置にいる」という点にある。これは，後述の「受託責任アプローチ」の「企業固有の仮定」(entity specific assumptions) と通底する前提である。

　収益費用アプローチの支持者の多くは，期間利益が長期あるいは正常なトレンドの利益の指標であり，その指標は企業の通常あるいは正常な業績に関係がない事象を含めることによって歪められると考えるのである。なぜなら，それらの事象は異常あるいは無比であるか，あるいは偶然によって引き起こされるか，あるいは時が経つと結局平均値になる傾向があるとされるからである (FASB 1976, pp. 20-21)。

②　公正価値アプローチと受託責任アプローチ

　将来のキャッシュフローの割引計算自体は，金融イノベーションに固有のものではない。経済学者フィッシャー (I. Fisher) の所得概念は，将来のキャッシュフローの割引計算によるものであり (Fisher 1906)，その後，それを直接会計に導入しようとする試みも行われた。キャニング (J. B. Canning) の研究 (Canning 1929) や西ドイツ (当時) における経済的利益概念 (economic concept of income) の展開がそれである。当時，経済的利益は，「確実性下の利益概念」として，利益概念の「理想型」とされ，経済的利益は，基本的な複利割引原則に基づいて，割引かれた将来の正味現金受取額を基礎として資本を評価する。適切な割引率の選択や，割引のために必要な将来の効用を予測しなければなら

ないという理由から，利益や資本に対する経済学的アプローチは，会計専門家が認めがたい主観的な判断と見積を基礎としているといわれた（三木訳1979, 15頁）。実際の企業は，確実性の下で営業活動を行なっているわけではない。その結果，将来のキャッシュフローに関する予測は，企業利益の算定の基礎としては会計専門家には承認し得ないものと考えられていた（古川監訳1968, 34頁）。

伝統的時価主義会計（久保田2013b 参照）における会計数値のインフレ修正については，一般物価変動修正であれ個別物価変動修正であれ，いずれも原価データの修正が中心であった。これに対して，金融商品の公正価値評価については原価データの修正ではなく市場価格の価格決定方法を適切に反映する評価技法によって実施される。金融イノベーションの重要なポイントの1つは，金融取引を将来のキャッシュフローとして把握し，これを妥当な割引率で割引くことにより現在価値として認識することにある（マートン/大野編1996, 9頁）。

金融商品に観察可能な市場価格がない場合であっても，その公正価値は資本市場の価格決定原理と現在の市況に関する情報とを織り込んだ技法を利用して見積ることができる。そうした技法は，市場の価格決定過程でもしばしば利用されており，広く入手可能なソフトウェアにより合理的なコストで多くの種類の計算が可能になっている。したがって，金融商品等の公正価値評価は，理念先行であった伝統的時価主義会計とは大きく異なる。

かつて，IASBとFASBによって概念フレームワークの共同プロジェクトが進められていたが，それらは「意思決定有用性」を重視する「公正価値アプローチ」（Fair Value View）を反映したものであるといわれる（Whittington 2008, p. 157）。

「公正価値アプローチ」は，財務報告を「意思決定有用性目的」の観点から理解するものである。市場が相対的に完全・完備であり，そうした環境において財務報告は現在市場価格から得られる公正価値の報告によってパッシブな投資家や債権者のニーズを満たすべきだと仮定している（Whittington 2008, p. 139）。そして，資産または負債の公正価値は，市場参加者が資産または負債を

価格設定する際に用いる仮定に基づいて決定される（FASB 2006, para. 11）。

　「公正価値アプローチ」の主要な特徴の1つとして、「市場価格は、キャッシュフロー潜在力の詳しい、企業固有でない推定を与えるべきであり、そして市場は、一般に、この基準に基づく表現上忠実な測定の証拠を提供するのに十分完全かつ効率的である。」と述べられている（Whittington 2008, pp. 157-158, 傍点筆者）。

　これに対して、ウィッティントン（Whittington, G.）等の所説は、財務報告が「受託責任」（Stewardship）を独立した目的とすべきという世界観を基礎としている（Lennard 2007, Whittington 2008）。ウィッティントンは、「受託責任」という名称が、例えば取得原価主義指向といった特定の手続きとのリンクを連想させるという理由から（Whittington 2008, p. 157），当世界観を「代替的アプローチ」（Alternative View）と名付けているが、ここでは、「受託責任アプローチ」（Stewardship View）と呼ぶこととする。

　「受託責任アプローチ」は、市場は相対的に不完全・不備で、そうした市場環境において財務報告は、報告企業に実際利用可能な機会を反映する企業固有の測定（entity specific measurement）を利用して、過去の取引・事象の報告によって現在株主による監視要請（受託責任）を満たすべきだと仮定する（Whittington 2008, p. 139）。こうした「企業固有の仮定」は、収益費用アプローチにおける「財務諸表の作成者がその利用者よりも標準化を行うには有利な位置にいる」という観点に呼応するものである。

　「受託責任アプローチ」の主要な特徴の1つとして、「経済環境は、市場機会が企業固有である不完全・不備な市場の1つである。」と述べられている（Whittington 2008, pp. 159-160, 傍点筆者）。また、「受託責任アプローチ」の含意の1つとして、「財務諸表は特定企業の財務的業績と財政状態とを反映すべきであり、企業固有の仮定は、これらが、企業に利用可能な実際の機会を反映するとき前提とされるべきである。」と述べられている（Whittington 2008, pp. 159-160, 傍点筆者）。

　基本的に、IFRSでは、公正価値の定義に基づく価格は、出口価格であり、

それは，市場参加者の観点からみた資産に関連する将来キャッシュ・インフローおよび負債に関連する将来キャッシュ・アウトフローについての現在の期待を示すとされている。

「公正価値アプローチ」と「受託責任アプローチ」にまつわる対立点は，単なる会計処理という手続的レベルの対立ではなく，その根底にある「市場参加者の仮定」対「企業固有の仮定」という価値観のレベルに起因する。この会計の基本的前提の相違は，「資産負債アプローチ」と「収益費用アプローチ」の相違に遡ることができる。

既述のように，IASBとFASBとの間で段階的に概念フレームワークの共通化が進められ，その一部は，「財務報告に関する概念フレームワーク」(IASB 2010) として2010年9月に公表された。一時，その作業が中断されていたが，残された概念フレームワークと，すでに確定している概念フレームワークの一部についての討議資料『『財務報告に関する概念フレームワーク』の見直し」(IASB 2013) が2013年7月にIASBによって公表された。そこでは，市場参加者の観点が常に使用されるわけではないことを明らかにしている。もっとも，企業固有の観点が他の資産とのシナジーを不注意に反映する可能性の指摘など，その使用には慎重なトーンである (pars. 6. 125-127)。

また，受託責任については，用語自体は用いられないものの，その意味するものは記述されているとしている (pars. 9.8-9.9)。

V 「英米モデル」と「大陸モデル」

日本では，会社規制型会計としての会社法（商法）会計と資本市場にリンクした会計としての金融商品取引法（証券取引法）会計とが併存している。

さらに，日本では，会社法（商法）上の確定した計算書類に基づいて課税所得の計算を行わなければならないとする，いわゆる確定決算主義によって，会社法（商法）会計と課税所得計算とがリンクされている。すなわち，内国法人は，各事業年度修了の日の翌日から2か月以内に，税務署長に対して，確定し

た決算に基づき，当該事業年度の課税標準である所得の金額および法人税額を記載した申告書を提出しなければならない（法人税法第74条第1項）。日本の企業会計は，「図表1-1」のような法規制を受けている。

図表1-1　会計を規制する3つの法律

```
                    金融商品取引法
                         ↓
        ┌─────────────────────┐
        │      大企業          │
  法人税法│ （上場中小企業を含む）│会社法
   →    ├─────────────────────┤   ←
        │     中小企業         │
        │ （非上場大企業を含む）│
        └─────────────────────┘
                 確定決算主義
```

　日本でもIFRSが金融商品取引法適用会社の一部に2010年3月期の年度より連結財務諸表に任意適用され始めた。これを受けて，将来，IFRSが個別財務諸表に導入された場合，法人税制と企業会計との関係がどうなるかが議論されている。

　先にも挙げたミューラーほか（G. Mueller, H. Gernon and G. Meek）は，会計の類型として「英米モデル」，「大陸モデル」，「南米モデル」，「混合経済モデル」，「国際基準モデル」を挙げている（野村・平松監訳1999, 16頁）。ここでは前二者を取り上げることにする。まず「英米モデル」について次のように述べている。

　「これらの国（イギリス，アメリカ，およびオランダ―筆者注）の会計は投資者および債権者の意思決定ニーズを指向している。そして国内には，企業が巨額の資金を調達できる大規模でかつ発達した証券市場がある。」（野村・平松監訳1999, 16頁）

　ここでは発達した証券市場の存在がポイントである。「会計は投資者および債権者の意思決定ニーズを指向している」という特徴も，結局，その点に起因

するものだからである。したがって，「英米モデル」は資本市場にリンクした会計と同義である。次に，ヨーロッパ大陸のほとんどの国と日本が含まれる「大陸モデル」について見てみよう。

「会計の主要目的は資金提供者の意思決定ニーズには向けられていない。そのかわり，通常，例えば課税所得の計算や国のマクロ経済計画への準拠性を示すことといった，政府からの要求を満足させるよう設定されている。」（傍点筆者）（野村・平松監訳 1999, 16頁）

ここでは「大陸モデル」が「政府からの要求を満足させる」ものとしての課税所得計算等への準拠性が指摘されている。このように，課税所得計算が企業会計にリンクされているというのは日本固有のものではなく「大陸モデル」としてヨーロッパでは一般的であり，むしろ両者を直接リンクしていない「英米モデル」が稀なものであることが分かる。例えば，ドイツの課税所得計算は，日本の「確定決算主義」に相当する「基準性の原則」（Maßgeblichkeitsgrundsatz）により商法決算書（Handelsbilanz）に結び付けられている。また，所得税施行令（Einkommensteuer-Durchführungsverordnung; EStDV）第60条第2項第1文により，納税義務者が別個の税務決算書（Steuerbilanz）を作成しない限り，課税所得計算の基礎は，規定された税務上の調整計算書（Überleistungsrechnung）を添付した商法決算書である。

但し，企業会計と課税所得計算とのリンクについては，日本のそれは欧米とは異なる独自な形を採っており，この点については後述する。なお，上記の「大陸モデル」の特徴の中で，「会計の主要目的は資金提供者の意思決定ニーズには向けられていない。」とあるのは，この文献（Mueller/Gernon/Meek 1994）が書かれた当時の現実であり，EUでは，2005年より上場会社の連結決算にIFRSが強制されており，また日本でも金融商品取引法会計の整備およびIFRSとのコンバージェンスにより，現在は状況が変化している点もある。

資本市場にリンクした会計は，本来，直接，課税所得計算とは結び付かない。アメリカで両者が別個の体系となっているのは，課税という直接的利害と結びつき且つ公平性を旨とする課税所得計算と資本市場にリンクした会計とは

異質の会計だからである。つまり，もし資本市場にリンクした会計におけるように，受容可能な代替案間の経営者による選別が租税目的にとって随意であったならば，企業は支払おうとする税金を，会計士によってのみ指示される限度内で一方的に決定することができるということになってしまう（Wüstemann 1996, S. 428）。

このように両計算の本質が異質であることに加えて，アメリカの場合，会社法は各州ごとに定められているのに対し，税法は内国歳入法（IRC）として全米全体で一本化されているという点も法制度が別個の体系となっている理由の1つであろう（武田 1996, 30頁）。しかし，そのアメリカにおいても，内国歳入法で課税所得計算は会計基準に従う旨を規定するなど，企業会計と課税所得計算には密接な関係がある。つまり，会社規制型会計，資本市場にリンクした会計および課税所得計算の根底には，共通して「一般に認められた会計原則」（US-GAAP）が存在し，何れにせよ，前二者は，US-GAAPを介して課税所得計算とリンクすることになる。

企業会計と課税所得計算との関係について，日本では，ドイツ法における，商法決算書の税務決算書に対する「基準性の原則」を継受する確定決算主義によっているが（武田 1996, 30頁），日本の課税所得計算が企業会計にリンクされるようになった経緯について見てみよう。まず，税務申告に関する企業会計と課税所得計算との関係については，次の2つの流れがある（武田 2002, 41-43頁）。

(1) 課税所得計算が，確定決算主義に基づき，会社法（商法）を介して「公正なる会計慣行」に連係するという規定体系。
(2) 課税所得計算が，直接「公正なる会計慣行」を基礎として成り立つとする規定体系。

上述のように(1)はドイツ型の規定であり，(2)はアメリカ型の規定であるが，日本の法人税法は，確定決算主義によりドイツ型を採る一方で，「一般に公正妥当と認められる会計処理の基準」を所得計算の総則規定（法人税法第22条第4項）に設けることによりアメリカ型をも踏襲している（武田 2002, 42

図表1-2　公正なる会計慣行と商法等および税法との関係（ドイツ型とアメリカ型）

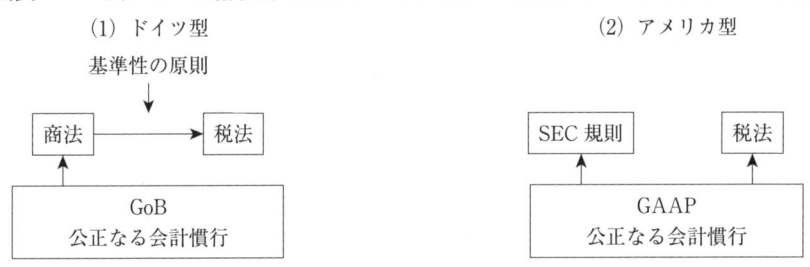

（1）ドイツ型

基準性の原則

```
  商法 ──→ 税法
    ↑
   GoB
 公正なる会計慣行
```

（2）アメリカ型

```
  SEC規則   税法
    ↑       ↑
     GAAP
   公正なる会計慣行
```

頁）。つまり，課税所得計算が「公正なる会計慣行」と二重にリンクされているのである。その生成の経緯は以下のようなものであった。

確定決算主義を採用している以上，日本の税法は，商法を介して「公正なる会計慣行」に連係する体系によることになるはずであった。例えば，ドイツでは，従来から，商法の計算規定は「公正なる会計慣行」としての正規の簿記原則（Grundsätze ordnungsmäßiger Buchführung; GoB）にリンクされている。

しかし，1967年（昭和42年）当時，日本の商法上「公正なる会計慣行の斟酌」に関する明文の規定が存在しなかったため，課税所得計算はドイツ型による「公正なる会計慣行」とのリンクを欠いていた。そこで，その点を補うべく法人税法第22条第4項において「一般に公正妥当と認められる会計処理の基準」によるべき旨の規定が設けられた。その後，1974年（昭和49年）商法改正により第32条第2項に「公正なる会計慣行の斟酌」規定が新設され，本来のドイツ型によるリンクが確保されたため，法人税法第22条第4項の歴史的使命が終わったはずである。しかし，旧商法第32条第2項が会社法第431条

図表1-3　企業会計と課税所得計算との関係（日本型）

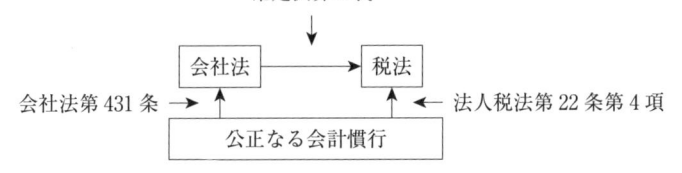

確定決算主義

```
           会社法 ──→ 税法
会社法第431条 → ↑        ↑ ← 法人税法第22条第4項
           公正なる会計慣行
```

（および会社計算規則第3条）に引き継がれた現在も，依然として法人税法の同規定が存続している。

VI 「英米モデル」の浸透

　EUの「会計法現代化指令」と「公正価値指令」等は，2004年に成立した会計法改革法（Bilanzrechtsreformgesetz: BilReG）によってドイツ法に国内化された。そして，2005年1月1日より，資本市場指向型会社の連結決算については，他のEU加盟国同様，IFRSが強制適用されている。これによって，1998年以降の連結決算に関する規制のグローバリゼーションは，一応完了した。それまでの過程で，ドイツは，IFRSの受容は連結財務諸表に限定するという方法で，商法決算書に及ぶアングロサクソン的影響を制限してきた。詳しくは，第2章で取り上げる。

　日本の金融商品取引法（証券取引法）会計は，ドイツ的に表現すれば，情報提供機能（開示規制）に特化した会計領域である。ドイツでは，連結決算が開示規制のみを担うという理由から，会計規制のグローバリゼーションの受け皿となってきたことと揆を一にする。しかし，連結決算が個別決算を基礎とするということにより，ドイツにおいても会計規制のグローバリゼーションをいつまでも連結決算に封じ込めるのは困難であった。すなわち，商法会計における情報提供機能の強化という要請は，連結決算にとどまらず，2009年の会計法現代化法（BilMoG）によって個別決算書の情報提供機能の強化につながった。この点についても，詳しくは，第2章で取り上げる。

　ドイツでは，会計・監査規制の近代化が株式法において1931年に実現したが，アメリカでは会社法（州法）外の領域（証券諸法）で会計・監査規制の近代化が行われた。日本においては，商法はドイツ法系に属したが，第2次大戦後誕生した証券取引法会計は「アメリカ型」であった。すなわち，1899年（明治32年）制定の商法は，ドイツ法の影響を強く受けている一方で，1948年（昭和23年）制定の証券取引法及び同法を根拠とする企業会計原則ならびに監

査基準等は，アメリカの証券諸法や会計基準・監査基準をモデルとした。

あらためて日本の会計・監査規制の近代化の経緯を振り返ってみると，商法とは別個の証券取引法会計のフィールドで，例えば，資産評価規定の整備や，財務諸表の標準化，そして公認会計士による監査，さらには連結財務諸表の導入といった実験を行うことができた。商法会計では，証券取引法会計のフィールドでの実験成果を準用する形で，自らのフィールドに近代的会計・監査制度を導入することが可能であった（久保田 2001,「結び」参照）。

そうした中で，一国内における「ドイツ型」（商法会計）と「アメリカ型」（証券取引法）会計との調和化も成功を収めてきたとみなすことができよう。また，こうした調整が可能であったのは，ドイツでは商法会計の目的が物的有限責任会社制度の一環として明確に位置付けられているのに対して，日本の商法が物的責任をドイツほど厳しく制度化していないために商法会計の主旨が希薄となり，この結果，証券取引法による企業会計制度と齟齬をきたすことなく，なんとなく融和することが可能であったからとも考えられる（企業財務制度研究会 1994, 83 頁）。

上で確認したように，日本では，会社法上の確定した計算書類に基づいて課税所得の計算を行なければならないとする，いわゆる確定決算主義によって，会社法会計と税務会計とがリンクされている。

資本市場にリンクした会計基準である IFRS は，アングロサクソンの原理（英米法）によって特徴付けられた規律体系であり，大陸法系の観点からすると，重要度が異なる個別規定が個々の基準に混在しているという特徴がある (Schulze-Osterloh 2004, S. 2569-2570)。個別決算書への IFRS 受容は，ドイツ法にとって極めて重大な影響を及ぼす。その根底には，英米法は，大陸法からすると「異質なものである」というレベルでの断絶がある。ローソンは次のようにいう。

「大陸法の法律家がイギリス法またはアメリカ法の書物を眼にした瞬間に示す最初の反応として，これでは全く法体系という代物ではなく，およそ奇妙奇天烈にして野暮たいものだと言ってしまう場合が非常に多い。」（小堀ほか

訳 1971, 5 頁, 傍点筆者)

にもかかわらず, EU 経済のグローバリゼーションによって企業会計ないし会計プロフェッションも「英米モデル」への接近の度合いを高めてきた。しかも経済のグローバリゼーション以前に, 会計基準の調和化のための EU の「会社法第4指令」(1978年) や「第7指令」(1983年), そして会計監査人の資格に関する「第8指令」(1984年) の国内化により, イギリス, オランダ以外の加盟国の会計が「英米モデル」に接近する端緒がみられた。

すなわち,「第4指令」,「第7指令」, 及び「第8指令」の国内化のための1985年制定の会計法指令法 (Bilanzrichtlinien-Gesetz) の制定によりドイツ会計も, 真実かつ公正な概観 (true and fair view) 規定及び「継続性」規定の導入によって,「英米モデル」の会計思想を一部受け入れた。また, 損益計算書の項目分類についても, 以前からの総原価法 (Gesamtkostenverfahren, ドイツ商法典 (HGB) 第275条第2項) に加えて,「英米モデル」の売上原価法 (Umsatzkostenverfahren, HGB 第275条第3項) の選択適用が法定されたということがあった (黒田 1987, 84-85頁)。

Ⅶ　IFRS 会計と課税所得計算の相異点

資本市場にリンクした会計と課税所得計算とは, 異質な計算体系である。両計算体系の関係については, それが直接リンクしている「大陸モデル」の国々においても, その見直しが進められている。第2章と第3章で詳述するが, 特にドイツでは BilMoG により, いわゆる「逆基準性」が廃止された。会社法 (商法) 会計およびそれと課税所得計算との関わりについてドイツの制度を参考にしてきた我が国にとって, ドイツでの変化は, 日本の制度を考えるにあたって示唆に富むものである。

企業会計と課税所得計算とがリンクする「大陸モデル」が, 資本市場にリンクした会計の普遍化によって大きな岐路に立たされている現在, 日本における企業会計と課税所得計算との関係は今後どのように展開するのだろうか。な

お，以下では，IFRS の概念フレームワークについては，現行の「財務報告に関する概念フレームワーク」(IASB 2010) ではなく，ヘルツッヒ（Herzig 2004）が考察の対象とした「財務諸表の作成と表示の概念フレームワーク」(IASC 1989) である。

① IFRS 会計と課税所得計算の目標の相異点

IFRS による会計の中心的目標は企業の財産，財務および収益状況についての情報提供である。これは潜在的投資家または現在投資家，従業員，債権者，仕入先，得意先といった企業のステークホルダーが企業に関連する意思決定を行いうる状況に置かれるように形成されねばならないとするものである (IASC 1989, par. 9 以下)。財務諸表利用者の利害の多様性を考慮して，IASB は，投資家の情報ニーズを満たす財務諸表が，同時に他の財務諸表利用者の情報ニーズの多くを満たすことを前提にしている (IASC 1989, par. 10)。しかし，IFRS 準拠財務諸表は，情報提供機能以外の目的，特に支払金額算定には役立たない。その限りにおいて，配当可能利益の制限のための直接的な債権者保護的規定も，純粋に税務的に動機づけられた規定も，IFRS には含まれない (Herzig 2004, S. 36)。

IFRS は原則として，その規模や法形態に関わりなく，すべての企業に妥当するとされる。けれども，情報提供機能を顧慮すると，IFRS は，資本市場指向的な企業グループの構成企業にとって意味があり，それらの企業に対応しているため IFRS が複雑であるということが顧慮されねばならない (Herzig 2004, S. 36)。

税務決算書は，まず第一に支払税額算定機能を満たすものであり，情報提供機能を満すものではない。また，税務決算書の利用者は国庫のみである。そのため，IFRS と税務決算書の会計思想の目標と利用者が，原理的に異なることは明らかである。

この相違は様々な観点から，IFRS と税務決算書の会計行為に連なっている (Herzig 2004, S. 36-37)。税務決算書上の利益は所得の一部であり，その限りに

おいて納税義務者の経済的給付能力を把握しなければならない。それに必要とされる情報は，必然的に過去指向的となる。なぜなら市場での企業の過去の活動の成果のみが課税の基礎となりうるからである。それに対して，潜在的または現在の企業のステークホルダーにとって意思決定基礎として役立つIFRS準拠の財務諸表では，特に企業将来の見通しが重要である。したがって，当財務諸表の観点は，より将来指向的である。

　更なる相違は，適用範囲に関するものである。IFRSが資本市場指向的な企業グループの構成企業に焦点を合わせているのに対して，「大衆法」(Massenrecht) としての税法独自の会計基準は，原理上，より広範な適用領域に向けて構想されねばならない。すなわち特に実行可能性という観点の下で，あらゆる規模および法形態の企業の経済的給付能力の公平かつ客観的測定を保証するように形成されねばならない（Herzig 2004, S. 37）。これらの両者の相違点をまとめたものが「図表1-4」である。

図表1-4　IFRS準拠財務諸表と税務決算書の特徴

	IFRS準拠財務諸表	税務決算書
属性	将来指向的	過去指向的
利用者	企業のステークホルダー（潜在的投資家または現在投資家，従業員，債権者，仕入先，得意先）	国庫
対象企業	資本市場指向的企業	規模・法形態を問わず全企業

　これらの相違の結果，ドイツ型では，上場会社の連結決算へのIFRSの強制適用や，ドイツの会計法現代化法（BilMoG）により，資本市場にリンクした会計の影響が商法に対して強くなることの結果，税法との間のリンク（基準性の原則）が問題となっている。日本でも，2007年の企業会計基準委員会（ASBJ）と国際会計基準審議会（IASB）との東京合意の結果，金融商品取引法会計および会社法会計に対するIFRSの影響が強まることにより確定決算主義ないし損金経理要件の在り方が問われている。すなわち，この点は，商法（会社法）

と税法とが基準性の原則（確定決算主義）でリンクされている日独に共通した問題である。それに対して、アメリカ型では、もともと資本市場とリンクしたSEC規則と税法とがリンクしていないため状況が異なる。詳細は、第3章の第Ⅳ節と第Ⅴ節で取上げる。

② IFRSの一般的会計原則とGoBの異同点

次に、IFRSの一般的会計原則とドイツのGoBの異同点について見てみよう。

IFRSにおける中心的会計原則は、概念フレームワークと、一部は、国際会計基準（IAS）第1号に記されている。意思決定関連的情報を供給するという中心的目標に基づいて基礎的仮定（underlying assumptions）が規定され、それに基づいて質的特性（qualitative characteristics）が定式化され、またその基礎には制約条件（目的適合的で且つ信頼できる情報に関する制約）がある。しかし、IFRSの概念フレームワーク内の会計原則には、どちらかといえば下位の意味しかないことが確認されねばならない（Herzig 2004, S. 38）。それらは特に既存のIFRS適用の際の解釈補助として、また新しい基準開発のための、そして未解決の個別基準の空白を埋めるための指針として役立つ。その結果、実現原則といった他の重要な会計原則は個々の基準に分散されている。

その実質的な内容に関して、概念フレームワークで成文化された会計原則の大部分は、従来のドイツ会計法でも知られているものであり、本質的には一般的会計原則と一致するが、特に財務諸表の構成要素の具体的定義、その計上と評価と続く個々の原則のランク付けに違いがあるにすぎないとされる（Herzig 2004, S. 39）。しかし、IFRSにおける一般的会計原則とHGBの規定の比較を示す表（図表1-5）では、「目的適合性」、「忠実な表現」、「形式より実質の優先」、「中立性」および「質的特性間のバランス」については、HGBには「明文規定なし」となっている。

これらについては、IFRSを始めとする資本市場にリンクした会計にとっては本質的重要性を持つものであり、それに対応するものがGoBにないのは当

然であると同時に両者の違いが歴然としたものであることの証である。また，2010年9月に公表された「財務報告の概念フレームワーク」(FASB 2010b) では，課税所得計算で最重要とされる「信頼性」が「忠実な表現」に置き換えられたことも両者の根本的相違を益々際立たせている。但し，前述の討議資料 (IASB 2013) では，「信頼性」と「忠実な表現」に多くの共通点があるとしている (par. 9.14)。

外部報告会計の計算を基礎に課税所得計算を行うこととして，基準性の原則

図表1-5 IFRSにおける一般的会計原則とHGB (GoB) との比較

原則および解釈	IFRS	HGB (GoB)
発生基準，対応原則	F. 22, IAS 1号25以下	252条1項5号
継続企業	F. 23, IAS 1号23以下	252条1項2号
理解可能性	F. 25	238条1項2文；243条2項
目的適合性	F. 26以下 IAS 1号29以下； 各IASの前文	明文規定なし。 GoB（明文規定なし）
信頼性 忠実な表現 形式より実質の優先 中立性	F. 31以下 F. 33以下 F. 35 F. 36	239条2項（正確性） 明文規定なし。 明文規定なし。 明文規定なし。
慎重性 完全性	F. 37 F. 38	252条1項4号には比肩しない 246条1項1文
継続性/比較可能性	F. 39以下， IAS 8号42, IAS 1号27	252条1項6号； 256条1項および2項
副次条件および制限 適時性 便益とコストのバランス 質的特性間のバランス	 F. 43 F. 44 F. 45	 243条3項 明文規定はないがGoBとして存在。 明文規定なし。

（出典：Herzig 2004, S. 40, Abbildung 2. 但し，「IAS」は「IFRS」に，「HGB/EStG」は「HGB (GoB)」に置き換え，且つ図の一部は省略している。また，IFRSについては，「F」は，ヘルツッヒが検討の対象とした「財務諸表の作成と表示の概念フレームワーク」(IASC 1989) を示し，番号は，そのパラグラフ番号である。）

を形式的に解釈するならば，外部報告会計がIFRS準拠で行われる場合，第3章第Ⅰ節で取上げる，「IFRS基準性モデル」に移行すればよいということになろう。しかし，本節で見てきたように「IFRS基準性モデル」には，IFRSと課税所得計算との間の目標，並びに第3章第Ⅰ節で取上げる憲法レベルの相違等といった点で問題がある。またこのモデルは，IFRSサイドにとっても，課税所得計算の影響によりIFRS自体の品質を損ねてしまう危険性がある。

一方，IFRSと課税所得計算の計算数値における「目的適合性」（relevance）と「信頼性」（reliability）規準の比重の違いにもかかわらず，中心局面における重大な乖離と同時に，広範囲な一致も見られ，IFRSが課税所得計算の改善の手がかりを含む可能性がある。例えば，HGBの計算規定をIFRSと等価のものにすることを目指したBilMoGにより，金融機関および金融サービス企業は，売買目的で取得した金融商品をリスクプレミアム控除後の公正価値によって評価しなければならなくなり，この規定は税務上も適用される。これは，金融商品の評価には課税所得計算においても公正価値による評価を容認せざるを得ないためである。

第2章第Ⅳ節で取上げる2010年3月12日付のBMF通達は，独立した税務決算書方針（Steuerbilanzpolitik）の意義を強調している。BilMoG施行による「逆基準性」削除と当通達により，税務上の選択権を行使することによる，企業の独立した税務決算書方針の余地は広がり，その分，税務会計の意義はより大きくなっている（Förster 2010）。その結果，外部報告会計と課税所得計算との分離は広がり，ドイツでは，外部報告会計と課税所得計算との価値評価額の相違に対する税効果会計（latente Steuerabgrenzung）の問題が益々重要となっている。

Ⅷ 日本におけるIFRS導入と税務会計

1998年（平成10年）度の税制改正では，法人税率が37.5％から3ポイント引き下げられ34.5％に，調整後の実効税率が49.98％から46.36％に引き下げら

れた。この税率引き下げの財源は「課税ベースの適正化」と称して，以下の3点に求められた（武田1998，4-5頁）。

(1) 保守的な会計処理を抑制する（引当金の廃止・縮小）。
(2) 会計処理の選択制を制限ないし統一化する（建物の減価償却を定額法だけに絞る）。
(3) 経費概念を厳格化する（中小企業の交際費の損金不算入割合を10％から20％に引き上げ，少額短期減価償却資産の判定基準を引き下げる）。

　その結果，法人税法では第22条第4項により，原則として企業会計をベースに税務の取扱いを行い，企業会計も税務を極力尊重し税務との間に齟齬が生じないような手立てを講じるという，それ以前の蜜月関係から法人税法が大きく舵を切ったとされる（鈴木2009，78頁）。しかし，第74条第1項には，いわゆる「確定決算主義」の規定が存在するし，損金経理の規定が法人税法や租税特別措置法に少なからずある。因みに，租税調査会の「法人課税小委員会報告」（1996年）によると法人の課税所得計算における，「確定決算主義」の内容として，以下の点が挙げられている（同報告書，「第1章 基本的考え方」，「四 課税ベースの拡大と税率の引下げ」，「3. 商法・企業会計原則との関係」）。

(1) 商法上の確定決算に基づき課税所得を計算し，申告すること。
(2) 課税所得計算において，決算上，費用又は損失として経理されていること（損金経理）等を要件とすること。
(3) 別段の定めがなければ，「一般に公正妥当な会計処理の基準に従って計算する」こと。

　日本では，IFRSが個別財務諸表に導入される場合，税制と企業会計を分離する方式が必要になり，またその際の焦点は，現行の税制における損金経理要件の緩和となるといわれている（弥永2009，108頁，白石2009，54頁）。なぜなら，現行の損金経理要件を維持すれば，例えば，減価償却制度において税務上の不利益が生じる可能性があるからである。すなわち，企業会計上の減価償却費が税務上の減価償却限度額を下回った場合，現行の損金経理要件によれば，企業は税務上の減価償却不足額について損金として申告することができず，課

税所得計算上不利に働く可能性がある（小野寺2009，182頁）。

　「確定決算主義」がドイツの「基準性の原則」に相当し，損金経理要件がドイツの「逆基準性」に類似すると従来理解されてきた。しかし，実際には，会社法（商法）上と税法上の計算のリンクによる弊害は日本の方が深刻ともされる。というのは，わが国の「確定決算主義」では，まずその確立過程で正規の簿記原則（GoB）への準拠という要件が欠落し，また，「計上を逸した減価償却費」や「疑わしき金銭債権」の損金への算入には，損金経理がいわゆる「別段の定め」として要請されており，総じて「確定した決算」にだけ結びつく傾向が強いからである（浦野1991，88頁）。

　また，日本の税制はドイツと比較すると直接税に偏向しており，独自の会計目的を持つ税務に対してドイツの「逆基準性」以上の影響を会社法（商法）会計に仕向ける結果となっているという指摘もある（本多1994，85頁）。

　ドイツでも，次章で取上げる「逆基準性」の廃止について，それにより税務上の恩典が失われるのではないかとの懸念が反対理由の1つとなっていた。したがって，日本のIFRS導入に際しての会計規制の改革は，あくまで租税中立的に実施されることが明確にされる必要がある。

第2章　ドイツにおける商法現代化と基準性の原則

I　ドイツ商法現代化の経緯

　「資本調達容易化法」(1998年) によって，ドイツの取引所上場会社は，「国際的に認められた会計原則」準拠の連結決算書をドイツ商法典 (Handelsgesetzbuch; HGB) 準拠決算書として免責的に認められた。さらに「企業領域統制・透明化法」(1998年)，「資本会社＆Co. 指令法」(2000年)，「透明化・開示法」(2002年) により，資本市場とリンクした会計の整備を中心に連結決算に限定した商法現代化が進められた。そして，「会計法改革法」(2004年) によって，EU の「会計法現代化指令」と「公正価値指令」等がドイツ法に国内化され，2005年1月1日より，資本市場指向型会社の連結決算については，他の EU 加盟国同様，IFRS が強制適用されている。これによって，1998年以降の連結決算に関する規制のグローバリゼーションは，一応完了した。以下では，まず，会計法現代化法 (Bilanzrechtsmodernisierungsgesetz；BilMoG) 制定以前の商法現代化の経緯について会計規制にかかわる点を中心に概観してみよう。なお，これらの法律は，いずれも，関連する HGB 等の法律の特定の条文を改正・新設する「条項法」(Artikelgesetz) である。

① **資本調達容易化法：KapAEG（1998）**

　1998年4月20日に制定された「資本調達容易化法」[1]（KapAEGと略称する。）によって，取引所上場会社は「国際的に認められた会計原則」準拠の連結決算書を新設されたHGB第292a条により商法決算書として免責的に認められた。なお，この措置は2004年末までの時限的なものであった。これは，決算書の機能という観点からすると，利益決定機能と情報提供機能の両方を果たす個別決算書とは異なり，元々，後者の情報提供機能しか割り当てられていない連結決算書に限定して，免責としてHGB以外の基準によるものを受け入れるというものであった。

　KapAEGは，上記の免責的措置を以て資本市場におけるドイツ企業の資金調達の容易化を図り，ドイツ企業の国際的競争力を高めることを目的とするものであった。

② **企業領域統制・透明化法：KonTraG（1998）**

　1998年4月27日に制定された「企業領域統制・透明化法」[2]（KonTraGと略称する。）による変化の第一点は，連結注記・付属明細書にキャッシュフロー計算書（Kapitalflussrechnung）とセグメント報告書（Segmentberichterstattung）が導入されたことである。

　KonTraGによる変化の第二点は，ドイツ会計基準委員会（Deutsches Rechnungslegungs Standards Committee; DRSC）が設置されたことである。DSRCによって作成されるドイツ会計基準（Deutsche Rechnungslegungsstandards；DRS）は，法律とは明確に区別され，その範囲は連結会計レベルに限定された。なお，DRSには，法務省による官報公表を以てはじめて推定的効力が付与される。

③ **資本会社＆Co. 指令法：KapCoRiLiG（2000）**

　2000年2月24日に制定された「資本会社＆Co. 指令法」[3]（KapCoRiLiGと略称する。）によって，資本市場指向の一定の非資本会社にまで連結決算書に関

する免責措置（HGB 第 292a）条の適用範囲が拡大された。なお，「資本会社＆Co.」とは，人的会社の特殊形態で，通常，有限会社が無限責任社員に任命される合資会社である。また，その特殊形態が他の合資会社の無限責任社員であるという多層型もある。

④ 透明化・開示法：TransPuG（2002）

2002 年 7 月 19 日に制定された「透明化・開示法」[4]（TransPuG と略称する。）によって，HGB の連結決算に関する規定が以下のように修正された。
(1) 部分連結決算書の免責が一部解除された。
(2) 連結注記・付属明細書にキャッシュフロー計算書とセグメント報告書に加えて，自己資本明細書（Eigenkapitalspiegel）が導入された。
(3) 連結決算書の基準日を親会社の個別決算書の基準日に合わせることが求められた。
(4) 資本連結の際の取得原価限度が撤廃された。
(5) 内部利益消去に係る特例が廃止された。
(6) 連結決算書における基準性が排除された。
(7) 連結範囲や持分の所有比率の記載に関する特例が廃止された。
(8) 活動領域ならびに地理的に区分された市場に基づく売上高の分類（セグメント情報の一部）の記載に関する特例が廃止された。

⑤ 会計法改革法：BilReG（2004）

2004 年 12 月に制定された「会計法改革法」[5]（BilReG と略称する。）のポイントは，「国際的会計基準導入および決算監査の質の確保のための法律」という正式名称に端的に表されている。すなわち，決算監査人の独立性強化の達成と共に，以下の 4 つの EU の規則および指令に対する HGB の適応を目的とした。
(1) IAS 適用規則（EC 2002）
(2) 会計法現代化指令（EC 2003b）

(3) 公正価値指令 (EC 2001)

(4) 規模基準値修正指令 (EC 2003a)

　IAS 適用規則に HGB の計算規定を適合させるために，BilReG は，加盟国に選択権として与えられているものを各企業毎の選択権とした。IAS 適用規則の適用義務の範囲を越えて，IFRS 準拠の連結決算書作成義務を，規制市場における証券取引の許可を申請した親企業に要求している。資本市場指向型親会社については，IAS 適用規則が直接適用されるので IFRS 準拠の連結決算書の作成義務に関する規定はない。なお，引き続き配当・課税目的の HGB 準拠の個別決算書も作成されねばならない。

⑥ 会計統制法：BilKoG（2004）

　2004 年 12 月に制定された「会計統制法」[6]（BilKoG と略称する。）によって二段階のインフォースメント（enforcement）体制がドイツに確立された。インフォースメント体制の第一段階として，連邦法務省は，連邦財務省の同意のもとに，会計報告規定の違反についての監視機関としてドイツ財務報告監視機関（die Deutsche Prüfstelle für Rechnungslegung：DPR）を設立した。

　その結果を保証するために，第二段階として，監査の実施が事実上困難な場合，あるいは確定された監査結果の成就の際に問題が生じる場合には，連邦金融監督庁（die Bundesanstalt für Finanzdienstleistungsaufsicht；BaFin）が関与する。

(1) Gesetz zur Verbesserung der Wettbewerbfähigkeit deutscher Konzerne an Kapitalmärken und zur Erleichterung der Aufnahme von Gesellschafterdarlehen (Kapitalaufnahmeerleichterungsgesetz) vom 20. 04. 1998 BGBl I, S. 707–709.

(2) Gesetz zur Kontrolle und Transparenz im Unternehmensbereich vom 27. 04. 1998 BGBl I, S. 786–794.

(3) Gesetz zur Durchführung der Richtlinie des Rates der Europäischen Union zur Änderung der Bilanz- und der Konzernbilanzrichtlinie hinsichtlich ihres Anwendungsbereichs (90/605/EWG), zur Verbesserung der Offenlegung von Jahresabschlüssen und zur Änderung anderer handelsrechtlicher Bestimmungen (Kapitalgesellschaften- und Co. Richtlinie-Gesetz) vom 24. 02. 2000 BGBl I, S. 154–162.

(4) Gesetz zur weiteren Reform des Aktien- und Bilanzrechts, zu Transparenz und

Publizität (Transparenz- und Publizitätsgesetz) vom 19. 07. 2002 BGBl I, S. 2681-2687.
(5) Gesetzes zur Einführung internationaler Rechnungslegungsstandards und zur Sicherung der Qualität der Abschlussprüfung (Bilanzrechtsreformgesetz-BilReG) vom 15. 12. 2004.
(6) Gesetzes zur Kontrolle von Unternehmensabschlüssen (Bilanzkontrollgesetz-BilKoG) vom 08. 12. 2004.

II 「逆基準性」への批判

かつて「逆基準性」(umgekehrte Maßgeblichkeit) の一般的妥当性を明定したのは，BilMoG 施行によって削除された旧所得税法の以下の規定であった。

「課税所得計算における税法上の選択権は商法上の年度決算書と一致して行使しなければならない。」(旧所得税法第5条第1項第2文)

この適用対象となる税務上の計上選択権および評価選択権には，以下の2つの型の選択権が含まれるとされていた（森川 1994, 34頁）。

(1) 定額償却・逓減償却選択権，製作原価算入選択権（製造期間中の一般管理費，他人資本利子），方法選択権（グループ別評価法，固定価値評価法，総括価値修正法等），棚卸資産に関する後入先出法など。
(2) 補助金的租税優遇措置，すなわち，計上選択権としての非課税準備金と，評価選択権に属する割増償却，特別償却および評価自由（少額固定資産の即時償却）。

「逆基準性」も上記の (1) に関わるものと (2) に関わるものとの2つのタイプがあった。数々の批判の対象になってきたのは，租税優遇措置を利用するために，商法決算書上同等の取扱いをすることが強制されるという後者の意味，すなわち「狭義の逆基準性」であった（森川 1994, 27頁）。

ドイツ企業会計法学者・作業グループは，従来から指摘されてきた「逆基準性」がもたらす弊害を以下のように整理していた（Arbeitskreis Bilanzrecht Hochschullehrer Rechtswissenschaft 2008）。

① HGB準拠年度決算書の歪曲

資本会社及びそれと同等の「資本会社＆Co.」のHGB準拠年度決算書の目的は，HGB第264条第2項第1文に準拠し，かつ正規の簿記原則（Grundsätze ordnungsmäßiger Buchführung ; GoB）を顧慮して，財産，資金及び収益状況の写像を確定することにある。

年度決算書が，HGBの計算規定に依るものではなく，税務上の補助金方策を機縁として受け入れられた評価減と貸方項目を含む場合，財産，資金及び収益状況の概観は歪曲される。クノッベ＝コイク（Knobbe-Keuk）は，この規定を商法決算書という制度に対する「税法の言語道断の干渉」と呼んだ（Knobbe-Keuk 1993, S. 31）。

商法決算書における「逆基準性」が商法決算書の機能に矛盾する秘密積立金につながるという指摘もあった。また，「逆基準性」の規定が，年度決算書の情報提供機能及び報告機能及び，会社法上の決算機能にも反する選択権を根拠づけていると批判された。

② 逆基準性の不均衡性と反同等性

「逆基準性」の影響の法形態による相違から，連邦財政裁判所（BFH）は，1985年に既に均等な課税の原則に反すると結論づけていた。したがって，「逆基準性」の規定（旧EStG第5条第1項第2文）の廃止は，憲法上，様々に批判されてきた状況を取り除くとされた。

③ HGB準拠年度決算書の国際的受容への影響

税務上の補助金選択権は，企業の展開の事実に即した写像を目指すのではなく，税法立法当局がそれによって経済政策又は社会政策的指導を追求するものである。したがって，商法決算書が税務上の補助金選択権によってゆがめられる限り，商法決算書が企業業績の測定についてIFRSに比肩しうると主張をするのは困難であった。

④ 「第4指令」への抵触

「逆基準性」は「第4指令」にも抵触しているという批判があった。「逆基準性」の包括的規定は「第4指令」の基本針路に対する重大な違反と解釈することができる。「逆基準性」の規定は，いずれにせよ，「第4指令」の目的設定に対する違反であった。したがって，「逆基準性」の廃止は，HGB の計算規定をヨーロッパ法的基準値に，より接近させるものとされた。なお，「第4指令」は，2013年6月に公表された新指令（EC 2013）により「第7指令」と統合され，旧両指令は廃止された。

Ⅲ　BilMoG の概要

2009年5月に発効した BilMoG は，HGB の計算規定を永続的かつ IFRS と等価の関係にする一方，よりコスト効率的で簡便な代替法を発展させ，企業に不要な負担を課さないことを目的としている。同時に，定評のある HGB 計算規定の範囲を越えることなく，従来の正規の簿記原則（GoB）が堅持されるものとされる。商法決算書は，依然として配当の基礎であり，課税所得計算の基準である。すなわち，BilMoG による会計規制改革は，HGB 計算規定の支柱としてきた税・配当の計算機能も引き続き商法決算書として堅持するというドイツの枠組み条件のなかでの改革である（木下 2008, 132頁）。その主な改正点は以下の通りであった。

① 規　制　緩　和

2事業年度連続して決算日に売上高が 500,000 ユーロを超えず，かつ年度利益が 50,000 ユーロを超えない個人事業者（個人商人）は，記帳と定期的な財産目録並びに年度決算書を作成する HGB 上の義務を免除される（HGB 第241a条，第242条）。その結果，会計報告について，企業は次の3つに区分される。

(a) 収入余剰計算書作成企業

このカテゴリーに属するのは，記帳及び貸借対照表作成の免除を利用し，所

得税法（Einkommensteurergesetz；EStG）第4条第3項による収入余剰計算書（Einnahmen-Überschuß-Rechnung）のみを作成する小規模な個人事業者である。収入余剰計算書の利点は，基礎概念の平易さと実施可能性にある。収入余剰計算書は原則として在高勘定の記帳も実施棚卸も必要としないという点で，コスト削減が可能となる。この点については，第5章第Ⅵ節以降で詳しく取り上げる。しかし，純粋な課税所得計算法としての収入余剰計算書は，在高比較（Bestandsvergleich）による利益計算とは違って，企業の経営状況管理にとっては適合性に欠けることが顧慮されねばならない。これは小規模企業の領域における規制緩和のドイツ的解決策である。

 (b) 商法決算書作成企業

このカテゴリーに属するのは，収入余剰計算書を選択しない個人事業者，並びに資本市場指向的でなく，任意にIFRS準拠連結決算書も作成しない人的商事会社及び資本会社であり，商法決算書のみを作成する企業である。

 (c) IFRS・HGB二重決算書作成企業

このカテゴリーに属するのは，2005年以来IAS適用規則によりIFRS準拠の連結決算書の作成義務がある資本市場指向的資本会社，並びにHGB第315h条による免責的IFRS準拠連結決算書を任意に作成する非資本市場指向的企業である。但し，この場合も，引き続きHGB準拠個別決算書の作成は必要である。

② **商法決算書の質的改善**

BilMoG施行によって，商法決算書の情報提供機能が以下の点で改善される。

 (1) 自己創設の無形資産の商法決算書への借方計上選択権新設
 (2) 金融機関保有の売買目的金融商品の公正価値評価
 (3) 将来債務に対する引当金（老齢年金引当金等）の現実的評価
 (4) 時代に適合しない選択権及び計上選択権の撤廃
 (5) 特別目的会社の商法決算書上の情報提供と透明性の改善

上記のほか，BilMoG には，EU の法的要請による改正も含まれている。

③ HGB 開放条項の削除

BilMoG の施行後にも EStG 第 5 条第 1 項第 1 文の「基準性の原則」(Maßgeblichkeitsgrundsatz) は堅持された。但し，商法決算書 (Handelsbilanz) と税務決算書 (Steuerbilanz) との関係の適用範囲が変更された。

なお，既述のように，所得税施行令 (Einkommensteuer-Durchführungsverordnung; EStDV) 第 60 条第 2 項第 1 文により，納税義務者が別個の税務決算書を作成しない限り，課税所得計算の基礎は規定された税務上の調整を顧慮した商法決算書である（後述の 2010 年 3 月 12 日付 BMF 通達，テキスト番号 1)。すなわち，統一決算書 (Einheitsbilanz) とは，商法決算書に調整計算書 (Überleistungsrechnung) を添付することにより，税務決算書を別個に作成しないことを指す。

年度決算書の簡素化と情報提供機能の改善のために，旧 HGB 上の開放条項 (Öffnungsklausel) が削除された。したがって，正規の簿記原則 (GoB) に反する非課税準備金，特別償却，評価減の強制戻入や減損は，商法決算書には最早計上されない。「逆基準性」の放棄は，上述のように，文献において長期にわたって要求されてきたものである。

エルンスト/ナウマンによれば，「逆基準性」の削除に対応して，削除された旧 HGB 上の開放条項は以下のものである (Ernst/Naumann 2009, S. 396, Abbildung 109)。

第 247 条　貸借対照表の内容

（第 3 項）所得税および収益税の目的のために認められている貸方勘定科目は貸借対照表に計上することができる。これらは準備金の性格をもつ特別勘定として表示し，かつ税法の規定に従って取崩されなければならない。この限りにおいて引当金は不要である。

第 254 条　税法上の減価記入

税法によってのみ認められる減価記入に基づく，より低い価額で固定資産ま

たは流動資産を評価するために，減価記入を行うこともできる。第253条第5項が準用されなければならない。

第273条　準備金の性格をもつ特別勘定

準備金の性格をもつ特別勘定（第247条第3項）は，貸借対照表に特別勘定が計上されていることによって課税所得計算における損金算入を税法が容認するときに限り，計上できる。同勘定は，貸方の引当金の前に表示されなければならない。同勘定を計上する根拠となる規定は，貸借対照表または注記・付属明細書に記載しなければならない。

第279条　規定の適用除外・減価記入

（第2項）第254条による減価記入は，貸借対照表に減価記入が計上されていることを条件に課税所得計算における損金算入を税法が容認するときに限り，計上することができる。

第280条　価値回復命令

（第2項）課税所得計算において，より低い価値評価を継続することができ，その前提条件がより低い価値評価額を貸借対照表で計上することにあるとき，第1項による増価記入を行わないことができる。

（第3項）税法上の理由で事業年度中に実施されなかった増価記入の金額は，注記・付属明細書に記載して，十分に根拠づけられなければならない。

第281条　税法規定の斟酌

（第1項）第279条との関連で，第253条で認められる評価額と第254条で認められる評価額との差額を準備金の性格をもつ特別勘定に組入れる方法で，第254条により認められた減価記入を行うことができる。価値修正額を計上した根拠となる規定は，貸借対照表または注記・付属明細書に記載されなければならない。価値修正額が計上されている資産を除却するか又は税法上の価値修正額が商法上の減価記入に取り換えられるときに限り，取崩についての税法規定を考慮することなく価値修正額は取崩されなければならない。

（第2項）税法規定に従って行われた事業年度中の評価減の金額が，貸借対照表または損益計算書から明らかになっていないとき，固定資産と流動資産に

区分して注記・付属明細書に記載して，十分に根拠づけられなければならない。準備金の性格をもつ特別勘定の取崩による収益は損益計算書の「その他の営業収益」項目に，準備金の性格をもつ特別勘定の繰入は「その他の営業費用」項目に区別して表示するか，注記・付属明細書に記載しなければならない。

④ 税務上の選択権行使の前提

BilMoGも，「条項法」であり，HGBの変更以外に所得税法等の変更も含んでいる。日本の損金経理要件に類似した「逆基準性」は，上述のように旧EStG第5条第1項第2文が除かれたことにより廃止された。その結果，補助金の税務上の選択権の行使は，商法決算書上の計上から独立して可能となった。但し，課税所得計算においてHGB上基準となる数値で表示されていない資産は，記録簿に継続して記録されねばならない。この点については，次節で詳述する。

「逆基準性」の廃止に対する反論として，それが税務決算書の商法決算書からの更なる乖離につながるということが挙げられていた。実際，両者を兼ねる統一決算書の作成の可能性が更に制限されることになった。しかし，特に旧EStG第5条，第6条及び第7条における税法のHGBからの夥しい乖離は，単純な状況についてすら商法決算書と税務決算書との一致を従来から不可能にしていたとされる。BilMoG施行後の税務決算書と商法決算書の関係については，文献において，以下の2つの見解があった（Arbeitskreis Bilanzrecht Hochschullehrer Rechtswissenschaft 2008）。

(1) 税務決算書に対する商法決算書の「基準性の原則」は固守されるが，同時に課税所得計算のための事実に即した修正が許容されるべきである。
(2) 商法決算書の税務決算書への結合を完全に廃止し，独立の所得計算が導入される。この場合，商法決算書と税務決算書との強制的統一は，実務的にも制度的にも最早支持されない。

Ⅳ　2つの「基準性」

　基準性には，かつて実質的基準性（materielle Maßgeblichkeit）のほか，形式的基準性（formelle Maßgeblichkeit）があった。まず，実質的基準性とは，EStG 第5条第1項第1文が規定している，課税所得計算に対する HGB 上の GoB の基準性をさす。すなわち，法律の規定により帳簿を記録し定期的に決算書を作成する義務のある事業者，あるいはそうした義務なしに帳簿を記録し定期的に決算書を作成する事業者においては，税務上の選択権の行使の枠内において他の記載額が選択されるか，あるいは既に選択されている場合を除いて，HGB 上の GoB に従って表示されなければならない事業財産を，事業年度末に計上しなければならない。

　他方，形式的基準性とは，抽象的な HGB 規定の実質的基準性を超えて，実際に作成された決算書において下される計上決定や評価決定にも及ぶ商法会計と税法会計との結び付きを意味した。所得算定の際の税法上の選択権を行使するためには，旧所得税法（EStG）では，既述の第5条第1項第2文により HGB 上の年度決算書に一致して，したがって商法決算書での同じ取扱いが必要であった。そのため，税法上の選択権が事実上は商法決算書に移されるといういわゆる逆基準性がもたらされていた。

　BilMoG 施行以前の旧 HGB は，上述のように，開放条項によって補助金的租税優遇措置の多用を可能とし，また HGB 上の GoB に矛盾する評価価額を許容していた。BilMoG によって，上掲の旧 EStG 第5条第1項第2文の逆基準性が削除され，また，これに対応して，前述のように，これらの HGB 開放条項も削除された。その結果，現在，基準性とは実質的基準性を意味する。

　「課税所得計算に対する商法上の GoB の基準性；BilMoG による所得税法第5条第1項の変更に関する連邦財務省（BMF）通達」（BMF-Schreibung vom 12. 3. 2010 zur Maßgeblichkeit der handelsrechtlichen GoB für steuerliche Gewinnermittlung; Änderung des §5 Abs. 1 EStG durch das BilMoG）が 2010 年 3 月 12 日

図表 2-1　BilMoG 施行後の基準性

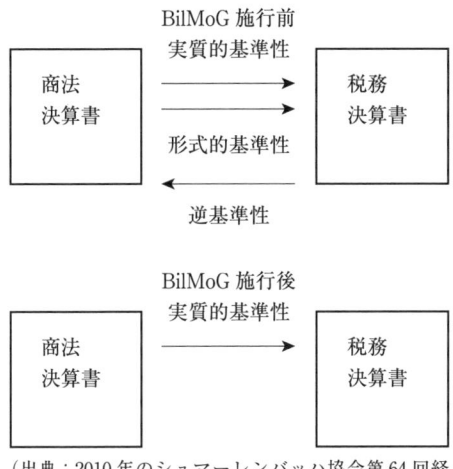

BilMoG 施行前

実質的基準性
商法決算書 → 税務決算書
形式的基準性
逆基準性 ←

BilMoG 施行後

実質的基準性
商法決算書 → 税務決算書

（出典：2010 年のシュマーレンバッハ協会第 64 回経営経済専門家会議（於デュッセルドルフ）におけるフェースター教授の報告より。Quelle: Förster 2010）

付で公表された。そこでは，以下のテーマが扱われている。
Ⅰ．課税所得計算に対する商法上の GoB の基準性（テキスト番号 1-18）
　1．EStG 第 5 条第 1 項第 1 文の前段の適用
　　a) 経済財, 債務および計算限定項目の記載額
　　　aa) 資産計上義務，資産計上禁止および資産計上選択権
　　　bb) 負債計上義務，負債計上禁止および負債計上選択権
　　b) 評価選択権および評価留保
　　c) EStG 第 6a 条の意味での退職年金債務の計上と評価
　2．EStG 第 5 条第 1 項第 1 文の後段の適用
　　a) 税務上の選択権
　　b) 商法上および税務上の選択権
Ⅱ．記録義務（テキスト番号 19-23）
Ⅲ．適用規則（テキスト番号 24）
　以下では，ⅠとⅡの概略を取り上げることにする。因みに，経済財

(Wirtschaftsgut) は，「資産」に相当するドイツの税法用語である。

① EStG 第5条第1項第1文の前段の適用

今後も，商法決算書は，課税所得計算の基準となるが，基準性の原則は，独立した税務上の計上留保および評価留保によって破棄される場合がある（テキスト番号2）。商法上の資産計上義務および資産計上選択権は，税務上の規定に基づき税務決算書での資産計上が排除されていなければ，税務決算書上，資産計上義務となる（テキスト番号3）。

但し，HGB 第248条により商法決算書上は，自己創設の無形固定資産は，ブランド，商標，著作権，顧客リストまたは類似の無形固定資産でない限り，貸借対照表に借方項目として計上することができるが，税務決算書上は，自己創設の無形資産（経済財）の計上は，EStG 第5条第2項により排除されている。このように，商法決算書での資産計上選択権は，必ずしも税務決算書での資産計上義務とは限らないケースもある。

他方，商法上の負債計上禁止および負債計上選択権は，税務上の負債計上禁止となる（テキスト番号4）。商法上の資産計上禁止と負債計上義務とは，独立した規範が顧慮される必要がない限り，税務決算書にも原則として妥当する。離脱が生じるケースとして，例えば，以下のものがある（Zwirner 2010, S. 592）。

(a) HGB 第248条第2項による開発費の資産計上と EStG 第5条第2項による同項目の資産計上禁止。

(b) EStG 第5条第5項第2文による税務決算書における借方計算限定項目の計上と HGB 第250条による同項目の計上禁止。

(c) 退職年金引当金は，商法決算書における価値評価額から独立して，EStG 第6a条による税務上の計上規定の適用を受ける（テキスト番号9, 10）。同じことが，発生のおそれのある損失引当金にも妥当する（HGB 第249条第1項第1文と EStG 第5条第4a項第1文）。

② 評価選択権および評価留保

次に，税務決算書における評価については，次の2つのケースは区分されねばならない。

(a) HGB上の評価選択権が存在し，且つそれが税務上の選択権と矛盾しない限り，HGB上の評価は税務決算書の基準となる。この例として，商法決算書における借入金利息の計上（テキスト番号6）や棚卸資産における固定評価法（Festbewertung）またはグループ評価法（Gruppenbewertung）の適用（テキスト番号7）がある。

(b) 独立した税務規定（評価留保）が存在する範囲において，それはHGBの評価選択権に優先する。したがって，税務上の選択権が，対応するHGBの規範より限定的である場合，商法決算書と税務決算書とに離反が生じる。

(b) に関するものとして，製作原価の問題がある。EStGは税務上の製作原価の定義を含まない。その代わり，所得税ガイドライン（Einkommensteur-Richtlinien; EStR）指針6.3第1項で定義され，その際，HGB第255条第2項

図表2-2　HGB上の製作原価の価値範囲

取扱	原価種類
義務	直接材料費 ＋直接加工費 ＋特別直接加工費 ＋間接材料費 ＋間接加工費 ＋設備資産の価値消費（定額法または逓減法の選択）
＝	HGB上の評価下限

取扱	原価種類
選択権	＋一般管理費 ＋福祉厚生施設費 ＋任意の社会的給付費 ＋企業年金費用 ＋製造に関わる借入利子
＝	HGB上の評価上限

(出典：Kaminski 2010, S. 772)

（および第3項）の規定が補完的に参照されている。現行法によれば，HGB上の価値範囲は以下のように規定されている（Kaminski 2010, S. 772）。

　従来，EStR は，BilMoG によって規定された HGB 上の評価下限は原則として税務上の評価範囲でもあると規定していた。一般管理費，福祉厚生施設費，任意の社会的給付費，企業年金費用および製造に関わる借入利子の原価算入については，税務上選択権が存在した。しかし，税務当局は BilMoG による改正を利用して，これらの構成要素について税務上，製作原価への算入義務を命じている（テキスト番号8）。

　製作原価に算入される額の一部は，期末有高（資産）となるため，その分費用（損金）計上額が小さくなる，すなわち利益（所得）計上額が大きくなるという効果をもつ。したがって，結果的に増税につながる。その後，BMF 通達のテキスト番号8は，文献上で異口同音の批判にさらされており，税務当局は2010年6月22日付 BMF 通達によって時間的緩和を行った。それによると，EStR の改訂版の公表前に終了する事業年度について，2008年度 EStR 指針6.3 第4項により処理される場合，それは指摘・否認されることはなく，したがって商法決算書に一致した税務決算書上の製作原価への算入選択権が存続する（Prinz 2010, 2071）。

③　EStG 第5条第1項第1文の後段の適用

　税法上にのみ存在する選択権は商法上の選択権から離反して行使することができる（EStG 第5条第1項第1文の後段）。税務上の選択権の行使はその限りにおいて EStG 第5条第1項第1文の前段による商法上の正規の簿記原則の基準性によって制限されない（テキスト番号13）。

　BMF 通達では，その具体例として，特定の設備資産売却の際の秘密積立金の転記（EStG 第6条）のケース（テキスト番号14）と部分価値減価記入（EStG 第6条第1項第1号第2文および第2号第2文）のケース（テキスト番号15）を挙げている。

　まず，前者については，特定の設備資産の売却から生じる秘密積立金は課税

回避のため，他の特定の資産（経済財）の取得原価または製作原価に転記することができる。そのために，その取得原価または製作原価を縮小させることができる。他の資産（経済財）への転記が実施されない範囲において，納税義務者は課税所得を縮小させる積立金を設定することができる。取得原価または製作原価の縮小または商法決算書での対応する積立金の設定は，HGB の規定によっては容認されていない。税務決算書における商法決算書記載額からの離反が EStG 第 5 条第 1 項第 1 文の後段により容認される。

次に，後者については，設備資産および流動資産は，継続的価値減少が予測される場合，計画外に減価記入されねばならない（HGB 第 253 条第 3 項第 3 文，同条第 4 項）。EStG 第 6 条第 1 項第 2 文および第 2 号第 2 文により継続的価値減少が予測される場合，部分価値（Teilwert）を計上することができる。商法決算書における計画外減価記入の実施は税務決算書において部分価値減価記入によって跡付けることを強制されていない。そのため，納税義務者はそれを放棄がすることができる。

納税義務者が，ある事業年度に部分価値減価記入を実施し，次年度に継続的価値減少の立証を放棄した場合（例えば損失控除との関連において），恣意性があるかどうかが調べられねばならない。

HGB 上も税法上も存在する選択権は，EStG 第 5 条第 1 項第 1 文の後段に基づき商法決算書上と税務決算書上とで別々に行使することができる（テキスト番号 16）。BMF 通達では，その具体例として，消費順法（EStG 第 6 条第 1 項第 2a 号）のケース（テキスト番号 17）と定額法または逓減法による控除（HGB 第 253 条／EStG 第 7 条第 2 項に関連した第 5 条第 6 項）のケース（テキスト番号 18）を挙げている。

まず，前者については，HGB 第 256 条により，同種の棚卸資産の価値記載額について一定の消費順序（先入先出と後入先出）を仮定することができる。一方，税法上は，EStG 第 6 条第 1 項第 2a 号によりこの選択権は，後入先出法にのみ妥当する。

税務決算書上での消費順法の適用は，納税義務者が資産（経済財）を商法決

算書上でも消費順法の利用の下で評価することを前提としない。商法決算書での経済財の個別評価は，上掲の前提の顧慮に基づく EStG 第6条第1項第2号第1文による消費順法の適用を妨げない。したがって，例えば，税務決算書において後入先出法を適用すると同時に，商法決算書においては先入先出法を適用することが可能となる。

次に，後者については，HGB 第253条第3項第1文により耐用年数が1年を超える設備資産において取得原価または製作原価は，計画的減価償却が減額されねばならない。それにより，定額法または逓減法による減価償却，生産高比例法および加速償却も利用可能である。

したがって，例えば，税務決算書において逓減法を適用し，相対的に多額の損金（少額の所得）を計上すると同時に，商法決算書においては定額法を適用し，相対的に少額の費用（多額の利益）を計上することが可能となる。こうした変化がドイツの会計実務に与えた影響については，次章第Ⅱ節で取上げる。

④ 記 録 義 務

BilMoG 施行により逆基準性は廃止されたが，同時に EStG 第5条第1項第1文に後段が挿入された。すなわち，新 EStG 第5条第1項の規定は，次のようにいう。

「法律の規定により帳簿を記録し定期的に決算書を作成する義務のある事業者，あるいはそうした義務なしに帳簿を記録し定期的に決算書を作成する事業者においては，商法上の正規の簿記原則に従って表示されなければならない事業財産を，事業年度末に計上しなければならない（第4条第1項第1文）。但し，税務上の選択権の行使の枠内において他の記載額が選択されるか，あるいは既に選択されている場合を除く。税務上の選択権行使の前提は，課税所得計算において，商法上基準となる数値で表示されないことであり，特別な記録簿に継続して記録されることである。当記録簿では，取得又は製作の日，取得原価または製作原価，行使された選択権の規定及び行われた減価記入が呈示されねばならない。」

上掲条文にあるように，税務上の選択権の行使，ないしその承認の前提として，税務決算書上の記載額が HGB 上の記載額に一致しない限り，継続して備えられるべき特別な記録簿における資産（経済財）の記載が求められている。独立した税務記録簿には，取得日または製作日，取得原価または製作原価，行使された税務上の選択権の規定ならびに実施された減価記入が記載されねばならないが，当記録簿の特別な様式は規定されていない。既に固定資産台帳または EStG 第6条第2項第4文による少額資産（経済財）（2009年12月31日以後に取得，製作または事業財産に投資された経済財）に対する記録簿が保持されているか，または固定資産台帳がこの記載に関して補完されている限り，この文書整備で十分であるとされる。当記録簿の作成は事業年度の経過後，納税申告書（Steuererklärung）の作成の枠内で（例えば準備的決算記帳の際）行うことも可能である（テキスト番号20）。

この新たに要求される文書記録義務は重要である。すなわち，当記録簿の継続的保持は，各税務上の選択権の有効な行使にとっての事実要件である。記録簿が存在しないか完全に保持されていない場合，当該資産（経済財）に関する利益は，選択権が行使されなかったものとして税務署によって確定されうる（テキスト番号21）。もちろん，商法決算書上と税務決算書上の記載額が一致する場合，特別な記録義務はない。

V 基準性の原則の歴史的展開

商法典（HGB）上の利益計算と税法上の所得計算との関係は，ドイツでは100年以上前から基準性の原則によって形成されてきた（中田2013参照）。当原則は現行会計法でも，その支柱であり，その解釈は商法決算書と税務決算書の相互結合を規定してきた。

基準性の原則は，1874年のザクセンとブレーメンのほぼ同時に公布されたラント所得税法に遡る。当税法は，課税目的のために，財産目録及び貸借対照表に対して HGB によって規定された原則ないしは HGB の規定に従って作成

される年度決算書を初めて引き継いだ。HGB 上確定された在高に関連づけることにより，基準性の原則はとりわけ課税所得計算の簡素化に役立った (Herzig 2004, S. 6)。この点について，日本でも 1967 年（昭和 42 年）の「一般に公正妥当と認められる会計処理の基準」の規定（法人税法第 22 条第 4 項）の挿入が，現実的・社会的な要請として税法の簡素化という面から実現されたということ（武田昌輔 2009, 125 頁）と考え合わせると興味深い。

その後，当原則は，1920 年所得税法第 33 条の初めてのライヒ統一規定にも採用され，1934 年所得税法の発効により，EStG 第 5 条第 1 節に最終的に定着した。この規定は，その後，逆基準性の導入並びに同法同条第 2 節から第 5 節に引き続き挿入された特別な法律留保（Gesetzesvorbehalte）による当原則破棄の増大の理由づけなどにより変更されてきた（Herzig 2004, S. 6）。そして，この法律留保による当原則の破棄の増大は，商法からの税法の解放の増大につながり，その後，この傾向は更に強化されているとされる（Herzig 2004, S. 6）。

これらの変更によって基準性の原則に課せられた機能も時間の経過によって変遷を遂げてきた。基準性の原則の導入時の簡素化思考は，現行の会計法においては名目上の税率の上昇に直面して意義を失っている（Herzig 2004, S. 6）。

基準性の原則の実質的正当化の理由として，国家が企業成果に対する分け前に関して「沈黙の出資者」として株主より優遇されてはならないという「平等テーゼ」(Gleichstellungsthese) という考え方が注目を浴びている（Herzig 2004, S. 6-7）。基準性の原則には，納税義務者と国家の両サイドの保護機能が付与されているという考え方である。すなわち，納税義務者は，無計画でご都合主義な課税所得算定規定から保護され，所得が稼得された場合のみ税を支払えばよい。他方，納税義務者は所得を稼得した場合，税を支払わねばならないという意味で，国家も保護されているというのである。

Ⅵ 課税所得計算と憲法

① 課税所得計算と法治国家原則

　課税所得の算定方法は，ドイツ憲法（Grundgesetz）第20条第3項に定められた法治国家原則（Rechtsstaatsprinzip）に適合しなければならない。税法は，法治国家原則にふさわしい法の確実性を，特に課税の適法性の原則によって実現する。税額算定の中心的構成要素をなす課税所得計算に関する規制にとって，このことは，それが強制法として規定されねばならないことを意味する。日本では「租税法律主義」として知られる原則である。IFRSといった，法律ではない民間の会計基準の課税所得計算に対する参照指示は，この憲法上のレベルで既に大きな問題がある（Herzig 2004, S. 16）。

　その上，法の確実性の要請から，課税されるべき所得の客観化可能性の必然性が出てくる。所得算定規定に基づいて算定された数値は，出来るだけ明確で且つ単純に算定可能でなければならない。納税義務者は，前もって自分の税負担を算定できるものとされるが，非常に複雑で，一義的に解釈できない所得算定規定の場合，この点が保証されない恐れがある（Herzig 2004, S. 16）。さらに所得額の算定は第三者によって容易に跡付け可能であり，相互主観的に検証可能でなければならない。これは明確で一義的な規定に加えて，原則として過去関連的で既知のデータが用いられることを前提とし，所得算定の際，広すぎる裁量の余地があってはならないことを要求する（Herzig 2004, S. 16）。多大な選択権の容認は，課税されるべき所得の客観化可能性を大きく制限してしまうからである。

② 課税所得計算と所有権保証

　ドイツ憲法第14条に規定された所有権保証（Eigentumsgarantie）は，税法においても顧慮されねばならない。1995年の憲法裁判所の単一価値決定に基づき，憲法第14条から，今は特にキルヒホーフ（Kirchhof, Paul）によって展

開された所有権保護的課税原則が引き出される（Herzig 2004, S. 16）。それによると，課税は財産価値の実質が減少することなく課税後も収益の一部が納税義務者に留まるようにのみ，財産価値に負担されうる。課税所得計算にとって，このことは出来るだけ確実で，確定された利益による金額のみが認識されてよいことを意味する（Herzig 2004, S. 17）。

③ 課税計算と課税の公平性

　課税の公平性は，財政学および税法の中心的課税公準（Besteuerungspostulat）であり，ドイツ憲法第3条第1項の一般的公平性命題から導出される。一般的公平性意識および連帯意識に対応して，公平性命題は，税法に対して納税義務者が税法によって合法的かつ実際公平に課税されることを要求する。この関連において一般に認められた尺度となるのが，給付能力原則（Leistungsfähigkeitsprinzip）である。この原則は，課税が，各納税義務者の経済的給付能力に基づかなければならない。すなわち，同一の給付能力は税法上同一の取扱いを受けなければならないというものである（Herzig 2004, S. 17-18）。

　課税の公平性の基本原則として，給付能力原則は課税に基準値を与えるが，実際の適用については立法当局による更なる具体化が必要となる。したがって，給付能力の定義は，結局，立法当局の価値観に基づくものであり，その課題は，それが首尾一貫して行使されることにある。給付能力原則は，その限りにおいて確かに不確実であるが，決定不可能というわけではない。税務上の課税ベースに関連して，このことは立法当局が税務上の給付能力の指標として所得と消費との間の選択の際，原則的に自由であることを意味する（Herzig 2004, S. 18）。

　給付能力は，広義には所得から税を支払うことができる能力として理解される。さらに所得概念は，EStG第2条第1項第1文により確定される収入一覧表（Einkunftkatalog）により，現行法に具体化されている。

　最終的に取り上げられる収入類型の共通の特徴は，稼得された，すなわち市場で実現された所得という要件である。所得の規定は，いわゆる客観的純額原

則（objectives Nettoprinzip）に従って行われる。つまり，事業収入と事業経費との差額の意味での純収入のみがEStG第2条第2項により課税の対象となる。事業活動全体の経済的結果のみが，所得から税を支払うことができる能力の表現である（Herzig 2004, S. 19）。

　しかし，そうした給付能力の所得指向的解釈も特定の利益算定の一義的出発点とはなり得ない。特に，納税義務者の税の負担能力をどのように具体化するのかという問題，また，そのための実質的に公正な所得算定技法の問題は未解決のままである。この点に，基準性の原則成立の根拠があり，また，外部報告会計と課税所得計算の共通の基礎計算の存在が予定されることになる。

第3章　ドイツにおける課税所得計算と「基準性の原則」の行方

I　商法決算書と税務決算書との関係の在り方

　事業財産比較（Betriebsvermögensvergleich）による所得算定は，1つの所得算定方法であり，所得税法（EStG）第4条第1項第1文において，通常のケースとして予定されている。基準性の原則の放棄は，まず，税務上の事業財産比較による所得算定が将来，HGBまたは国際的会計規定とどのような関係になるのかという原理的問題を投げかける。

　詳細で国際的に比較可能で意思決定関連的な情報へのニーズを満たすためには，少なくとも資本市場指向的企業とその子会社にとって個別財務諸表においてもIFRSを適用するという選択枝は意味がある。したがって，事業財産比較による所得算定の考えうる基礎モデルの問題は，個別財務諸表へのIFRSの浸透の可能性を背景として議論されねばならない。

　以下では，2003年に公表された連邦政府の提案（Maßnahmenkatalog der Bundesregierung zur Stärkung der Unternehmensintegrität und des Anlegerschutzes von 25. 2. 2003）に合わせて，すべての企業にとってHGB準拠の個別財務諸表の作成義務が保持されることが前提とされている。但し，情報提供目的に限定される追加的IFRS準拠個別財務諸表の作成は可能である。これらを前提として，次の3つの課税所得計算の基礎モデルが提示されうる（Herzig 2004, S. 29；なお，同書では，「IAS 基準性モデル」"Modell einer IAS-Maßgeblichkeit"となっているが，本書では「IFRS 基準性モデル」"Modell einer IFRS-Maßgeblichkeit"と変更している)。

①HGB 準拠決算書への接続
②IFRS 基準性モデル
③税法独自の会計基準

① HGB 準拠決算書への接続

すべての企業に対してHGB 準拠の個別決算書の作成義務が維持される場合，EStG 第5条第1項による基準性の原則が解消される場合も，税務上の事業財産比較による所得算定は，修正された形で引き続きHGB 上の規定に接合される。

しかし，商事法と現存の税法上の計算規定は，益々分岐するとされる (Herzig 2004, S. 30)。また，情報指向強化の方向へ向けて包括的にHGB の現代化が実施される場合，こうしたHGB 準拠決算書への税務決算書の接続は，その究極において次に取り上げる「IFRS 基準性モデル」へつながるだろうとされる (Herzig 2004, S. 30)。BilMoG によって，実際に情報指向強化のHGB の現代化が実現した現在,「IFRS 基準性モデル」は，単なる可能性を越えた，より現実性あるものとなっている。

② IFRS 基準性モデル

基準性の原則の保持の下で，税務決算書が，将来，IFRS 準拠の個別財務諸表に結び付けられる可能性がある。すなわち，IFRS 準拠の個別財務諸表に基づく課税所得計算がこの「IFRS 基準性モデル」である (Herzig 2004, S. 31)。その場合，統一決算書の理念は，新たな装いで復活するだろうとされる (Herzig 2004, S. 31)。特に連結および個別財務諸表での一貫したIFRS 準拠の可能性がある，資本市場指向の企業グループの構成企業にとっては，この解決策は，特に関心があるものである (Herzig 2004, S. 31)。

しかし，IFRS 基準性モデルは，幾つかの点で根本的な問題がある。まず，

前章でも考察したように，憲法的観点から，重大な疑念が存在する。IFRS基準性モデルの枠内での課税所得計算は，国際会計基準審議会（IASB）という民間の基準設定機関による会計基準に直接結び付けられることになる。そのため，それが国家財政の歳入側の重大な部分について規定することには，憲法上問題がある（Herzig 2004, S. 31）。さらに，EUレベルでのコミトロジー方式（Komitologieverfahren）にもかかわらず（八谷1999，植月2011参照），民間の基準設定主体（IASB）が課税所得算定に直接影響を及ぼすことは，基礎的民主主義原則および法治国家原則と一致しがたいということもいわれる（Herzig/Kuhr 2011, S. 2053）。

この点に関連する別の問題として，ドイツ憲法（Grundgesetz）第19条第4項により保証される財政裁判所の解釈権限とIFRSの国際的統一性とが同時に顧慮されねばならない場合，独立の財政裁判所による権利保護がどのように保証されうるかという問題もある。というのは，財政裁判所の解釈権限の結果生まれることになる，ドイツ版，フランス版もしくはヨーロッパ版IFRSは，IFRSの国際的統一適用を阻害することになるからである（Herzig 2004, S. 32）。

さらに，第1章第Ⅶ節で考察したIFRSが税務決算書の目的と両立できるかどうかも問題となる。IFRSは，企業の将来の業績を予測することができるように投資家に意思決定関連的情報を提供するという目的を第一に追求する。それに対して，税務決算書上では，過去の期間の給付能力の増加を正しく表す，納税のための課税ベース算定の基礎の確定が重要である。課税所得計算の利用者は国庫のみであり，国庫はその算定結果を直接的法律効果として課税請求権に結合する。

また，第1章第Ⅶ節で取上げたように「目的適合性」（relevance）と「信頼性」（reliability）との間の各会計処理の対立領域において，IFRSは「目的適合性」をより強く指向し，他方，課税所得計算にとっては，「信頼性」が最重要である。

「IFRS基準性モデル」に対する別の反対意見として，IFRSが税務関連性を持つことによって，IFRSの形成および解釈の際，税務的側面の考慮が働いて

しまう点が挙げられている（Herzig 2004, S. 33）。基準性の原則に関するドイツの経験によれば，利益算定の領域でのHGB上の新規定についての議論の際，税務上の帰結が常に優先されてきた。その限りにおいて，しばしば批判される商法決算書の税務的歪みは，逆基準性の結果ではなく，むしろ単純な基準性に起因するとされる（Herzig 2004, S. 33）。この指摘は非常に重要である。つまり，日本でも損金経理要件が，外部報告会計に対する課税所得計算の「足枷」の根源とみなされることが多いが，実は確定決算主義自体に，その「足枷」の原因があるというのである。IFRSの税に有利な解釈という危険は，民間の基準設定機関という「タガ」によっても減じられない（Herzig 2004, S. 33）。結局，会計基準の品質も損ねてしまうであろう税法の影響力の行使を排除するためには，IFRS基準性に対する課税所得計算の原理的切り離しが行われねばならない。

　このように，憲法的側面と同様，実質的な理由からも無制限のIFRS基準性には問題があることが確認される。さらに，この関連において，課税の公平性という理由から，IFRS準拠の個別財務諸表を全企業へ義務化することは，経済性の側面からも大いに問題がある。IFRSは，資本市場指向的企業を中心としているので，特に中小企業に対するIFRS強制は過重負担となるからである。しかし，これは，個別のIFRS基準が税法独自の会計基準の枠内でも利用しうること，そして税務上の会計問題考究の際，国際基準としてのIFRSが参照されることを排除するものではない（Herzig 2004, S. 34）。

③　税法独自の会計基準

　税法独自の会計基準とは，HGB準拠個別決算書にもIFRS準拠個別財務諸表にも接続しない，課税所得計算のための税法独自の計算規定を意味する。しかし，これは税法がHGB規定ないしIFRSから完全に遠ざかるということを必ずしも意味しない。税法は簡素化という観点から，例えば，異なる目的の計算の共通基礎という意味での，機能中立的基礎計算に基づくこともできる（Herzig 2004, S. 34）。この点に関連して，二重作業回避のために，課税所得計

算が，税務上の特別規定がない限りは，他の計算目的の規則を代わりに用いることも可能である（Herzig 2004, S. 34）。したがって，外部報告会計と課税所得計算とに共通項が存在する限りは，基準性の原則は保持されることになるだろう。

さらにIFRS準拠の個別財務諸表の浸透の可能性，および，少なくとも，第6章で取上げる，企業課税の領域における課税ベースのEU調和化を背景として，IFRSが課税所得計算にどの程度吸収されるのかという問題に特に関心が持たれる。前述の理由から，税務上の規制行為にIFRS全体が直接吸収されることはあり得ないとしても，課税所得計算の実質的合法性を満たすため，税務当局によってその規制規範に受け入れられる場合，個々のIFRS基準が課税所得計算の枠内で適用可能ということは考えうるとされる（Herzig 2004, S. 35）。

II　基準性の原則とその行方

①　商法決算書と税務決算書との関係

商法決算書と税務決算書に対する法的基礎はBilMoGによって大きく変更された。確かに，基準性の原則は継続しているが，EStG第5条第1項における法的選択権留保によって明確に変更された。支配的見解によれば，総ての選択権に及ぶこの選択権留保によってBilMoGは，商法決算書と税務決算書において異なる選択権行使の可能性の更なる領域を創り出した（Herzig 2012b, S. 1344）。

BilMoGは，逆基準性廃止により，原則として互いに独立して行使しうる商法決算書と税務決算書における選択権行使の余地を広げた。以下では，「(a)各決算書において一致して行使される選択権のケース」と「(b)別々に行使される選択権のケース」を取上げることにする。

(a)　一致した選択権行使のケース（その1）

独立した税務規定が存在する場合，HGBの評価選択権に優先する。したがって，税務上の選択権が，対応するHGBの規範より限定的である場合，商法

決算書と税務決算書とに乖離が生じる。これに関するものとして，既述のように第2章第Ⅳ節で取上げた「製作原価」の問題がある。EStGは税務上の「製作原価」の定義を含まないが，所得税ガイドライン（EStR）指針6.3第1項で定義され，その際，HGB第255条第2項（および第3項）の規定が補完的に参照されている。

　従来，EStRは，現在BilMoGによって規定されたHGB上の選択権は原則として税務上の選択権でもあると規定していた。すなわち，一般管理費，福祉厚生施設費，任意の社会的給付費，企業年金費用および製造に関わる借入利子の原価算入については，税務上も選択権が存在した。しかし，税務当局はBilMoGによる改正を利用して，これらの構成要素について税務上，「製作原価」への算入を義務としている（BMF通達，テキスト番号8）。「製作原価」に算入される額の一部は，期末有高（資産）となるため，その分費用（損金）計上額が小さくなる，すなわち利益（所得）計上額が大きくなるという効果をもつ。したがって，結果的に増税につながる。

　ヘルツッヒによる専門家アンケートは，「製作原価」確定の領域で複雑性回避のために，実務が，商法決算書と税務決算書間の収斂を非常に強く顧慮し，そのため一般管理費並びに厚生施設に対する適切な経費の算入選択権（HGB第255条第2項第3文並びに2008年EStRの指針6.3第4項）が完全に一貫して商法決算書と税務決算書とで一致して行使されていることを非常に明確に（90％以上の賛同）示していたという（Herzig 2012b, S. 1347）。

(b) 一致した選択権行使（その2）

　HGB上も税法上も存在する選択権は，第2章第Ⅳ節で取上げた，EStG第5条第1項第1文の後段に基づき商法決算書上と税務決算書上とで別々に行使することができる。すなわち，HGB第256条により，同種の棚卸資産の価値記載額について先入先出法と後入先出法を適用することができる。一方，税法上は，EStG第6条第1項第2a号によりこの選択権は，後入先出法にのみ妥当する。税務決算書上での消費順法の適用は，納税義務者が資産を商法決算書上でも消費順法の利用の下で評価することを前提としないため，例えば，税務決

算書において後入先出法を適用すると同時に，商法決算書においては先入先出法を適用することが可能となる。

この点についても，ヘルツッヒによる専門家アンケートは，商法決算書と税務決算書の圧倒的一致を明確に示していたという (Herzig 2012b, S. 1347)。税務上許容される後入先出法が利用される場合，商法決算書でも適用される（専門家アンケートにおいて80％の賛同）。すなわち，当アンケートによれば，BilMoGによって決算書作成行動の変化は，この領域でも生じていなかった。

③ 別々の選択権行使のケース

HGB第253条第3項第1文により耐用年数が1年を超える設備資産において取得原価または製作原価には，計画的減価償却が行われねばならない。その際，定額法，逓減法，生産高比例法による減価償却および加速償却も利用可能である。

税務上，2010年度には，定額法の他に逓減償却が許容されたため（EStG第7条第2項），動産たる設備資産において定額法による減価償却額に代えて逓減法による減価償却額を要求することができた。EStG第7条第2項による減価償却は，商法決算書においても逓減法による減価償却を行うことを前提としないため，例えば，税務決算書において逓減法を適用し，相対的に多額の損金（少額の所得）を計上すると同時に，商法決算書においては定額法を適用し，相対的に少額の費用（多額の利益）を計上することが可能となる。すなわち，以下の3つの減価償却方法の組合せが可能となる。

タイプ1：商法決算書　定額法，税務決算書　逓減法
タイプ2：商法決算書　定額法，税務決算書　定額法
タイプ3：商法決算書　逓減法，税務決算書　逓減法

タイプ1については，ヘルツッヒによる専門家アンケートは，このタイプがBilMoGによる実務において相当のウエイトを獲得し，2010年にはさらに利用

されたことを示していたという（Herzig 2012b, S. 1348）。

　タイプ2については，乖離の複雑性コストは回避されるが，税務上のメリットは利用されない。ヘルツッヒによる専門家アンケートによれば，このタイプはタイプ1より普及は少ないが，相当普及していたという（Herzig 2012b, S. 1348）。

　逆基準性が存在した時代に非常に頻繁にみられたタイプ3は，税務上のメリット利用と複雑性コスト回避とが結びついているが，BilMoG施行により退行傾向にある。それにもかかわらず，このタイプも（少なくとも2010年については）相変わらず相当あったという（Herzig 2012b, S. 1348）。

②　HGB上と税務上の耐用年数

　耐用年数の見積の際，IFRSによる耐用年数と税務上の減価償却の耐用年数表には明確な不一致がある。この緊張関係の下で，商法決算書に対する耐用年数がどの様に確定されるかということが問題である。BilMoG施行前の逆基準性の下では，税務上の減価償却の耐用年数表は原則として商法決算書の耐用年数の見積についても援用するという慣用の実務が存在したという（Herzig 2012b, S. 1348）。税法はEStG第7条第1項第2文において事業上通常の耐用年数に焦点を当てるのに対し，HGB上は，HGB第253条第3項第2文により，予測される企業固有の耐用年数が重要である。この差異はともかくとして，BilMoG施行前の会計実務は，商法決算書においても原則として税務上の減価償却表に従われていた。

　この実務がBilMoGへの移行によって変更されたか否かが問題であるが，中小企業について，ヘルツッヒによる専門家インタビューは，非常に明確な傾向を示していたという（Herzig 2012b, S. 1348）。それによると，従来の実務が圧倒的にBilMoG施行後も継続されており，税務上の減価償却表の耐用年数が商法決算書についても援用されていた（80％超の賛同）。理由としては，とりわけ付加的複雑性の回避とそれに結びついたコスト，ならびに税務調査におけるリスクの回避が挙げられている。

資本市場指向型企業の領域についても商法決算書における税務上の減価償却表の利用が支配的である。但し，この領域では商法決算書において税務上の減価償却表の耐用年数から乖離し，さらにIFRS準拠の連結決算書における，通常より長い耐用年数を顧慮するという，明確なより強い傾向がみられた。商法決算書における税務上の減価償却表の非利用は，商法決算書と税務決算書との関係についての今後の議論において中心点の1つとなるだろうとされる (Herzig 2012b, S. 1348)。

③ 税務会計の拡大

「逆基準性」の廃止に対する反論として，それが税務決算書の商法決算書からの更なる乖離につながるということが挙げられていた。実際，統一決算書の作成の可能性が更に制限されることになる。ただ，特に旧EStG第5条，第6条及び第7条における税法のHGBからの夥しい乖離は，単純な状況についてすら商法決算書と税務決算書との一致を従来から不可能にしていたとされる。

ヘルツッヒによる専門家への質問は，BilMoGによって税務会計の浸透が中小企業においても最早押しとどめられないことを明確に示している (Herzig 2012b, S. 13)。処理され展開されねばならない，商法決算書と税務決算書との間の乖離の明確な増大がその原因である。これは，相変わらず商法決算書から税務上の所得を導出する調整計算書によって行われうる。しかし，乖離の増大によってこの調整は，分かりにくく且つ誤りやすくなる危険にさらされることになる。

上述の傾向は，第4章で取上げる，税務上調整されたタクソノミによる電子税務決算書（E-Bilanz）の導入と第6章で取上げる，EUの共通連結法人課税ベース（the Common Consolidated Corporate Tax Base; CCCTB）プロジェクトの枠内での課税所得算定のヨーロッパ化によって強化されるだろうとされる (Herzig 2012b, S. 1351)。

Ⅲ　基準性の原則と中小企業

　ドイツの商法決算書においても情報提供指向的計算目的は傾向として強化されており，資本維持目的と基準性の原則に刻印された税務決算書との接続は傾向的に弱体化されている。また，BilMoG において商法決算書と税務決算書との基準性の原則による結合が依然として存続していても，両者の計算作業は構造的にますます離れていく。基準性の原則の本来の簡素化目的に基づく真の統一決算書は，ドイツの中小企業にも企業グループにも最早存在しないとされる（Prinz 2010, S. 2073）。

　こうした状況を背景として，中長期的に，基準性の原則から全く離れた税法独自の会計基準を確立すべきとの見解もある（Prinz 2010, Zwirner 2010 等）。税法独自の会計基準を確立することによって新たな商法決算書上の自由度が産み出され，その結果，商法決算書に情報提供目的のみに集中するチャンスが提供されるとさえいわれる。

　現在，IFRS は，GoB の解釈補助として参照されるのみで，EStG 第 5 条第 1 項第 1 文の GoB は，「ドイツの GoB」を指し，IFRS をはじめとする外国の GoB は含まれない（Prinz 2010, S. 2069）。また，本章第Ⅰ節で取上げたように，税務上の規制に IFRS 全体が直接吸収されることには，憲法（Grundgesetz）レベル，および第 1 章第Ⅶ節で取上げたように，IFRS と課税所得計算との目的等の相違といった点で問題がある。

　しかし，既述のように，IFRS 全体の課税所得計算への直接吸収はあり得ないとしても，個々の IFRS 基準が課税所得計算の枠内で適用されることは考えうる（Herzig 2004, S. 35）。例えば，HGB の計算規定を IFRS と等価のものにすることを目指した BilMoG により，金融機関および金融サービス企業は，売買目的で取得した金融商品をリスクプレミアム控除後の公正価値によって評価しなければならなくなり，この規定は税務上も適用される。つまり，金融機関および金融サービス会社の金融商品が評価単位（Bewertungseinheiten）で写像さ

れない範囲において，公正価値評価が2009年12月31日以降に始まる事業年度より導入されている（EStG 第6条第1項第2b号，第52条第16項）。これにより当該事項については，取得原価主義および実現原則が，実務上の考慮から（予測される継続的価値減少という要件なしの）価値引下げと価値引上げに対して破棄された。

　BilMoGにおけるIFRS起源の別の例として，自己創設の無形固定資産に対する資産計上選択権がある。このように，IFRSの思想とIFRSの経験が，少なくとも中長期的にGoBに影響を及ぼすことも予想できるとされる（Prinz 2010, S. 2074）。

　BilMoGは会計の伝統的基本原則の保持における発展ラインを「中小企業に可能なもの」にすることを試みたとされる（Prinz 2010, S. 2075）。今日，基準性の原則の存在意義として重要な論点は中小企業の負担問題にある。多数の中小企業は経済性の観点から，たとえ基準性破棄の増大によってますます困難に思えたとしても，HGB上の規定と税法上の規定を同時に満たす統一決算書の概念に従っている（Herzig 2004, S. 6）。中小企業にとっては，商法決算書と税務決算書とを別々に作成するコストは過重負担だからである。BilMoGにより実質的基準性が温存されたのは，中小企業に統一決算書の可能性を残すためだったという見解もある（Fischer/Kalina-Kerschbaum 2010, S. 399）。

　また，商法決算書から独立して税務上の選択権を行使する場合，その行使年度だけでなく，その後の年度にもそれによって生じた様々な離反を跡付ける必要が生じる。それらの処理は，企業サイドだけでなく，課税当局サイドにとっても困難をもたらすという指摘もなされている（Fischer/Kalina-Kerschbaum 2010, S. 399）。

　元々，BilMoGは商法決算書の情報提供機能を租税中立的に改善することを目指したとされる。しかし，「逆基準性」の廃止は，実際には課税所得計算に多大な影響を及ぼし，かつ今後その影響はさらに拡大するであろう。

Ⅳ　税/会計リンケージの類型化

　税務会計と財務会計とが直接リンクしている，第1章第Ⅴ節で取上げた「大陸モデル」の国々において，両者の関係の見直しが進められており，特に，これまで見てきたように，ドイツでは，会計法現代化法（BilMoG）により損金経理要件に類似した「逆基準性」が廃止された。

　「大陸モデル」サイドの議論，つまりドイツでの「逆基準性」の廃止や日本での損金経理要件の緩和の議論だけ見ていると，税務会計と財務会計との離反のみが強調され，その場合，両者が分離している「英米モデル」が理想のように思われがちである。しかし，その「英米モデル」サイドでは，両者の整合の傾向があるという。本節では，IFRSの普遍化に伴う税務会計と財務会計との関係（以下では「税/会計リンケージ」と呼ぶ。）における「大陸モデル」と「英米モデル」との接近の動向について考察する。

　税務会計と財務会計とが完全にリンクしている国は無いし，税務会計と財務会計との間に全くリンケージのない国もない。前者，すなわち「形式的依存」（formal dependence）は，財務諸表が課税所得算定にとって完全に決定的である状況として定義される。一方，後者，すなわち「形式的独立」（formal independence）は，税務会計と財務会計との間に全く関係がないことを意味する。その場合，税務会計は，財務会計から全般的に独立した特別な租税規則によって規制される（Essers (ed.) 2009, p. 32）。

　これらの「形式的依存」と「形式的独立」との極端な位置の間における，「事実上の形式的依存」（practically formal dependence）から「実質的依存」（material dependence）を経て「実質的独立」（material independence）に至る，税務会計と財務会計との関係についてのスペクトル呈示の試みが，エッサーほか（Essers (ed.) 2009）によりなされている。

　「事実上の形式的依存」は，独立の税務決算書（Steuerbilanz）は認められず，税務上の選択権は財務会計での選択権の利用に準拠されねばならず，その

結果，明示的な税務規制のみが財務会計と税務会計との間に差異を造りだしうる制度として定義される。「実質的依存」は，原則として財務会計が税務会計にとって重要であるが，税務上の選択権の利用が財務会計での選択権の利用に準拠する必要はないことを意味する。そして，「実質的独立」は，財務会計が税務会計の出発点とみなされながらも，実務では独立した税務決算書が存在することを意味する（Essers (ed.) 2009, p. 32）。

エントレスほかによる調査（Endres et al 2007）は，各カテゴリーに属する国を下表のように分類している（Essers (ed.) 2009, p. 33）。ベルギー，フランスおよびドイツ等が「事実上の形式的依存」カテゴリーに，アイルランド，英国，スウェーデンおよびギリシャ等は，「実質的依存」カテゴリーにそれぞれ位置する。そして，オランダ，デンマークおよびポーランド等は「実質的独立」カテゴリーに該当する。

図表3-1　税務会計と財務会計とのリンクの分類

事実上の形式的依存	実質的依存	実質的独立
オーストリア，ベルギー，キプロス，チェコ，フィンランド，フランス，ドイツ，イタリア，リトアニア，ルクセンブルク，ポルトガル，スロバキア，スペイン	ギリシャ，ハンガリー，アイルランド，ラトビア，マルタ，スウェーデン，英国	デンマーク，オランダ，ポーランド，スロベニア，アメリカ*

(出典：Essers (ed.) 2009, p. 33)
*エントレスほかの調査は，EU加盟国を対象としているため，アメリカは含められていないが，エッサーほかは，当調査を引用した上で，アメリカを「実質的独立」に分類しているので，上表では表内に追加している。また，EU加盟国のうちエストニア，ルーマニア，ブルガリアおよび当時未加盟のクロアチアは分類されていない。

① **事実上の形式的依存**

まず，「事実上の形式的依存」の例としてドイツを取り上げよう。「基準性の原則」によるHGB上の利益確定と課税所得計算との結合と，それによる統一決算書の作成の可能性は，「基準性の原則」の空洞化をもたらしたBilMoGに

より，再び激しい論争を呼んでいる。

　過去の研究では，統一決算書の作成だけに焦点を当てた調査が散発的にしか実施されていないが，統一決算書は特に中小企業において高い相対的意義を持つと結論されている (Haller/Ferstl/Löffelmann 2011, S. 885)。

　ハッラーほか (Haller/Ferstl/Löffelmann 2011) による実証研究では，企業における統一決算書の作成は，依然として普及した行動オプションであるかどうかを明らかにすることが目的とされ，以下の2つの点について調査されている。

問1．実務において企業が統一決算書を作成することが可能か。

問2．企業は出来る限り統一決算書を作成する意図を持つか。

　問1については，HGBが税法会計基準とは異なった規制を含む場合，同一の会計上の取扱いは不可能であり，その結果，統一決算書の呈示も不可能であることを意味する。

　問2については，税法上の規定と一致して行使しうるHGBにおける会計処理選択権が存在するケースで，税法上の規則によって会計処理が決定されている場合，統一的会計処理の意図の間接証拠として解釈される。

　上記の2つの問に対する回答は，実際の商法決算書と税務決算書の比較によって最もよく果たせるはずだが，税務決算書は公表されていないので実際には不可能である。そのため，HGB第325条により公開義務のある企業の商法決算書によって，計算作業が統一的会計処理の意図によって行われたか否かの判定が行われる。

　調査の基礎データは，電子連邦公報において利用可能な，無作為に選ばれた100社の小中大資本会社の2006年から2008年の商法決算書からの広範なデータ収集によるものである。3年の調査期間について，総数900の決算書の無作為抽出検査が行われた (Haller/Ferstl/Löffelmann 2011, S. 885-886)。

　調査結果としては，問1に関しては，商法決算書と税務決算書における会計上の処理が相互に相容れない状況が企業実務に頻繁に発生していることは明らかで，それは企業にとって統一決算書を作成する可能性を相対的に減少させて

いるとされる（Haller/Ferstl/Löffelmann 2011, S. 889）。

　問2に関しては，異なる会計処理選択権の分析と決算書における記載の調査によれば，多くの企業が税法の基準値を適用していることが示されている。それらの企業は多くの場合，統一的会計処理を追求し，その際，観察されうる第一の目標は，会計処理費用の節減のほか，税務上の助成金の可能性（特別償却，特別項目）の利用による出来る限りの税負担の軽減にあると思われる。したがって，調査の結果は，商法決算書における会計政策の裁量の行使は著しく税務的決定要素によって影響されるという，しばしば文献で表明される推測を支持している（Haller/Ferstl/Löffelmann 2011, S. 889）。

　なお，これらの調査結果は，BilMoG施行前の法状況に基づく。BilMoGによる改革は，「逆基準性」の廃止により，調査対象の状況の一部において商法決算書と税務決算書における離反した取扱いと，両者間の統一的会計処理の原則的制限につながっているため，税務決算書と商法決算書とのリンケージは現在さらに弱まっている可能性があるとされる（Haller/Ferstl/Löffelmann 2011, S. 889）。

② 実質的依存

　次に，「実質的依存」の例として英国を取り上げよう。かつて英国では事業所得の法的定義が欠けており，19世紀に企業経済学はなお揺籃期にあった。他方，一般に認められた会計原則は存在しなかったので，当初，裁判官は特定の税務規則の開発に傾注していた（Essers (ed.) 2009, p. 34）。しかし，企業経済学が発達し，英国会計基準（UK-GAAP）が開発されるにつれて，税務会計と財務会計は益々互いに結び付くようになった。結果として，裁判官は，税務会計を求める準備を強化した（Essers (ed.) 2009, p. 34）。このプロセスは，1998年金融法の第42条と2004年金融法の第50条につながり，それらは「税務上の所得算定の際，法によって要求あるいは認定された修正に従う」事業者の税務会計に対する一般に認められた会計実務を規定している。一般に認められた会計実務は，UK-GAAPまたはIFRSとなる可能性があるとされる

(Essers (ed.) 2009, p. 34)。

　税務会計と財務会計の双方とって「真実かつ公正な概観」(true and fair view) 原則は指導的である。しかし，これは，複数の選択枝の可能性がある場合，総ての選択肢が「真実かつ公正な概観」を表し，税務決算書と財務諸表に同一の選択が行われねばならないことを意味するものではない。例えば，減価償却に関して税務会計と財務会計との間に相違があるが，英国の制度を「実質的依存」制度とみなすことができるとされる (Essers (ed.) 2009, p. 34)。IFRS は，(慈善部門を除く) 上場会社と非上場会社の両方の決算書に認められている。

③ 実質的独立
(a) オランダ

　オランダとドイツの租税制度は多くの共通の特徴を持つ。これは地理的，文化的および歴史的影響によるものである。しかし，ドイツとオランダの租税制度間の最も著しい相違の1つは，課税所得計算の領域に関するものであるとされる (Essers (ed.) 2009, p. 35)。

　オランダにおける課税所得算定の出発点は2001年個人所得税法第3.8条にいう全体利益 (total profit) の概念である。すなわち，全体利益は，通商または事業から得られたあらゆる名称または形式の便益の集計額である。企業の存命期間中に得られたこの全体利益は，会社が存命する各年度に帰属されねばならない。各年度利益の合計が全体利益となる。

　オランダでは，年度課税所得計算が2001年法人所得税法第3.25条の「健全な企業実務」(sound business practice) という概念によって決定される。年度利益は，予測される結果から独立し，一貫した行動に関する「健全な企業実務」に従って決定され，「健全な企業実務」によって正当化される場合にのみ変更されうる。1957年5月8日の典型的事例決定 (BNB1957/208) においてオランダ最高裁は「健全な企業実務」という概念と企業経済学の原則との関係を明確に示した。つまり，課税所得算定のシステムが所得算定の正しい企業経済

学観に基づく場合，それが「健全な企業実務」に準拠していると想定されねばならない（Essers (ed.) 2009, p. 35）。

しかし，この見解が税法における何らかの規制，すなわち関連税法の一般的意図または原則と衝突する場合，このルールに対する例外が認められねばならない。したがって，原則として，企業経済学と一致する総ての方法は「健全な企業実務」と一致しうる。だが，企業経済学の見解は，「健全な企業実務」という概念に照らして常に検証されねばならない。同じことが財務諸表と税務決算書との間の関係についても当てはまる。この概念は，実務において財務会計からほとんど完全に独立した課税所得計算のシステムをもたらしてきた（Essers (ed.) 2009, p. 35）。

年度利益算定に対する「健全な企業実務」の規則は，全体利益に関する規則より柔軟性がある。これは，全体利益に関する問題（それは課税所得に属するのかという問題）が属性問題に関わる一方，年度利益に関する問題（それは当期課税されるのか又は次期以降にかという問題）が期間帰属問題に主に関連するためである。企業の生涯の終焉までに総ての隠された準備金やのれんが最終年度利益として課税される。最終的にすべての年度利益の合計は，概念上，全体利益に等しいとされる。

オランダでは，IFRS が上場会社と非上場会社の両方の年度決算書に認められている。また，小規模会社が税務決算書を財務諸表として利用することを可能とする法案が，オランダ議会で承認されている（Essers (ed.) 2009, p. 36）。

(b) ア メ リ カ

「実質的独立」の例として，次にアメリカを取り上げよう。アメリカでは課税所得と財務会計上の利益の算定の間に多くの相違がある。内国歳入法（IRC）第 446 (a) 条により，課税所得は，納税者が会計帳簿を付ける際に自己の所得を定期的に算定する基礎に基づく会計処理法の下で算定されねばならない。この「会計帳簿一致」（book conformity）原則は，表面上，ドイツの「基準性の原則」と同じ原則であるが，アメリカではドイツよりこの原則に対するより多くの例外が存在する（Essers (ed.) 2009, p. 36）。IRC 第 446 (a) 条の「会計

帳簿一致」要件の対象と目的は，納税者によって利用された「会計帳簿」に基づいて示された税務会計上の事実の現実性を税務検査官がチェックできることを確保することのみにある。これは，納税者が同一の財務会計システムと税務会計システムを利用しなければならないことを必ずしも意味しない。そして，「会計帳簿」という用語も納税者の財務諸表のみを意味するわけではない。

実際，IRC 第 446（b）条は，IRC 第 446（a）条よりアメリカにおける財務会計と税務会計との関係をよりよく反映している。IRC 第 446（b）条に従って，納税者によって選択された会計処理法は「明確に所得を反映」しなければならない。当会計処理法がこの「明確反映基準」を満たさない場合，アメリカ国税庁は，納税者によって利用されるべき方法を規定することができる。したがって，アメリカ国税庁は，オランダやドイツの税務当局より多くの裁量権を有する。IRC 第 446（c）条は特定の条件の下で税務会計システムとして現金主義や発生主義を認めている。

アメリカの一般に認められた会計原則（US-GAAP）に一致する税務会計システムは，通例，明確に所得を反映するシステムと見なされている（Essers (ed.) 2009, p. 37）。

V　税/会計リンケージにおける「英米モデル」と「大陸モデル」の特徴

第1章第V節で紹介した，ミューラーほか（G. Mueller/H. Gernon/G. Meek 1999）による，会計の類型としての「英米モデル」と「大陸モデル」を再び取り上げる。

「英米モデル」では発達した証券市場の存在がポイントであった。なお，「英米モデル」に属するオランダとアメリカは，前掲のカテゴリーでは「実質的独立」に属するが，英国は「実質的依存」に分類されている。

次に，「大陸モデル」は，「政府からの要求を満足させる」ものとしての課税所得計算等への準拠性が指摘されていた。先述したように，課税所得計算が企業会計にリンクされているというのは日本固有のものではなく，「大陸モデル」

としてヨーロッパでは一般的であり，むしろ両者を直接リンクしていない「英米モデル」が稀なものであることが分かる。「大陸モデル」に属する多くの国は，前掲のカテゴリーでは「事実上の形式的依存」に分類されている。

　ドイツの商法会計制度は「大陸モデル」の1つの典型例である。「大陸モデル」は，債権者保護と会社資本維持の強調によって特徴づけられてきた。「大陸モデル」においては，「慎重性原則」がこれらの目的を保証するための最重要の原則となってきた。これによって，「基準性の原則」は，所得が実現される前に課税されることは無く，損失はその発生が見込まれる時点で既に考慮されるという「不均等原則」（Imparitätsprizip）により事業所得の節度ある課税を保証してきた。したがって，「基準性の原則」は納税者を当局から保護するために利用されてきた（Essers (ed.) 2009, p. 37）。

　しかし，「基準性の原則」が課税所得算定による「慎重性原則」の過剰な強調に誤用されることがあり，それが1999/2000/2001年租税軽減法の導入による課税ベース拡大の主要な理由であったという（Essers (ed.) 2009, p. 40）。ドイツにおいては，連邦財政裁判所（BFH）の判決が，税務会計に対する決定の重要性を明確化あるいは制限するための所得税法での成文化につながってきたという経緯がある。特に，1999/2000/2001年租税軽減法の導入後，「基準性の原則」が未だにどの程度妥当するかどうか疑わしいとする見解もある（Essers (ed.) 2009, p. 41）。

　「英米モデル」は，債権者の利益の代わりに株主の利益への焦点によって特徴づけられる。そうした制度においては，「真実かつ公正な概観」に基づく資本市場への情報提供に重点が置かれる。このことが，オランダ，英国，アイルランドなどで，過去，税務決算書と財務諸表とのリンケージが，一般に納税者にとって必ずしも有利とみなされなかったかを説明する。すなわち，これらの国々は長い間，多かれ少なかれ独立した課税所得計算制度が課税所得の保守的決定法につながるものと理解されてきた。IFRSも例えば一部の資産について公正価値会計を規定することによってこの「英米モデル」にルーツがあることを示している（Essers (ed.) 2009, p. 37）。

アメリカでは，エンロン等の会計スキャンダルが税務会計と財務会計との関係への関心を高めたとされる。租税シェルターの可能性を制限し，税務会計規則の透明性と簡素性を増大させるために財務会計と税務会計とのリンケージ強化を支持する論者もいる。また，財務会計と税務会計との異なる結果が説明されうる方法に関する，更なる開示規則を支持する論者もある。アメリカの税務当局が，国家予算の利益になる多くの規制を導入するために，財務会計と税務会計との間のギャップを利用してきたという事実を批判する論者もいる（Essers (ed.) 2009, p. 45）。財務会計と税務会計とのルールとしてのリンケージの導入は，国税庁の裁量権を制限する効果を持つ。

アメリカでも国税庁の裁量権による法的予測可能性の欠如が，財務会計と税務会計との間の不明確な関係につながっていると多くの論者が批判してきた。特に，内国歳入法（IRC）第446（b）条の「明確反映基準」は当局に過度の自由度を与えていると考えられている。このことは，この基準に関するアメリカ政府の政策が「明確に非合法」か「明らかに恣意的」でない限り，アメリカの司法によっても容認されている。したがって，証明の重荷は納税者に重くのしかかっている。更にアメリカの裁判所は，「明確反映基準」に関する手続きをケースバイケース・アプローチに基づいてのみ決定しうる「事実の問題」とみなす傾向がある。トール電動工具社 対 国税庁長官（Thor Power Tool co. v. Commissioner）という典型的判例において，最高裁は「財務会計と税務会計の目的の重大な相違」を強調した。特にこの事例における最高裁の「国税庁の主要な責任は国庫を守ることにある。」という意見は，アメリカの税務会計における「慎重性原則」の妥当性に関して多くの問題を引き起こしているとされる（Essers (ed.) 2009, p. 42）。

VI　IFRS準拠連結財務諸表に対する税の影響

前節でみたように，「大陸モデル」では税/会計リンケージの緩和の傾向がみられる。その1つの大きな契機が，IFRSの普遍化にあるかどうかについて次

に見てみよう。特に EU では 2005 年より上場会社の連結決算に IFRS が強制適用されている。税と財務報告とのリンケージに関する 1990 年代半ば以前の研究では，財務報告に対する税の影響は，例えばドイツのような「支配的」から例えば英国のような「弱い」に至るバリエーションとして記述されてきたが，それらの研究の多くは個別財務諸表を対象とするものだった。ギー/ハラー/ノーブス（Gee/Haller/Nobes 2010）は，連結財務諸表に対する税の影響について独英を比較分析している。以下では当調査結果について見てみよう。

　税からの英国会計の相対的な独立性は，連結財務諸表にも適用されたであろう。しかし，租税依存性についてのドイツの発見事項は，2005 年以前の連結財務諸表にも適応されるだろうか。少数の会社が補足報告書で IFRS または US-GAAP を既に利用していた 1990 年代後半には，総てのドイツの企業グループは，たとえ IFRS または US-GAAP 準拠財務諸表を作成していても，それらは HGB 準拠財務諸表に追加あるいは「同等」なものとして呈示されていたにすぎない。そのため，なお法定連結財務諸表には HGB が利用されており，連結財務諸表には税務会計と商法会計の特別な離反は認められていなかった。結論として，巨大上場企業グループの一部については修正されていたものの，法定外のものを除いて，連結財務諸表についてさえ 1996 年にはドイツでは租税依存性が一般に存在していたことを文献は示唆している（Gee/Haller/Nobes 2010, p. 99）。

　ドイツと英国に関する詳細な研究は，ほとんどが 1996 年以前のものである。それ以来，大きな変化が課税と財務報告の両方に生じた。第一に，課税当局が税務規則と実務とを財務報告に近づける試みが，例えば，英国内国歳入庁により 2003 年になされた（Gee/Haller/Nobes 2010, p. 99）。第二に，税法と商法の数回の改正によって，税と財務報告との脱リンケージがドイツで導入されてきた。より重要なことには，ドイツでの連結財務諸表に対する IFRS の利用は，IFRS 準拠連結財務諸表について，税と財務報告との完全な脱リンケージを意味するように思われる。

　それにもかかわらず，個別財務諸表において税に動機づけられた会計方針の

選択が依然存在するという理由で，税は財務報告に今なお影響している。当選択は以下の2つの点で税に動機づけられる。すなわち，当方針が税法の下で強制されているか，当方針が財務報告と所得計上の延期（又は損金の繰上げ計上），つまり課税の延期のための選択となっているからである。個別財務諸表に使用された方針は，便宜のために，あるいは課税当局がそうした一致を期待するという理由で連結財務諸表に流入する。企業の経営陣は，経営管理上の便宜の利点と，利益の低い数値の呈示による租税軽減とを比較考量するだろう。

当研究では次の2つの命題が調査された（Gee/Haller/Nobes 2010, p. 100）。

命題1：ドイツの上場会社の連結財務諸表に対する税の影響の範囲は過去のそれより小さい。

命題2：ドイツの上場会社の連結財務諸表に対する税の影響の範囲は今や英国のそれと等しい。

結論から言うと，ギーほかの研究（Gee/Haller/Nobes 2010）では，ドイツにおける税の影響の範囲が個別財務諸表に対しては縮小し，上場会社の連結財務諸表については更に縮小されることが示されている。また，上場会社の連結財務諸表に対する税の影響の範囲は，現在は，ドイツと英国でほぼ等しいことも示されている。

ギーほかの研究では，税務決算書とIFRS準拠連結財務諸表との関係のタイプとして「図表3-2」の6つを挙げている（Gee/Haller/Nobes 2010, S. 109）。そして，「図表3-3」は，1996年と2006年の独英の20の会計問題について，財務報告の問題における税/会計リンケージを示している。

英国については，「図表3-3」の最後の2つの指標が，10年間に税の影響が少し増加したこと（すなわち，非リンケージの優勢が少し減少したこと）示す。これは，一部は税法の変化によるものであり，一部はスコアの再考慮によるものである（Gee/Haller/Nobes 2010, p. 113）。「図表3-3」からも明らかなように，ドイツのポジションは1996年から2006年に変化している。税の影響の指標は大きく下がり，IFRSが利用されていると推測される（Gee/Haller/Nobes 2010,

図表3-2 税務決算書とIFRS準拠連結財務諸表との関係のタイプ

（Ⅰ）非リンケージ	（国内会計規則に準拠することもある）税務規則がIFRSと明確に異なる。
（Ⅱ）同一	特別な（または単一の）税務規則とIFRSが同一である。
（Ⅲ）潜在的税の影響のない会計主導	IFRS規則（またはIFRS類似の規則）が国内要件の下，非連結財務導報告にも適用される。税法が明確でない。会計規則には選択や判断の余地はほとんどなく，租税動機は妥当しない。
（Ⅲ+）潜在的税の影響のある会計主導	IFRSが非連結会計処理にも存在する選択肢または見積を含む。 税法が明確でない。低い利益や利益の繰越につながる非連結財務諸表におけるこれらの会計問題に関する選択肢が便宜のため，またはそうしなければそれらの選択が税務目的に認められていないため連結財務諸表に流入する可能性がある。
（Ⅳ）税主導	税務規則または選択肢がIFRS準拠財務報告にも選択される。これは，十分特別な（または単一の）財務報告規則の欠如ゆえに起こりうる。
（Ⅴ）税支配	税務規則または選択肢が，財務報告原則と衝突することなく税務目的にも財務報告目的にも選択される。

図表3-3 税/会計リンケージの独英比較

事例	ドイツ 1996	ドイツIFRS 2006	英国 1996	英国IFRS 2006
非リンケージ：Ⅰ	2	14	15	14
同一：Ⅱ	0	0	0	1
会計主導：Ⅲ	5.5	0	2	1
会計主導：Ⅲ+	2	4	3	4
税主導：Ⅳ	7.5	2	0	0
税支配：Ⅴ	3	0	0	0
合計	20	20	20	20
最小指標：事例Ⅳ/Ⅴ－事例Ⅰ	+8.5	－12	－15	－14
最大指標：事例Ⅲ+/Ⅳ/Ⅴ－事例Ⅰ	+10.5	－8	－12	－10

（出典：Gee/Haller/Nobes 2010, S. 113, Table 7）

p. 113）。

「図表3-3」は，IFRS準拠連結財務諸表の水準においてドイツが現在潜在的税の影響からおおよそ英国並みに守られていることを示している。ドイツの対象企業は，比較的小規模で国際化の低い企業グループに関連するものであっ

た。もし，会計帳簿を IFRS で記帳するか，US-GAAP で記帳していた大規模なドイツの企業グループを対象にすれば，IFRS 準拠連結財務諸表に対する税の影響の可能性は更に小さくなるだろうとされる（Gee/Haller/Nobes 2010, p. 113）。このように IFRS の普遍化は，税/会計リンケージを緩和する影響を及ぼすことは明らかである。

Ⅶ 「大陸モデル」と「英米モデル」との接近

　「英米モデル」では，課税所得計算と財務報告とのリンケージが弱いため財務報告が課税所得計算に縛られることが少ないといわれる。しかし，それは以下のような理由によるものである。すなわち，「大陸モデル」における財務報告は，債権者保護指向のため課税所得計算とのリンケージが当局による課税ベースの拡大傾向に対する歯止めとなる。他方，「英米モデル」における財務報告は株主指向であるため，この歯止め効果が作用しない。そこで，課税所得計算について他の歯止め方策を採る，税法独自の会計基準が確立されてきたのである。

　エッサーほか（Essers (ed.) 2009）によれば，「大陸モデル」と「英米モデル」の各財務会計制度は資本市場と会計基準の調和化傾向，すなわち会社法指令や IFRS の増大する影響下で接近すればするほど，課税所得計算制度はおそらく収斂するだろうという（Essers (ed.) 2009, p. 38）。オランダ，アイルランドおよび英国といった「英米モデル」に属する国では，財務会計制度と税務会計制度との間の更なる整合への動きが見られ，他方，ドイツ，フランス，オーストリア，スウェーデンおよびスペインといった「大陸モデル」に属する国では，より自律的な課税所得計算要素導入の傾向があるからである。さらに EU での課税所得計算について，2011 年 3 月 16 日に公表された共通連結法人課税ベース（CCCTB）に関する欧州理事会指令案は，基準性が適用されない独立した課税所得計算を内容としている。これについては，第 6 章で取り上げる。

　「大陸モデル」における財務報告と課税所得計算とのリンケージ緩和がドイ

ツでも生じているし，それが課税ベースの拡大防止の効果を持つと期待されている。一方で，「英米モデル」では，課税ベースの拡大防止の方策として財務報告と課税所得計算との整合の傾向があるとの指摘は，財務報告と課税所得計算との関係において重要なのは，当局による課税ベースの拡大傾向に対する歯止めを如何に構築するかという点にあることを示している。

現在，EU で IFRS が上場会社の連結財務諸表にのみ強制され，個別財務諸表には強制されていないのは，税務会計に対する IFRS および欧州裁判所の直接的影響を防ぐ仮の歯止めにすぎないとされる。すなわち，税務決算書と財務諸表とのリンケージを適用する国の税務会計に対して，欧州裁判所が干渉する危険性が存在するからだという（Essers (ed.) 2009, p. 42）。IFRS は，状況によっては，実現原則のような税務原則との軋轢につながる，公正価値会計といった要素を含むからである。

しかし，EU の多くの加盟国では国内 GAAP と IFRS は，それらの内容と税務会計が開発される手続方法の両方の観点から，税務会計の着想源（a source of inspiratoin）となるとされる（Essers (ed.) 2009, p. 43）。期末棚卸資産評価，引当金および減価償却規則といった領域で，税務会計と財務会計の間に多くの類似性がある。国内 GAAP と IFRS が税務規則に影響される可能性もある。

税務会計と財務会計の異なる目的を考慮すれば，国内 GAAP と IFRS の内容を税務目的に翻訳することが必要であろう。流動性や実現原則といった要素は，税務会計において財務会計におけるよりも重要だからである。さらに，第 1 章第Ⅶ節で述べたように，税務会計は過去の業績により関心を持つが，他方，IFRS は，業績報告に焦点を合わせ，分配可能利益の代わりに利益獲得能力を強調する。これらの要素はこの翻訳プロセスで考慮されねばならないが，IFRS は，共通税務会計規則を設計する際の道具，および課税ベースを決定するための参照点（a point of reference）とみなすことができるとされる（Essers (ed.) 2009, p. 43）。これは，本章第Ⅰ節で引用したヘルツッヒの見解とも一致する。

IFRS の普遍化は，単に「大陸モデル」における税/会計リンケージの緩和

にとどまらず,「大陸モデル」と「英米モデル」との接近をもたらしているのである。

第4章　ドイツ商法におけるマイクロ資本会社
　　　　会計規制軽減と電子税務決算書（E-Bilanz）の導入

I　資本会社の規模と会計規制

　連邦法務省（Bundesministerium der Justiz）は，マイクロ資本会社会計法改正法（Kleinskapitalgesellschaften-Bilanzrechtsänderungsgesetz；MicroBilG）の法務省草案（MicroBilG 2012a）を2012年7月31日に公表した。9月には，政府草案（MicroBilG 2012b）が公表され，そして，同年12月から施行されている。この法律によって，マイクロ企業に関する特定の法形態の会社の年度決算書についての，いわゆるEUマイクロ企業指令（Micro-Richtlinie 2012）が，ドイツ法に転換された。EUマイクロ企業指令およびMicroBilGの目的は，マイクロ資本会社（Kleinstkapitalgesellschaft）に対して年度決算書作成および公開における軽減を行なうことにある。加えて，MicroBilGは，関連する商法典（HGB）等の法律の特定の条文を改正・新設する「条項法」（Artikelgesetz）であるため，株式法，企業登記簿規則（Unternehmensregisterverordnung）ならびに司法事務処理費規則（Justizverwaltungskostenordnung）の一部も，編集上の改正が行われた。

　EUマイクロ企業指令に応じてMicroBilGは資本会社に適用される。他の法形態のマイクロ企業は関係ない。なぜなら，それらは従来EU規模の規制から除外され，資本会社と比べて，長年来，明確に範囲が狭く限定的な規制しか受けていないからである。例えば，自由業者ならびにパートナーシップ企業は商

法典（HGB）上の記帳義務と年度決算書の作成を免除されている。会計法現代化法（BilMoG）の導入以来，これはその事業が HGB 第 241a 条の規模基準を超えない個人商人（Einzelkaufleute）にも妥当する。さらに（公開法第 1 条の規模基準を超えない限り）無限責任社員として最低自然人が 1 人いる人的会社には総て，資本会社に対する特別規定の適用義務はない。

本章第Ⅰ節～第Ⅴ節では，ツヴィルナーの研究（Zwirner 2012）およびハッラー/グロスの研究（Haller/Groß 2012）に依拠して MicroBilG によるマイクロ資本会社に対する会計規制の軽減の内容を明らかにする。

ドイツの商事法には，現在既に様々な規模依存的会計報告義務がある。すなわち，HGB 第 267 条は，既に今日，小，中，大資本会社を区分し，特定の会計義務および公開義務を HGB 第 267 条の意味での会社の分類に結合している

図表 4-1　MicroBilG 以後の資本会社の会計義務および公開義務の差異

企業の規模	HGB 第 241a 条の意味での「小」個人企業	HGB 第 241a 条における規準以上の規模の総ての個人企業	マイクロ資本会社（HGB 第 267a 条）	小資本会社	中および大資本会社	（連結決算書を作成しない）資本市場指向的資本会社
公開	非公開	規模クラスによる	決算書寄託で十分	決算書および注記・付属明細書の公開	中資本会社への HGB 第 327 条による軽減	公開軽減無し
会計報告の範囲						資金計算書および資本明細書
					状況報告書	状況報告書
				注記・付属明細書	注記・付属明細書	注記・付属明細書
	記帳義務無し	最小限の B/S および P/L	要約 B/S および P/L	B/S および P/L	B/S および P/L	B/S および P/L

出典：Zwirner 2012, S. 2231, Abbildung.

(「図表4-1」参照)。さらに，第2章第Ⅲ節で述べたようにBilMoGによりHGB第241a条で個人商人に対してHGB上の記帳義務の免除が初めて導入された。

MicroBilGにより規定された会計軽減および公開軽減は，何よりもマイクロ企業に役立つとされる。ドイツでは，それは有限会社（GmBH）または有限責任合資会社（GmbH & Co. KG）の法形態で組織された企業に主に関連する。なお，有限責任合資会社とは，法律上は合資会社であるが，その無限責任社員が有限会社1社から成るもので，ドイツには数多くみられる。MicroBilGによって新たに規定されたHGB第267a条は，既にHGB第267条に存在する小資本会社，中資本会社ならびに大資本会社という規模クラスに，マイクロ資本会社という企業カテゴリーを追加している。連続する2事業年度の決算日において，以下の3つの規模規準のうちの2つを超えない場合，HGB第267a条により，マイクロ資本会社と分類されねばならない。

1. 借方に呈示された欠損額を控除した（HGB第268条第3項）後の350,000ユーロの資産総額。
2. 決算日前12ヵ月の700,000ユーロの売上高。
3. 年間平均10人の従業員。

例えば，ある資本会社が，決算日に以下の年度決算書データを呈示しているとする。

図表4-2　ある資本会社の年度決算書データ

	欠損額を控除した後の資産総額	売上高	従業員
2012年12月31日	330,000ユーロ	680,000ユーロ	10名
2013年12月31日	320,000ユーロ	650,000ユーロ	8名

当資本会社は，連続する2事業年度にHGB第267a条に挙げられた3つの規模基準の内の2つを超えなかったので，マイクロ資本会社と分類されうる。すなわち，2012年には3つの規模基準内の2つ，2013年にはすべてが超えられていない。したがって，2013年12月31日の年度決算書の作成においては，

当資本会社は，MicroBilG によって規定された，マイクロ資本会社に対する会計軽減および公開軽減を要求することができる。

なお，資産総額，売上高および従業員数に関して，3つの基準の内，どの2つが超えられていないかは問題ではない。したがって，2つの連続する決算日に同じ規模基準が超えられてないという必要はない（Zwirner 2012, S. 2232）。

Ⅱ　マイクロ資本会社に対する年度決算書に関する軽減

①　注記・付属明細書についての年度決算書の拡大の放棄

MicroBilG の枠内における優先された中心的改正は，注記・付属明細書（Anhang）の作成義務からのマイクロ資本会社の免除に関連する（HGB 第264条第1項）。MicroBilG によってマイクロ資本会社は，注記・付属明細書作成を完全に放棄する事ができるとされる。これによって，立法当局は，既に HGB 第264条第1項第4文に定められた小資本会社に対する状況報告書（Lagebericht）の作成義務の軽減を拡大する。但し，以下の記載が貸借対照表の下方で行われる場合にのみ，注記・付属明細書の作成の完全な放棄がマイクロ資本会社に認められる。

―HGB 第251条および第268条第7項による担保関係（Haftungsverhältnissen）についての記載。
―業務執行機関，監査役会，相談役または類似の設備の構成員に対して与えられた前払いおよび貸付金についての HGB 第285条第9号 c に準拠した，各グループ毎の記載。

該当するマイクロ資本会社が株式会社（AG）または株式合資会社（KGaA）である場合，注記・付属明細書の作成放棄のためには貸借対照表の下方に付加的に自己株式の有高の記載がなされねばならない。なお，株式合資会社とは，その出資者は合資会社と同じく無限責任社員と有限責任社員とから成り，無限責任社員が必ず取締役として業務執行にあたるが，有限責任社員の出資額は株式として証券化されているというものである。

但し，該当するマイクロ資本会社が，例えば金融機関による外部資金調達を要求する限りは，銀行がどのような情報を必要としているかが調べられねばならない。さらに，個別のケースにおいては注記・付属明細書の作成が実際不可避となるだろうとされる（Zwirner 2012, S. 2232）。

② 特定の人的会社に対する規制

　HGB 第 264c 条において，HGB 第 264a 条の意味での合名会社（OHG）および合資会社（KG）に対する特別規定が定められている。MicroBilG の関連において HGB 第 264c 条には，第 5 項が新たに導入された。その第 5 項では，合名会社および合資会社は，HGB 第 266 条第 1 項第 3 文による選択権（小資本会社に対する貸借対照表の簡素化呈示）または HGB 第 266 条第 1 項第 4 文による選択権（マイクロ資本会社に対する要約貸借対照表の作成の可能性）を利用する場合ですら，貸借対照表の作成の際，HGB 第 264c 条の第 1 項～第 4 項の規定（例えば「有限責任社員の出資割合」といった自己資本における特別項目の呈示）を顧慮しなければならないことが規定されている。貸借対照表の呈示の分類深度のみが，HGB 第 266 条第 1 項第 1 文による要約貸借対照表の呈示のために新たに導入された選択権を基準として規定される。そのため，マイクロ資本会社にとって適用される規制が HGB 第 264a 条の意味での人的商事会社（Personhandelsgesellschaften）にも適用される（Zwirner 2012, S. 2232）。

③ 要約貸借対照表分類

　HGB 第 266 条第 1 項第 4 文によりマイクロ資本会社は，貸借対照表の作成の際，HGB 第 266 条第 2 項および第 3 項のアルファベットで表示された項目に限定することができる。それに加えて，借方計算限定項目（HGB 第 266 条第 2 項 C）ないし貸方計算限定項目（HGB 第 266 条第 2 項 D）の個別の呈示をマイクロ資本会社は放棄することができる。この関連において，HGB 第 250 条による計算限定項目の設定義務は MicroBilG により触れられておらず，そのため「マイクロ資本会社」として分類された企業も今後も計算限定項目を設定し

図表4-3 小資本会社とマイクロ資本会社の貸借対照表の例

借方		貸借対照表 小資本会社		貸方
A.	設備資産		A. 自己資本	
	Ⅰ．無形財産	10,000ユーロ	Ⅰ．公称資本	25,000ユーロ
	Ⅱ．有形固定資産	50,000ユーロ	Ⅱ．資本積立金	30,000ユーロ
	Ⅲ．金融固定資産	20,000ユーロ	Ⅲ．利益積立金	30,000ユーロ
			Ⅳ．繰越利益	3,000ユーロ
		80,000ユーロ	Ⅴ．年度余剰	10,000ユーロ
				98,000ユーロ
B.	流動資産			
	Ⅰ．棚卸資産	15,000ユーロ	B. 引当金	25,000ユーロ
	Ⅱ．債権およびその他の資産	30,000ユーロ	C. 債務	14,000ユーロ
	Ⅲ．有価証券	5,000ユーロ	D. 計算限定項目	2,000ユーロ
	Ⅳ．現金	2,000ユーロ		
		52,000ユーロ		
C.	計算限定項目	3,000ユーロ		
E.	財産相殺からの借方差額	4,000ユーロ		
		139,000ユーロ		139,000ユーロ

借方		貸借対照表 マイクロ資本会社		貸方
A.	設備資産	80,000ユーロ	A. 自己資本	98,000ユーロ
B.	流動資産	55,000ユーロ	B. 引当金	25,000ユーロ
E.	財産相殺からの借方差額	4,000ユーロ	C. 債務	16,000ユーロ
		139,000ユーロ		139,000ユーロ

出典：Zwirner 2012, S. 2233.

なければならない。独立した呈示のみがマイクロ資本会社に免除される。すなわち，借方計算限定項目については「債権」に，貸方計算限定項目については「債務」に収容することができる（Zwirner 2012, S. 2232-2233）。

HGB第246条第2項による補償財産の相殺の前提が呈示される場合，場合によっては財産相殺からの借方差額が呈示されうる。繰延税金の呈示はマイク

ロ資本会社にとってはHGB第274条の任意適用の場合にのみ考慮されればよい。マイクロ資本会社は，HGB第267条の意味での小資本会社グループの一部であるため，HGB第274a条による繰延税金の限定に関する，小資本会社に適用される規模依存的軽減が適用されることになる。

「図表4-3」は，HGB第266条第1項第3文による貸借対照表作成について小資本会社に対して規定された軽減と，HGB第266条第1項第4文によるマイクロ資本会社と分類されうる会社に対する要約された貸借対照表分類を例示している。

④ 損益計算書の要約呈示

要約貸借対照表の作成についての選択権のほかに，立法当局はマイクロ資本会社に対して，HGB第275条第2項および第3項の意味での等級付けに代えて，損益計算書を作成する場合の要約損益計算書の選択の可能性を規定している。現在の法状況によれば，HGB第275条第2項および第3項からの分類シェーマは，原則として総ての大資本会社および大規模人的商事会社に対する必須の最小限分類として適用されねばならない。HGB第275条第2項および第3項から離反して，MicroBilGは，HGB第275条第5項においてマイクロ資本会社に対して貸借対照表のほかに損益計算書の要約呈示の可能性を規定している。MicroBilGによるとマイクロ資本会社は，損益計算書を以下のような総原価法（Gesamtkostenverfahren）で呈示することになる。

1. 純売上高
2. その他の収入
3. 材料費
4. 人件費
5. 償却費
6. その他の費用
7. 租税
8. 年度損益

EUマイクロ企業指令では要約された損益計算書分類は，総原価法に限定されており，売上原価法（Umsatzkostenverfahren）の要約様式は選択されえない。欧州委員会は，この規模クラスの企業では総原価法のみが利用されることを前提としているとされる（Haller/Groß 2012, S. 2110）。因みに，総原価法では，1会計期間に生じた製造原価の全額が損益計算書に計上される。仮に1会計期間に製品の販売が全くされなければ，売上原価法では，売上高も売上原価も計上されないが，総原価法では「有高増加額」という項目によって「生産収益」が計上されることになる（黒田 1987, 86頁）。

損益計算書の要約呈示の場合，マイクロ資本会社はHGB第267条第1項の意味での小資本会社のグループの一部であり，小資本会社に適用される軽減が原則としてマイクロ資本会社にも適用されねばならないが，HGB第276条の軽減は要求することができない。これは，現行のEU法が，HGB第276条の軽減とMicroBilGにより新たに規定される軽減との組み合わせを許容しないということに起因する。そのため，マイクロ資本会社については，例えばHGB第275条による損益計算書の要約呈示を選択した上で，付加的にHGB第276条第1項第1文の軽減を要求し，それによって「純売上高＋その他の収入＋材料費」を「粗損益」（Rohergebnis）という名称の1つの項目にまとめることは出来ない。

要約損益計算書の作成選択権の行使は，要約貸借対照表の作成選択権の行使とは関係なく行使されうる。そのため，マイクロ資本会社は，情報伝達目的のために，損益計算書においてどの情報を公表したいかを決定しなければならない（Zwirner 2012, S. 2233）。

Ⅲ　マイクロ資本会社に対するその他の軽減

① 外国法の適用領域

HGB第325a条の改正によって，外国に居住する資本会社のドイツに置かれた支店の最小公開義務が規定された。HGB第325a条により，外国企業がドイ

第4章　ドイツ商法におけるマイクロ資本会社会計規制軽減と電子税務決算書の導入　　87

ツに支店を有する場合について，ドイツにある支店がマイクロ資本会社としての分類規準を満たしているか否かについての決定は，MicroBilGによって規定された規準に従い規定されるのではなく，会社の本社がある国の法律に拠ることになる。

　例えば，イギリスにある有限責任会社が，ドイツに支店を持つとする。ドイツにある支店がドイツ法によるHGB第267a条の規準を満たす場合，当支店はマイクロ資本会社としての資格があるはずである。しかし，イギリスにおいて，今までEUマイクロ企業指令のイギリス法への転換は行われていないため，ドイツにある支店はMicroBilGによって導入されたマイクロ資本会社に対する最小公開義務を要求し得ないことになる (Zwirner 2012, S. 2233-2234)。

②　縮小された公開義務

　新たに導入されたHGB第326条第2項により，マイクロ資本会社は，HGB第325条による公開義務を会計報告の公示によってか，または決算書の寄託 (Hinterlegung der Bilanz) のみによって果たすかを任されている。この選択権によってマイクロ資本会社は，第三者に対しては直接，付加的に決算書を公表し，同時に企業情報の保持のための障壁を構築する可能性を与えられている。それにもかかわらず，決算書の寄託の可能性には決算書を作成するマイクロ資本会社側にも，連邦公報 (Bundesanzeiger) の管理者側にも一定の管理費用が伴う。つまり，決算書の寄託の前提は，マイクロ資本会社の法的代表者が連邦公報の管理者における寄託要請を提出するということである。さらにマイクロ資本会社の任務は，連邦公報の管理者にHGB第267a条の3つのメルクマールのうちの2つが超えられていないことを伝えることである。

　なお，連邦公報の管理者における決算書の寄託は，公開期限内に，すなわち出資者に対する呈示後遅滞なく，但し，遅くとも決算日に続く次事業年度の12ヶ月経過前に行われねばならない。その際，連邦公報の管理者への決算書の提出は電子的形式で行われねばならない (Zwirner 2012, S. 2234)。

③ 閲覧権の制限

決算書を寄託すればよいマイクロ資本会社にとっての可能性と共に，寄託された決算書への第三者の閲覧権の制限が生じる。第三者にとっては，HGB 第 9 条第 6 項によってマイクロ資本会社の寄託された貸借対照表の写しの入手は，企業登記簿（Unternehmensregister）への申請によってのみ可能である。さらに，寄託された決算書の電子的送達には，要求している第三者に費用負担義務がある。

高度の「守秘要請」を有するマイクロ資本会社は MicroBilG の新規制を好意的に歓迎するだろう。なぜなら，企業情報は進んでこれに対して費用を負担する者のみに入手可能だからである。

しかし，MicroBilG の軽減の利用からマイナスの影響が生じる可能性もある。注記・付属明細書が作成される必要が無いという事実は，前もって注記・付属明細書作成の実際の存在に関係なく質問されていた潜在的に重要な情報が全く入手できないということになる可能性がある。税務上の規定にもかかわらず，貸借対照表と損益計算書の簡素性は，企業経営においても，この水準に簿記を引下げ，例えば，銀行預金，売掛債権および借方計算限定項目が記帳される，債権に対する集合勘定のみを（そして貸方側の債務においても）設定するという方法を誘発する可能性がある（Haller/Groß 2012, S. 2112）。

これにより，「商人の自前情報」（"Selbstinformation des Kaufmanns"）という決算書機能がマイナスの影響を受けるだろう。なぜなら，財産状況および財務状況の経営陣による描出と監視は全く損なわれるだろうからである（Haller/Groß 2012, S. 2112）。財産状況，財務状況および収益状況へのこの制限された認識は，当然，該当する会社の決算書の利用者に，金銭化できない影響を及ぼす。たとえ年度決算書が圧縮され要約された呈示により企業の経済状況へのより迅速でより容易な概観を可能にするにせよ，上述した，HGB 第 266 条第 1 項第 5 文による計算限定項目の取扱いならびに注記・付属明細書記載の廃止は，年度決算書の情報提供機能に鑑みて，原則として情報利用者のポジションに相当な毀損をもたらすと思われる。但し，これに関して，該当する企業の会

計報告の中心的利用者（銀行，経営に参画しない所有者および重要な事業パートナー）は，相変わらず自分たちにとって望ましいデータ範囲ならびにデータ詳細度を要求する位置にあり，これはドイツでは「免除および軽減非利用の事実上の強制」と呼ばれている（Haller/Groß 2012, S. 2112）。

④ 軽減と公正価値評価

　HGB 第 253 条第 1 項における補完によって，MicroBilG によって新たに導入された以下の軽減のうちのいずれかを要求するマイクロ資本会社には公正価値評価は許容されない。
―貸借対照表下方での特定の記載が行われる限りでの注記・付属明細書作成の放棄（HGB 草案第 264 条第 1 項第 5 文）
―要約貸借対照表の作成（HGB 第 266 条第 1 項第 4 文）
―要約損益計算書の作成（HGB 第 275 条第 5 項）
―連邦公報の管理者における電子形式での決算書の寄託（HGB 第 326 条第 2 項）による HGB 第 325 条の公開義務の遂行

　そのため，完全な年度決算書を作成しないマイクロ資本会社にとっては，公正価値での評価はできない。該当する企業に対して，HGB 第 334 条第 1 項第 1 号（b）による公正価値評価禁止の違反は過料（Bußgeld）が課される。

⑤ 連結固有の規定と組合への不適用

　マイクロ資本会社は連結会計報告の枠内において HGB 第 264 条第 1 項第 5 文の軽減（注記・付属明細書についての年度決算書の拡張の放棄），HGB 第 266 条第 1 項第 4 文（要約貸借対照表の作成），HGB 第 275 条第 5 項（要約損益計算書の作成）ならびに HGB 第 326 条第 2 項（電子形式での貸借対照表の寄託による HGB 第 325 条の公開義務の遂行）を利用することができない。この場合，マイクロ資本会社は，子会社でも親会社でもよい（Zwirner 2012, S. 2234）。
　例えば，ある資本会社が，ある企業グループの子会社であるとする。当資本

会社は，HGB 第 267a 条の規模基準を満たしており，それによれば，当社はマイクロ資本会社と分類されうる。商法上の個別決算書については，当資本会社は，MicroBilG によって規定される軽減を要求することができる。しかし，連結会計報告の枠内では，当資本会社は MicroBilG の軽減を適用することができない（Zwirner 2012, S. 2234）。

また，MicroBilG による EU マイクロ企業指令のドイツ法への転換は，組合（Genossenschaft）には適用されない。その限りにおいて，MicroBilG が規定するマイクロ資本会社向けの軽減は組合には適用不能で，それは HGB 第 336 条第 2 項において規定されている。

⑥ EU マイクロ企業指令を超える規制と離反

本質的に，EU マイクロ企業指令の総ての重要な内容は，ドイツの立法当局によって MicroBilG で成文化された。例外は，EU マイクロ企業指令の第 1a 条第 2b 項である。それによると，借方ないし貸方計算限定項目の設定義務から小企業を除外する可能性が存在する。但し，この免除は，材料費，価値修正，人件費または租税に関連しない費用に対してのみである（Haller/Groß 2012, S. 2111）。

この免除がマイクロ企業に対する管理費用の削減につながりうるという EU の見解は，ドイツの立法当局には共有されていない。むしろ，ドイツの立法当局の見解によれば，計算限定項目の設定における差別化によって期間的に正しい損益確定の原則が破られ，この規定のプラスの効果を再び除去する新たな管理費用が，マイクロ資本会社に生じるとされる。立法当局者の見解によれば，そうした規定は，当指令がマイクロ資本会社を計算限定項目から完全に免除する場合にのみ意味がある。但し，これは一方で正規の簿記原則（GoB）の概念上の破棄という結果となり，HGB 第 250 条により計算限定項目を設定しなければならない非資本会社の規制からの相当の離反を引起す（Haller/Groß 2012, S. 2111）。

EU マイクロ企業指令において同様に組込まれた，計算限定項目の明確な呈

示を放棄する権利が，どの範囲において，実際，企業にとってコスト効果を伴う実質的簡素化であるかが疑わしいのは確かである。なぜなら，コストを釣り上げるのは項目の呈示においてではなく項目の設定だからである。

それよりも，免除規定の欠点がより重大なものと思われる。すなわち，既述の「債権」ないし「債務」項目への計算限定項目への包含は，一方で財務状況の不明確な呈示につながる。なぜなら，収支作用的構成要素が収支非作用的構成要素と混合されるからであり，他方，その結果，HGB 第 250 条第 1 項第 1 文により一時的計算限定項目を明示的に貸借対照表に受容しなければならない非資本会社と比較して，根拠のない証明縮小が生じるからである（Haller/Groß 2012, S. 2111）。

Ⅳ　商法のその他の改正および株式法，企業登記簿規則および司法事務処理費規則の改正

①　年度決算書作成義務の免除および公開の範囲の編集上の改正

HGB 第 264b 条において資本会社に適用される規定による，年度決算書作成義務の免除が定められている。HGB 第 264a 条第 1 項の意味での人的商事会社は，親企業によって提出された連結決算書の注記・付属明細書において当免除が記載されている場合，HGB 第 264b 条第 3a 号により年度決算書および状況報告書を作成し，監査を受け，そして公表する必要はない。上述のように MicroBilG の枠内において，HGB 第 264b 条第 3 号の改正により，親企業はドイツ以外に居住することができ，国外の親企業によって作成された連結決算書の公開および電子的入手可能化は，親企業が居住する国の規定に従って行われることが明らかにされている。

HGB 第 328 条において MicroBilG によって HGB の編集上の修正が行われている。BilMoG の経過において，旧 HGB 第 287 条（持分所有の一覧表）の廃止により HGB 第 328 条における「持分所有の一覧表」（"Aufstellung des Anteilsbesitzes"）という表現の根拠が無くなった。その限りにおいて，MicroBilG の枠内において BilMoG の表現における立法当局の怠慢が事後的に

修正される（Zwirner 2012, S. 2234-2235）。

②　過料および秩序金規定

HGB 第334条において，決算書作成者の秩序違反に関する過料規定が定められている。BilMoG の経過において，立法当局は HGB 第334条の多数の修正を行なっているが，それらは形式的なものである。決算書の寄託についての新たな可能性ならびに完全な年度決算書を作成しないマイクロ資本会社に対する公正価値評価の禁止に対する既存の過料規定を修正するために，改正が不可欠である。

HGB 第334条において規定された秩序金（Ordnungsgeld）手続は，MicroBilG によって原則として変更されない。但し，以前の状態への復帰についての独立の規定が HGB 第335条第3a項に定められている。以前の状態への復帰の申請の期限に関して，立法当局は，該当するものに対して怠われた行為の早期の回復への促しを強めている。それによって，年度決算書の情報提供利害が考慮されることになる（Zwirner 2012, S. 2235）。

③　株　式　法

BilMoG の経過において，立法当局は，株式法の改正も行っている。株式法が株式会社ならびに株式合資会社に対して，貸借対照表，損益計算書および注記・付属明細書の呈示について別個の規定を定めているので，この改正が不可欠である。株式法の改正によって，株式会社または株式合資会社の法形態で設立され，マイクロ資本会社向けに規定された軽減を利用するマイクロ資本会社は，株式法第152条第1項から第3項の規定，例えば貸借対照表または注記・付属明細書での「資本積立金」項目の独立した記載を顧慮する必要はない。その上，該当する会社は，株式法第158条第1項と第2項からの損益計算書についての規定，および株式法第160条第1項による注記・付属明細書についての規定を顧慮しなくてよい（Zwirner 2012, S. 2235）。

株式会社の法形態で設立されたマイクロ資本会社の場合，MicroBilG によっ

第4章　ドイツ商法におけるマイクロ資本会社会計規制軽減と電子税務決算書の導入　　93

て新たに HGB に受容された軽減を利用するならば，貸借対照表（株式法第152条），損益計算書（株式法第158条）ならびに注記・付属明細書（株式法第160条）についての株式法上の別個の規定を顧慮しなくてよい（Zwirner 2012, S. 2235）。

④　企業登記簿規則および司法事務処理費規則

　BilMoG の流れにおいて，立法当局は，企業登記簿規則および司法事務処理費規則の改正を行なっている。この改正によって立法当局は，MicroBilG によって改正された閲覧権および請求権を考慮している。司法事務処理費規則第6条第1項第2j文の修正によって，例えば企業登記簿において寄託された貸借対照表の写しの電子的送達の料金が規定され，それは，送達される貸借対照表毎に4.50ユーロと定められている。

　なお，マイクロ資本会社は寄託された自己の決算書を閲覧したい場合，連邦公報の管理者によって無料で，その写しを得る権利を有する。第三者は寄託された決算書の電子版を有料で得ることができる（Zwirner 2012, S. 2235）。

⑤　新規則の初度適用

　商法典施行法（EGHGB）においては，MicroBilG により，MicroBilG への移行規定を含む32の節が挿入されている。そのため，該当する会社は MicroBilG によって規定された軽減によって出来るだけ早期に恩恵を得ることができ，商法典施行法第70条第1項による大抵の軽減は，2012年12月31日以降に終了する最初の事業年度について適用可能とされた。それにより，事業年度が暦年と同じである決算書作成者は，2012年12月31日に，マイクロ資本会社に対して規定された軽減を要求できるとされた（Zwirner 2012, S. 2235）。HGB 第264b条および第290条の規定された改正は，2012年12月31日以後に始まる事業年度について初めて適用された。したがって，暦年と同じ事業年度において，MicroBilG の連結固有の規則は，2013年12月31日に初めて連結決算書に効力を発した（Zwirner 2012, S. 2235）。

その上，株式法施行法は，更なる移行規定を定めている。株式法第152条（貸借対照表についての規定），第158条（損益計算書についての規定），第160条（注記・付属明細書についての規定）の各規定が，2012年12月31日後に始まる事業年度に，年度決算書および連結決算書に初めて適用されるという点は，EU株式法草案第27f条以降の規定に由来する。

MicroBilGの枠内において，その他の連邦法（病院簿記規則ならびに保険企業会計報告規則）も改正され，特に法訂正に資するもので，MicroBilGの公布後に適用された（Zwirner 2012, S. 2235）。

V　MicroBilGとE-Bilanz

立法当局は，MicroBilGによる軽減との関連で，MicroBilGによる経済に対する約3千5百万ユーロの負担軽減額を挙げていた。しかし，この効果は，立法当局の的確な算定を前提としても，企業実務においては言うに値しない影響にしかつながらない。すなわち，例えば約50万社の企業がMicroBilGにより規定された軽減を受け，3千5百万ユーロの節約効果が発生するということを前提とするならば，立法当局によって期待されるコスト節約は，年間1企業当たり約70ユーロとなる。また，約10万社の企業がMicroBilGによる軽減を利用できると仮定する場合，その値は，年間1企業当たり約350ユーロと5倍になる。

確実に金銭的効果を伴う重要な軽減である注記・付属明細書作成の免除を度外視すれば，他の軽減は僅かにしか金銭的コスト削減効果をもたない。なぜなら，それらの軽減は貸借対照表および損益計算書の項目の統合のみから構成されるからである。そのため，会計報告義務の著しい縮小，決算書作成者の負担軽減およびドイツ企業に対する名目上のコスト節約は非常に疑わしいといわねばらない。

さらに，考察された軽減の限界は，上述の「免除および軽減非利用の事実上の強制」の点からも批判的に考慮されねばならない。すなわち，出資者は，今

後も期待される情報の最低範囲を個別に規定するだろうし，銀行は，信用契約の枠内で今後もそれぞれの個別事例について報告の種類と範囲を規定するだろうからである（Zwirner 2012, S. 2236）。

結局，MicroBilGによる新たな規模クラスの導入（HGB第267a条）およびそれに結合した会計報告に対する軽減（要約貸借対照表，要約損益計算書，注記・付属明細書の作成義務の廃止，年度決算書の従来の公表に代えての決算書の寄託）の導入は，相互に異なる会計および公開義務を念頭に批判的に見られる必要がある。特に，年度決算書の比較可能性がMicroBilGによって損なわれるだろう（Zwirner 2012, S. 2236）。

その上，次節以降で取上げる電子税務決算書（E-Bilanz）の導入を背景として，見積られるコスト削減はマイクロ資本会社にとっては空振りに終わらないかが問題である。MicroBilGの規制範囲にある大部分の企業は，BilMoG後も相変わらず出来るだけ統一決算書（Einheitsbilanz）を作成しようと努力している。既述のように，統一決算書とは，商法決算書に調整計算書（Überleistungsrechnung）を添付することにより，税務決算書を別個に作成しないことを指す。

電子税務決算書の導入の動きにおいて，そしてそれに結びついた税務上のXBRL報告において企業はその決算書データを高度に詳細な度合いで税務署に報告することを強いられる。MicroBilGを基礎とした要約貸借対照表および要約損益計算書の枠内でのデータの集積による推定上の軽減は，課税所得算定の枠内での展開によって妨害される。従来，広範に統一決算書を作成し，そしてMicroBilGによる作成軽減を将来要求したいと思っているマイクロ資本会社は，電子税務決算書の導入によって別個の税務年度決算書作成を強いられ，それはこれらの企業にとって重大な追加コストにつながるだろうとされる（Haller/Groß 2012, S. 2112）。

Ⅵ　ドイツにおける電子税務決算書（E-Bilanz）の適用時期等に関する軽減

　ドイツ所得税法（EStG）第5b条の改正によって，電子税務決算書（E-Bilanz）導入の障害が取り除かれた。そして，連邦財務省（BMF）による2011年9月28日の「貸借対照表ならびに損益計算書の電磁的送達―2011年9月28日のタクソノミ公表についての適用通達」（BMF（2011）；以下ではBMF通達と略す。）および適用されるべきタクソノミ（Taxonomie）の公表によって，電子税務決算書プロジェクトは年次決算書データの最初の送達に対する拘束力のある基礎となる状態に到達した。それにより，貸借対照表および損益計算書の内容が，税務当局の規定されたデータレコードに対応してデータ通信を通じて送達されねばならない。すなわち，電子貸借対照表および電子損益計算書が，租税通則法第150条第4項の意味での「納税申告書の証拠書類」として，最早，郵便で税務署に提出されることはなく，XBRL（eXtensible Business Reporting Language）ファイルとして電磁的に送達されることになる。

　なお，EStG第5b条は，法形態及び規模に依存せず，EStG第4条，第5条または第5b条により事業財産比較による所得算定が義務付けられるか，あるいは任意で決算書を作成する，総ての納税義務者に適用される（BMF通達，テキスト番号1）。

　第Ⅵ節～第ⅩⅠ節では，ヘルツッヒ等の研究（Herzig/Briesemeister/Schäperclaus 2012），ツヴィルナー等の著作（Zwirner/Schmid/König 2012）およびエベナー等の著作（Ebener/Stolz/Mönning/Bachem 2013）に依拠して，ドイツにおける電子税務決算書の導入について明らかにする。

①　適用時期についての軽減

　EStG第5b条は原則として2010年12月31日後に始まる事業年度に適用されねばならなかった。しかし，2010年12月20日の「適用延期規則」（AnwZpvV）に基づき，最初の適用の時点は2011年12月31日後に始まる事

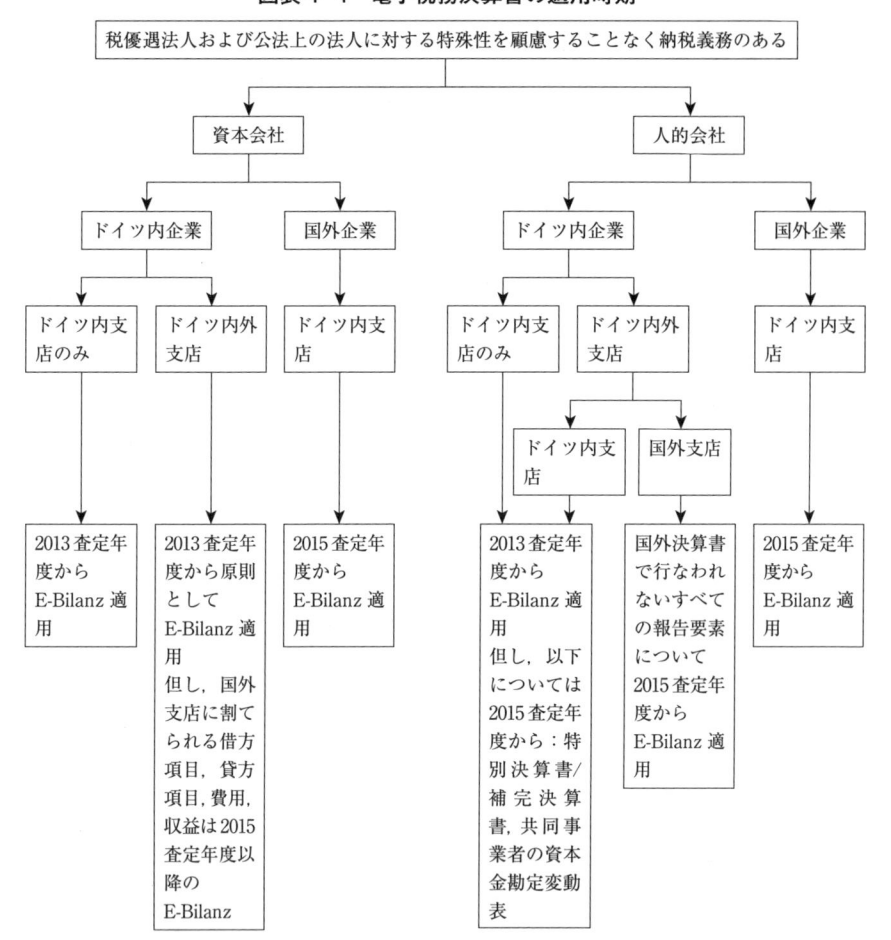

第 4 章　ドイツ商法におけるマイクロ資本会社会計規制軽減と電子税務決算書の導入　97

図表 4-4　電子税務決算書の適用時期

```
                税優遇法人および公法上の法人に対する特殊性を顧慮することなく納税義務のある
                ┌────────────────────────────────┬────────────────────────────────┐
                          資本会社                              人的会社
              ┌──────────┴──────────┐            ┌──────────┴──────────┐
          ドイツ内企業            国外企業         ドイツ内企業            国外企業
        ┌────┴────┐            │            ┌────┴────┐            │
    ドイツ内    ドイツ内外    ドイツ内支    ドイツ内    ドイツ内外    ドイツ内支
    支店のみ    支店          店            支店のみ    支店          店
                                                      ┌────┴────┐
                                                  ドイツ内支店  国外支店
```

ドイツ内支店のみ	ドイツ内外支店	ドイツ内支店	ドイツ内支店のみ	ドイツ内外支店	国外支店	ドイツ内支店
2013 査定年度から E-Bilanz 適用	2013 査定年度から原則として E-Bilanz 適用 但し，国外支店に割てられる借方項目，貸方項目，費用，収益は 2015 査定年度以降の E-Bilanz	2015 査定年度から E-Bilanz 適用	2013 査定年度から E-Bilanz 適用 但し，以下については 2015 査定年度から：特別決算書/補完決算書，共同事業者の資本金勘定変動表		国外決算書で行なわれないすべての報告要素について 2015 査定年度から E-Bilanz 適用	2015 査定年度から E-Bilanz 適用

出典：Zwirner/Schmid/König 2012, S. 3, Abbildung 3.

業年度に延期された。さらに，BMF 通達は，「一般的不指摘・不否認規定」（allgemeine Nichtbeanstandungsregelung）を導入したため，それによって 2011 年 12 月 31 日後に始まる最初の事業年度に電子税務決算書規則の適用が行われるのではなく，次の事業年度に初めて電磁的送達が行われる予定であった。

だが，結局，電子税務決算書の最初の送達は，2012年12月31日後に始まる事業年度，したがって2013年査定期間（Veranlagungszeitraum）について必要となる。その結果，最初の電子税務決算書は（事業年度が暦年に一致する場合）2014年5月31日に提出されねばならない。事業年度が暦年と離反する場合，初度適用はさらに遅れる。但し，それ以前の早期の送達は認められる。

なお，税務当局は，BMF通達において，後述のように種々の会社固有の特殊性に対して初度適用に関する移行措置を設けている。すなわち，BMF通達は，参入のハードルを低くし，企業における受入れを高めるであろう，ソフトランディングのための一連の軽減を用意している（Herzig/Briesemeister/Schäperclaus 2012, S. 2516）。

② **国外支店についての軽減**

まず，ドイツ企業の国外支店（Betriebsstätte）について，事業財産比較による所得がEStG第4条第1項，第5条または第5a条によって算定されるドイツ企業は，国外支店を維持する限りは，電子税務決算書は原則として企業全体，したがって，国外支店も含めて送達されねばならない。この事例に対して，2011年9月28日付のBMF通達に対応して「不指摘・不否認規定」が存在する。その結果，企業全体の電子税務決算書は，2015年査定期間について2016年に送達されればよい。但し，移行措置が適用される場合でも，2013年査定期間については，国外支店以外について，電子税務決算書の送達が行われねばならない。すなわち，国外支店についてのみ，貸借対照表および損益計算書が紙ベースで提出されればよい。その際，国外支店については，決算書の区分は，後述するタクソノミに対応して実施される必要はない。2015年査定期間からは国外支店についても，タクソノミへの対応ならびに電磁的送達が行われねばならない。

国外企業のドイツ内支店についても，原則として電子税務決算書の作成が必要である。その際，それは，企業の独立していない部分としてのドイツ内支店に限定される。国外企業のドイツ内支店についても，移行措置が適用される。

第4章　ドイツ商法におけるマイクロ資本会社会計規制軽減と電子税務決算書の導入　　99

図表 4-5　電子税務決算書の物的および時間的適用範囲の複合

時間	2011	2012	2013	2014	2015	2016	2017以降
物的/人的適用領域	テスト段階 パイロット段階	"臨時"税務決算書の任意的送達	2011年12月31日後に始まる事業年度についての電子税務決算書の"任意の"送達（2012年の初年度については一般的不指摘・不否認規定）	2014年12月31日後に始まる事業年度についての電子税務決算書の義務的（標準的）送達　　2012年12月31日前に始まる事業年度についての電子税務決算書の"任意的"送達は以下もものについて：—人的会社における特別決算書および補完決算書　—共同事業者の資本金勘定変動表　—特定の支店事情　—税優遇法人の経済的営利事業　—公法上の法人の営利事業			2014年12月31日後に始まる事業年度についての電子税務決算書の義務的送達は以下のものについて：—人的会社における特別決算書および補完決算書　—共同事業者の資本金勘定変動表　—特定の支店事情　—税優遇法人の経済的営利事業　—公法上の法人の営利事業

(出典：ヘルフルト（Herrfurth）「最終的適用通達および公式のデータレコード公表（EStG 第5b条による電子税務決算書についての通達および税務タクソノミ）」*StuB* 2011, S. 783, in: Zwirner/Schmid/König 2012, S. 4, Abbildung 4.）

　そのため，電子税務決算書のタクソノミを含む義務的適用については2014年12月31日後に開始する事業年度（したがって2015年査定期間）に初めて行われればよい。この場合も，移行時については，タクソノミを顧慮しない紙ベー

スの貸借対照表および損益計算書が認められる。

　以上を図示したものが「図表4-5」である（Zwirner/Schmid/König 2012, S. 4）。

③　非課税法人および公法上の法人についての軽減

　無制限に法人税納税義務のある法人が法人税を免除される場合，当法人に対して EStG 第 5b 条は適用されない。そのため当法人は，電子税務決算書を税務当局に送達する必要はない。しかし，法人税または営業税の免除が法人の所得収入の一部のみで，当法人によって貸借対照表ならびに損益計算書が作成されねばならない限りにおいては，事情が異なる。この場合には，電子税務決算書の提出も行われねばならない。これらの法人にも移行措置が適用される。すなわち，2014 年 12 月 31 日後に開始する事業年度について電子税務決算書の提出義務があるため，2015 年査定期間についての最初の電子税務決算書は 2016 年に送達されればよい。移行段階中については，法人のタクソノミを顧慮しない紙ベースの貸借対照表および損益計算書が提出されてよい（Zwirner/Schmid/König 2012, S. 2）。

　営利事業について貸借対照表および損益計算書が作成されねばならない限り，営利事業を行なう公法上の法人にも移行措置が適用される。これらの法人も，2014 年 12 月 31 日前に開始する事業年度については紙ベースの貸借対照表および損益計算書をタクソノミの顧慮なく提出してよい。2015 年査定期間については，電子税務決算書が 2016 年に提出されねばならない。

④　共同事業者についての軽減

　共同事業者（Mitunternehmer）の資本金勘定変動表（Kapitalkontenentwicklung）の送達についても，移行措置が存在する。それにより，税務当局は，2014 年 12 月 31 日前に開始する事業年度について，後述の「義務領域」における，出資者グループに従った，要約された資本金勘定変動表を貸借対照表の報告要素において示すことを要求している。会社が移行措置の適用を要求せず，「人的

会社についての資本金勘定変動表」という報告要素を満たしている場合には，貸借対照表において「無限責任社員の資本持分」と「有限責任社員の資本持分」（2つの総計義務領域）のみ記入されていればよい。下位の義務領域は，ヌル（NIL）で送達することが出来る（Zwirner/Schmid/König（2012），S. 3）。

　一般的な電子税務決算書は存在せず，企業における個別の税務決算書の作成に応じて，多数の異なる電子税務決算書が存在する。そのため，例えば，人的会社は，総括決算書（Gesamthandsbilanz）ならびに個々の共同事業者についての種々の補完決算書（Ergänzungsbilanzen）および特別決算書（Sonderbilanzen）を提出することができる。各個別の作成されるべき決算書については，電子税務決算書，つまり独立したデータレコードを作成し，税務当局に送達することができる。特別決算書および補完決算書については，これらが，総体的データレコードにおいて「税務上の修正」という報告構成要素における「特別決算書および補完決算書」というフリーテキストで送達される場合，2015年1月1日前に終了する事業年度について指摘・否認されることはない。すなわち，特別決算書および補完決算書は，移行段階中は要約して提出することができる（Zwirner/Schmid/König 2012, S. 3）。

Ⅶ　物的適用領域とタクソノミ

①　物的適用領域

　計算作業がHGBまたは税法の指示に従って行われねばならないか，任意に行われる場合，電子税務決算書においては，貸借対照表ならびに損益計算書の内容が送達されねばならない。その際，以下の報告構成要素がデータ送達の対象となる可能性がある。EStG第5b条は，調整計算書（Überleitungsrechnung）を伴う商法決算書（Handelsbilanz）の電子的送達か，あるいは税務決算書（Steuerbilanz）の送達を要求している。なお，企業が，どの範囲で電子税務決算書に関する税務当局の要請に応じるべきかという企業サイドの問題については，後述する。

（ア）HGB 準拠の貸借対照表
（イ）HGB 上の損益計算書
（ウ）税務上（会計上）の調整計算書
（エ）税務貸借対照表（税務上の損益計算書は明文をもっては要求されていないが，タクソノミには含まれている。）

将来，紙ベースの税務決算書の提出は行われる必要はなく，税務決算書はデータ転送に置き換えられねばならない（Zwirner/Schmid/König 2012, S. 5）。

毎年，作成かつ提出されるべき貸借対照表ないし損益計算書のほかに，納税義務者は下記の際も，電子税務決算書の提出を義務付けられる。

（ア）事業売却または廃業
（イ）所得算定法の変更
（ウ）組織変更
（エ）解散

② タクソノミの基礎

タクソノミは，電子税務決算書データに対する定められたデータ・シェーマであり，分類シェーマ（Klassifizierungsschema）を意味する。税務タクソノミは，EStG 第 5b 条第 1 項の公的に規定されたデータレコードとして認定される（BMF 通達，テキスト番号 10）。原則として，電子税務決算書のこの分類シェーマは中核タクソノミ（Kerntaxonomie）によって表現される。それは，総ての法形態について申告されねばならない項目を内容とする。中核タクソノミは，一般的に拘束力のある，業種や法形態に依存しない標準タクソノミとして適用される。中核タクソノミのタイプとして以下のものがある（Zwirner/Schmid/König 2012, S. 6）。

（ア）総原価法による個別企業向け
（イ）総原価法による法人向け
（ウ）総原価法による人的会社向け
（エ）売上原価法による（補完/調整）損益計算書向け

（オ）その他，任意に利用可能な報告構成要素向け

中核タクソノミのほかに，特定の業種について特別な申告要件が存在する。それは，以下のような（a）補完タクソノミまたは（b）特別タクソノミにおいて表現される。

（a）補完タクソノミ

補完タクソノミが関連する以下の業種で活動する企業は，中核タクソノミに付加して，対応する補完タクソノミを適用しなければならない。すなわち，補完タクソノミは以下の業種について中核タクソノミを補完する。

（ア）病院（KHBV）

（イ）養護施設（PBV）

（ウ）交通企業（JAbchlVUV）

（エ）住宅企業（JAbchlWUV）

（オ）公営事業（EBV）

（カ）農林業（BMELV-Musterabschluss）

（b）特別タクソノミ

特別タクソノミの適用を受ける企業には，特別タクソノミのみ適用しなければならず，中核タクソノミを適用しなくてよい。すなわち，下記の業種については，特別タクソノミが中核タクソノミに代替する。

（ア）金融サービス機関（RechKredV）

（イ）保険企業（RechVersV）

（ウ）年金基金（RechPensV）

③　タクソノミの構成モジュール

個々のタクソノミは，各々個別の情報を含む以下の2つのモジュールから構成される（Zwirner/Schmid/König 2012, S. 6）。すなわち，グローバル共通データ（GCD）モジュールと一般に認められた会計原則（GAAP）モジュールである。GCDモジュールには企業の基幹データ（例えば，名称，法形態，租税番号）が記載されねばならないのに対し，GAAPモジュールは税務上の年度決算書

についての入力項目を内容とする。送達されるべきデータレコードの最小範囲は，それぞれのモジュールについて次の通りである（Zwirner/Schmid/König 2012, S. 6）。

(a) GCD モジュールの入力項目の例：

（ア）文書情報（例えば，作成者，作成日）

（イ）報告についての情報（例えば，種類［経済監査士報告，作成報告］，構成要素，損益計算書様式，事業年度の期首/期末）

（ウ）企業についての情報（例えば，名称，住所，法形態，租税番号，親会社，共同事業者）

(b) GAAP モジュールの入力項目の例：

（ア）貸借対照表

（イ）損益計算書（総原価法/売上原価法）

（ウ）税務調整計算書（税務決算書が送達されない場合）

（エ）利益処分計算書（未処分利益呈示の際）

（オ）所得算定方法変更の際の所得訂正

（カ）資本金勘定変動表（2014年1月1日以降の事業年度について人的会社のみ）

④ タクソノミの構成と範囲

インターネットのサイト（www.esteur.de）で引出せる中核タクソノミ（GAAP モジュール）についてのエクセル・ファイルの構成は，電子税務決算書の提出に必要な指示を内容とする。その際，個々の項目名称のほかに，個別の項目がどの報告部分（例えば，貸借対照表，損益計算書，利益処分計算書等）に組込まれるべきかが示される。さらに，個別の項目が置かれるレベルの指示が行われる。これによって，どの項目が他の項目の下位項目であるのかが明らかになる（Zwirner/Schmid/König 2012, S. 6）。

更なる情報として，各項目の特性（例えば，後述の「義務領域」，「総計義務領域」等）が，個別企業，法人および人的企業に区分される。個々の項目におい

て「損益中立的」(すなわち,損益計算書の選択された分類シェーマに関係ない)項目であるかどうか,また総原価法ないし売上原価法の使用の際の個々の項目が使用されるかどうかの指示も行われる。さらに,タクソノミでは各記載がどの源泉(例えば HGB の条文またはドイツ会計基準 (Deutsche Rechnungslegungssandards))に由来するかについての指摘もある。この情報は対応する領域を記入する場合に助けとなる (Zwirner/Schmid/König 2012, S. 6-7)。

Ⅷ 項目種類および項目領域

要請に合わせて,各項目のタクソノミは,以下の4つの領域に分類される。以下ではそれぞれの領域について有形固定資産の例で説明する。

①義務領域 (Mussfeld)
②勘定証拠が望ましい義務領域 (Mussfeld, Kontennachweis erwünscht)
③存在する限り,計算上不可避な義務領域 (Rechnerisch notwendig, soweit vorhanden)
④総計義務領域 (Summenmussfeld)

① 義 務 領 域

「義務領域」は公的データレコードの最低範囲を規定する。その指示は強制的に要求される。対応する項目が存在しない場合,当領域はヌル (NIL) で埋められねばならない
「図表4-6」上では,例えば,「技術的設備および機械」が「義務領域」である。それが存在し簿記から導出可能である限り,その価値が申告されねばならない。その種の事態が存在しない場合はヌル (NIL) が記入されねばならない (Zwirner/Schmid/König 2012, S. 7)。

図表 4-6　有形固定資産における会計タクソノミと義務領域

会計タクソノミ	領域
有形固定資産	合計義務領域
土地，借地権および他者の土地上の建物	合計義務領域
建物のない土地	勘定証拠が望ましい義務領域
建物のない借地権	勘定証拠が望ましい義務領域
自己所有の土地および借地権上の建物	勘定証拠が望ましい義務領域
一部，自己所有の土地および借地権上の建物	義務領域
他者の土地上の建物	勘定証拠が望ましい義務領域
分類不能なその他の土地	存在する限り，計算上不可避な義務領域
技術的設備および機械	義務領域
技術的設備	
…	
その他の設備，恒久的施設および事業設備	勘定証拠が望ましい義務領域
…	
営業車両および展示車両	存在する限り，計算上不可避な義務領域
建設仮勘定および建物内の設備	勘定証拠が望ましい義務領域
…	
その他の有形固定資産	義務領域
…	

出典：Zwirner/Schmid/König 2012, S. 7.

② **勘定証拠が望ましい義務領域**

　これは，付加的に，会計制度の項目に含まれる総ての勘定の勘定番号，勘定名称および期末の残高の記載，ないし合計一覧および残高一覧の計算書が記載されるべき義務領域である。確かに勘定証拠の記載の強制的義務はないが，税務当局が，非記載の場合これを定期的に要求することを前提とする可能性がある。租税通則法第90条による納税義務者の協力義務に基づき，そうした要求が実行される。

　「図表 4-6」上では，例えば，「建物のない土地」という領域が，「勘定証拠

が望ましい義務領域」である。ある会社が，この項目の下に一方で500,000ユーロの額の勘定番号240000の勘定（大通りの土地），他方で250,000ユーロの額の勘定番号240010の勘定（駅通りの土地）を認識しているとする。その場合，「建物のない土地」という「義務領域」では750,000ユーロの金額が示されねばならない。付加的に上記の勘定の記載（勘定番号および勘定名称ならびに対応する金額）が共に提供されねばならない（Zwirner/Schmid/König 2012, S. 7）。

③ 存在する限り，計算上不可避な義務領域

下位レベルの項目が存在する限り，これも，記入されねばならない領域である。「図表4-6」上では，「営業車両および展示車両」の項目が「存在する限り，計算上不可避の義務領域」の例である。上位のレベル（この場合：「その他の設備，経営および事業用什器」）での正確な合計が実行されるように，記載義務がある（Zwirner/Schmid/König 2012, S. 7-8）。

④ 総計義務領域

下位のレベルの領域と計算上結合される上位項目である。ある勘定科目に後述の「収容項目」がないが，下位項目が無いか又は下位項目の部分的分割のみ行うことができる場合，下位項目にヌル（NIL）が記入される一方で，「総計義務領域」の記入が行えるかどうかが問題となる。そうした利用は文献で議論されている。

すなわち，後述の「収容項目」の代替物としての上位項目の利用は，タクソノミが「収容項目」を準備することなしに義務的区別を行なおうとする場合，「総計義務領域」の利用が考えられる。HGB第266条と第275条の基準値にのみ従う電子貸借対照表（要約様式の電子貸借対照表）は，計算上結合される義務領域に優先される上位項目である「総計義務領域」に直接，評価額が与えられるように作成される。その場合，下位の義務領域はヌル（NIL）で送達されねばならない（Herzig/Briesemeister/Schäperclaus 2012, S. 2512）。

そうした利用の許可は，税務当局のFAQ文書において示され，それによると，記載義務のある値は企業の簿記ないし総勘定元帳から導出されねばならない。そうした利用が「総計義務領域」の特性に合致しうるかどうかは，特に，その下に頻繁に損失が含まれる情報の観点からは疑問視される。電子税務決算書の許容される記入についての，税務当局による相応の明確化が期待されている（Zwirner/Schmid/König 2012, S. 8）。また，承認される場合，記帳行動への介入の回避のために，「収容項目」と同様，期限付きで利用されるだろうが，そのための明確化も行われていない（Herzig/Briesemeister/Schäperclaus 2012, S. 2512）。

「図表4-6」上では，「有形固定資産」が，「総計義務領域」の例である。これは下位の段階にある総ての項目の加算によって示されねばならない。ある会社が，帳簿価額300,000ユーロの「技術的設備および機械」，ならびに100,000ユーロの「その他の有形固定資産」のみを保有しているとする。その場合，それら以外の総ての義務領域にはヌル（NIL）が記入される。その結果，「総計義務領域」である「有形固定資産」の金額は400,000ユーロとなる。

IX　任意記載および収容項目

① 任意記載および設備一覧表に含まれている場合の義務領域へのヌル（NIL）送達の可能性

強制的に記載されるべき領域のほかに，貸借対照表についての追加の記載が行われる可能性がある。但し，納税義務者はこれに拘束されない。例として，技術的設備および機械の領域において，それが簿記システムから導出可能である限り，記載が行われねばならない（「義務領域」）。詳細な記載，すなわちこの項目の分類は義務ではない。納税義務者の総勘定元帳から相応の情報が判明する場合にすら詳細な記載の義務はない。納税義務者は，例えば，独立した領域の技術的設備を記載することができる。これは，特に，企業における情報が簿記から導出される場合に考えられる（Zwirner/Schmid/König 2012, S. 8）。

第4章　ドイツ商法におけるマイクロ資本会社会計規制軽減と電子税務決算書の導入　　*109*

　減価償却の領域において，「義務領域」に部分的に追記が存在する。追記については，設備一覧表が任意にXBRLフォーマットで送達される限り，「義務領域」での無記載が許容される。この場合，対応する項目にはヌル（NIL）が記載されねばならない。例として，損益計算書における総原価法の適用の際，有形固定資産の減価償却についての記載は，それが送達された設備一覧表に含まれる限り，行われる必要はない（Zwirner/Schmid/König 2012, S. 8）。

②　特定の項目についての更なる特殊なケース

特定の項目について以下の更なる特殊なケースがある。
(a) HGB上の個別決算書で許容されないが現存する項目
(b) HGB上存在する（存在する可能性がある）が，税務決算書上許容されない項目

　これらの2ケースは，既述した領域記述の下で示される。HGB上も税法上も，「許容されていない項目」の範囲は，本来，会社によって実施される会計方針の範囲に依存する。HGB上および税法上，いわゆる統一決算書の作成が試みられる限り，税務決算書と商法決算書との間の借方計上または貸方計上に関する離反が回避されない範囲においてのみ，許容されない項目が生じる。

　例として，HGB上貸方計上がある一方で，税務上貸方計上禁止が適用される「発生のおそれのある損失引当金」（Drohverlustrückstellung）が挙げられる。本来，税務決算書と商法決算書における事態に対して類似した認識が行われる場合，適応が求められるケースは僅かしかない（Zwirner/Schmid/König 2012, S. 8-9）。

(a) HGB上の個別決算書についての許容されない項目
　この項目は，電子税務決算書データレコードに含めてはならない。例えば連結決算書において示される，のれん又は税務上の相殺項目は，個別決算書では許容されない項目に属する（Zwirner/Schmid/König 2012, S. 9）。

(b) 税務決算書についての許容されない項目
　この項目は，税務決算書に含めてはならない。商法決算書が送達される場

合，これらの項目は強制的に税務上の調整計算書における再区分によって修正されねばならない。

例として，EStG 第 5 条第 2 項ないし HGB 第 248 条第 2 項による，借方計上された自己創設の無形資産が挙げられる (Zwirner/Schmid/König 2012, S. 9)。

③ 収 容 項 目

「収容項目」(Auffangposition) は，税務当局の明確な意思により，電子税務決算書導入を軽減する方策の一部であるとされる。つまり，「収容項目」は，「義務領域」によって行われる区別を完全にか，あるいは部分的に無視するために利用することが可能である (Herzig/Briesemeister/Schäperclaus 2012, S. 2512)。「義務領域」識別が簿記から不可能な際には常に適用される。しかし，結局，「収容項目」によって電子貸借対照表と電子損益計算書が，HGB 第 266 条と第 275 条の基準値に縮減されることは不可能であるとされる (Herzig/Briesemeister/Schäperclaus 2012, S. 2512)。「収容項目」の利用の結果として，本来，内容について規定されている「義務領域」には，ヌル (NIL) が記入されねばならない。

「収容項目」は，おそらく一時的にのみ利用することができる。個々の「収容項目」の存否については導入時，すなわち遅くとも 2017 年末に決定されることになる。その廃止は，特に異なる企業によって提出されたデータの比較可能性の観点から大いにありうる。総原価法の適用の際，貸借対照表および損益計算書において，任意記載を顧慮する場合には，45 の収容項目が，そして義務領域を顧慮する場合には，34 の収容項目が存在する (Zwirner/Schmid/König 2012, S. 9)。

「図表 4-6」上では，「分類不能なその他の土地」という領域は，残りの義務領域の下で総ての現存の実態が写像されえない場合，義務的に記入されねばならない。それにより，その上位のレベルの「土地，借地権および他者の土地上の建物」での計算上の正しさが保証される。

なお，特に電子税務決算書の開始時において，広範囲に「収容項目」を利用

する可能性がある。但し，転換実施年度においては，記帳行動や企業プロセスのタクソノミの基準値への適応が行われるので，収容項目の利用は必要な適応を遅らせることになる（Zwirner/Schmid/König 2012, S. 9）。

X　企業サイドの対応戦略

BMF 通達およびタクソノミによって表わされた税務当局の要請は，相変わらず EStG 第5b 条および第51 条第4項第1b 号によって法的に認められた範囲を超えているといわれる（Herzig/Briesemeister/Schäperclaus 2012, S. 2516）。そのこともあって，ヘルツッヒ等（Herzig/Briesemeister/Schäperclaus 2012）は，ドイツ企業が，どの範囲で電子税務決算書に関する税務当局の要請に応じるべきかについて，①最大戦略，②最小戦略そして③中立的戦略の3つを提案している（Herzig/Briesemeister/Schäperclaus 2012, S. 2515-2516）。以下では，各戦略を紹介しよう。

①　最　大　戦　略

一般的企業目標と一致して，最大の透明性と協力という方針が追求される場合，これは，税務当局によって要請される EStG 第51 条第4項第1b 号による最小範囲を明らかに越える情報準備を必要とする。そうした戦略の直接的目標は，税額査定所（Veranlargungsstelle）による照会の回避，税務当局の，およびリスクマネジメント・システムによるプラスの「評価」並びに事後検査制限のない租税決定の期待，そしてそれによる早期の法の確実性である。最大戦略の実現のために，企業は具体化された事態を包括的にタクソノミに合致させた処理を，しかも「義務領域」だけでなく「任意領域」によって定められた区分においても努めねばならない。

より高度な情報内容に基づき，税務決算書ではなく，調整計算書を伴う商法決算書ならびに，その項目が同様にそれぞれの税務上の評価額に転換されたHGB 上の損益計算書が送達される。形式的「収容項目」（「分類不能」"nicht zuordenbar")は，タクソノミが実現された事態に対応する項目または内容的収容領域（「その他の」"sonstig"，「残りの」"übrig"）を用意していない場合にのみ利用される。その上さらに，勘定以上のものに流入する各々の評価額で報告される項目が添付される。

電子的送達義務の法的基礎について評価が定まっていない報告構成要素，例えば「課税所得算定」や利益処分計算書もタクソノミに合致して提出される。さらに，その送達が，税務当局側で納税義務者に任されている報告構成要素，例えば設備明細書を含む，注記・付属明細書および状況報告書もタクソノミに合致して提出される。2012年に対する「一般的不指摘・不否認規定」について，例えば国外支店または共同事業者に対する実行猶予も要求しない。

② 最 小 戦 略

転換費用とメンテナンス費用の最小化が，最小戦略を追求する企業の重要な目標である。税額査定所による照会または税務当局のリスクマネジメント・システムによるマイナスの「評価」が甘受される。EStG第5b条は，HGB第266条，第275条の分類深度を超えて，納税申告書の添付書類の枠内で情報を電子的に送達する義務は存在しないと解釈される。それに応じて，可能性が技術的に存在する限り，「収容項目」が利用され，場合によっては送達可能な総計項目に評価額が記入される。HGB第266条による貸借対照表レベルでのみ商法決算書は税務決算書に転換され，ないしは予め内部で転換された税務決算書が送達される。

HGB上の損益計算書は，相応の法的義務が欠けているので，税務上の規定には適応しない。同じ根拠から，決算書外の修正は「課税所得算定」という報告構成要素の枠内で電子的にではなく，従来同様，副次計算書として企業毎に提供される。利益処分計算書にも同じことが妥当する。勘定証拠のような任意の記載は行われない。タクソノミ・アップデート・サイクルを回避するために，例えば，支店または共同事業者に対する総ての「不指摘・不否認規定」および期限付き適用軽減は要求しない。

③ 中 立 的 戦 略

　中立的戦略は，転換費用とコンプライアンスとの間の妥協を目標とする。不都合をもたらさない程度の電子税務決算書要求の達成が追求される。当戦略は，BMF 通達の物的基準値および税務当局のその後の公式発表を前提とする。

　商法決算書（および調整計算書）が送達されるか，独立した税務決算書が送達されるかの決定は，現有の簿記における税務上の情報の有無に依存する。すなわち，場合によっては異なる情報内容は重要ではない。不明確な法律問題は，通常，税務当局に合致して解釈されるが，任意の情報準備は，それが追加コストをもたらさないか，もたらしても僅かな場合にのみ行われる。例えば，任意領域によって産出される区別には，これが相応の総勘定元帳勘定から直接明らかな場合にのみ，評価額が記入される。「収容項目」は，導入段階後に，「義務領域」からもたらされる区別が，簿記から導出されないか，高額のコストが生じる場合にのみ利用される。

　電子税務決算書プロジェクトの計画の際の 5～6 年で「収容項目」を廃止するという予告が考慮されている。勘定証拠は，選択されたソフトウエアが追加コストなしでそれを可能にする場合にのみ任意に送達される。法的義務に関して評価が定まっていない報告構成要素は送達されるのに対し，注記・付属明細書または状況報告書の様な付加的年度決算書構成要素は送達されない。導入軽減の要求，特に 2012 年に対する「一般的不指摘・不否認規定」は，中立的戦略企業の場合，その出発状況に著しく依存する。早期に電子税務決算書作成能力を備えるという目的にのみ役立つにすぎない追加コストの負担，例えば，追加的助言者の投入，場合によってはまだ準備されていないソフトウエア・サービス業者の交代は実施しない。

XI　E-Bilanz の問題点

　税務上有効な貸借対照表および損益計算書に対する最小範囲（タクソノミ上

の「義務領域」）の制定によって，課税が勘定組織および記帳行動の形成に場合によっては深く介入し，それによりこの領域にも強い影響を与えることになる（Herzig 2010, S. 1901）。

上述のように，EStG 第 5b 条は，調整計算書を伴う商法決算書の電子的送達か，代替的に税務決算書の送達を要求している。調整計算書を伴う商法決算書という選択肢が採られる場合，税務タクソノミの詳細度（いわゆる義務領域深度）は原則として商法決算書においても従われねばならない。それにもかかわらず，FAQ 文書の第 2(h) 節は以下の不指摘・不否認規定を規定している（Herzig/Briesemeister/Schäperclaus 2012, p. 3）。

「商法決算書が要求された詳細度で送達されていないが，『税務的修正』内での再区分によってそれが達成されている場合，指摘・否認されない。その結果，この場合における商法決算書の属している「義務領域」はヌル（NIL）で送達されねばならない。再区分によって要求された詳細度が示されねばならない。送達後，税務当局内で商法決算書および調整計算書から税務決算書が産出される（…）。」

当規則は，要求された詳細度の実施の下，税務上の要求された税務上の再分類により，それ程の軽減にはならないとされる（Herzig/Briesemeister/Schäperclaus 2012, S. 2510）。さらに，税務タクソノミの「義務領域」が，貸借対照表の分類について定めた HGB 第 266 条，および損益計算書の分類について定めた第 275 条の分類基準を超えることは明らかなので，実際，商法上の会計報告の形成に対する電子税務決算書の新たな「形式的基準性」（fomalle Maßgeblichkeit），すなわち逆基準性（umgekehrte Maßgeblichkeit）が生まれる危険が存在するという指摘もある（Herzig 2010, S. 1907）。

電子税務決算書の分類が，商法決算書のものより詳細な場合，既述のように「収容項目」の利用や「総計義務領域」への直接的記入によって当面は対処されることになる。しかし，これらの措置は，経過的な期限付きのものにすぎない。したがって，これらの利用によって当座の対応は軽減されても，それらの

第4章　ドイツ商法におけるマイクロ資本会社会計規制軽減と電子税務決算書の導入　　*115*

利用が不可能になる際，特に中小企業にとっては，その対応は重荷となるだろう。

　一方，電子税務決算書のプラス面として，査定手続き終了後に，場合によっては加工されたデータを納税義務者に電子的に返送することが企図されている。これによって納税義務者はこの電子的データを処理する前提を創り出すという利益を得ることができるという（Fuhrmann 2013, S. 1）。すなわち，返送された自己の電子税務決算書の活用が予定されている。これは，特に，従来必ずしも，そうしたデータ処理が十分でなかった中小企業にとって大きなメリットとなることが期待されている。

第5章　EUにおける財務会計と税務会計との関係および簡素化された課税所得計算

I　財務会計と税務会計との関係

　欧州単一市場は，EC条約によると，経済パフォーマンスのコンバージェンスを促進し（第2条），競争の歪みから経済を守り（第3条(1)）そして資源の効率的配分を保証すること（第98条）を目的としている。しかし，法人課税はEU内で未だ調和化されていないので，各加盟国は税率に関するEC条約の法的限度内で自律的に税率，課税ベースの算定規則および個々の基準に基づく法人税の類型を決定することができる。その結果，法人課税に関するEU加盟国間の相違はEU規模の事業活動に対する歪みと障害を引き起こしているといわれる（Spengel 2010, p. 1）。それらは単一市場における国境を越える投資を妨害し，投資の類型，場所および資金源に関する歪みを生み出している。EU内の税の相違のもう一つの影響は，帳簿上の利益が低税率の加盟国に移される傾向にあるという点にある。このことは，税収の分配を巡る加盟国間の紛争につながっている（Spengel 2010, p. 1）。

　第6章で詳述するが，欧州委員会は2011年3月16日に共通連結法人課税ベース（CCCTB）に関する欧州理事会指令案（以下では「指令案」と略称する。）を公表した。指令案は，EUにおけるCCCTBの導入を提案している。その後，当時のメルケル独首相とサルコジ仏大統領は2011年8月16日にユーロ危機についての二国間協議の枠内で両国の法人課税ベースと法人税率を同化する

ことで合意した。そして，2012年2月6日に両首脳は，「独仏共同作業政府報告書（グリーンブック）――企業課税におけるコンバージェンス諸点」（"Grünbuch der Deutsch-Französischen Zusammenarbeit - Konvergenzpunkte bei der Unternehmensbesteuerung"；以下では「グリーンブック」と称する）を公表した。グリーンブックは「EUにおける税務上の更なるコンバージェンスの方向性」を決め，指令案を支援するものとされる（Eilers/Nücken/Valentin/Daniel-Mayeur 2012, S. 535）。

第Ⅰ節～第Ⅴ節では，シュペンゲルの研究（Spengel 2010）に依拠して，27のEU加盟国（2013年のクロアチア加盟前）における課税ベースの多様性を概観する。その上で，グリーンブックの特徴点を明らかにする。

財務会計と税務会計との関係については，「図表5-1」のように分類できる。なお，財務会計から完全に独立した税務会計基準を有している国はない。

図表5-1　財務会計と税務会計との関係

IFRSの参照/修正	キプロス，エストニア，フランス，アイルランド，マルタ，スロバキア，スロベニア，英国
国内GAAPの参照/修正	オーストリア，ベルギー，ブルガリア，キプロス，チェコ，デンマーク，フィンランド，フランス， ドイツ，ギリシャ，ハンガリー，アイルランド，イタリア，ラトビア，リトアニア，ルクセンブルク， マルタ，オランダ，ポーランド，ポルトガル，ルーマニア，スロバキア，スロベニア，スペイン， スウェーデン，英国

（出典：Spengel 2010, p. 4, Figure 1）

加盟国の課税ベースは未だに統一からは程遠い。それはまず第一に課税所得算定のための規定の一部，例えば資産の減価償却について相当のバラつきが存在するからである。以下では資産の減価償却について取り上げる。

① **EU加盟国の状況**

課税ベースの大きな隔たりの1つの例は，資産の減価償却実務である。「図

表5-2」は加盟国およびIFRSにおける固定資産の正規の減価償却に関する概観を示している。

図表5-2　固定資産の正規の減価償却

耐用年数に渡る定額法	IFRS, エストニア, オランダ
特定比率による定額法	オーストリア, ブルガリア, キプロス, ハンガリー, アイルランド, イタリア, マルタ, スロベニア
特定比率による定額法または定率法	ベルギー, フランス, ドイツ, ギリシャ, リトアニア, ルクセンブルク, ポルトガル, ルーマニア, スペイン, スウェーデン
特定比率による定額法または加速償却	チェコ, ポーランド, スロバキア
特定比率による定率法	デンマーク, フィンランド, ラトビア, 英国

(出典：Spengel 2010, p. 5, Figure 2)

② グリーンブック

「図表5-2」では，独仏両国は同一のカテゴリーに分類されている。しかし，フランスの減価償却規則は幾つかの点で明らかにドイツの減価償却規則から離反している。フランスでは逓減償却（degressive Abschreibung）が原則として許容されており（一般税法典第39条），そして広く普及しているが，ドイツではそれは税法上，2008年12月31日から2011年1月1日の間に取得または製作された動産たる資産（経済財）についてのみ認められるにすぎない（法人税法第7条第2項）。

さらに，フランスはドイツと同様，様々な特別償却を有する。但し，これはしばしば設備資産の非経常的価値損失とは関連なく，そして一般的な基礎となる耐用年数の相応の短縮化にはつながらない。特に経済的または社会的理由から許される控除が重要である（Eilers/Nücken/Valentin/Daniel-Mayeur 2012, S. 540）。また，フランスではドイツとは違って，のれんの償却は，税務上認められない。

フランスはグリーンブックで償却の領域において修正が検討されうると公言されている。これには以下のものがある（Grünbuch, S. 43）。

(1) 逓減減価償却についての規則を強化し，それをドイツにおけるのと同様に景気の計量不能性に依存して時間的に期限をつけて許可する。これはフランス企業にとって投資の開始時に逓減性により与えられる「流動性ボーナス」であると同時に，明確な租税簡素化をもたらす。
(2) 様々な特別償却の効果を再検討する。したがって，多くの企業にとってその税務上の優遇措置が終了し，その結果，相応の流動性準備金が設定されねばならないだろう。
(3) のれんの償却が許可される。これはとりわけ経済成長および営業価値が高い時にフランス企業の税務上の負担軽減となり，経済的に歓迎されるだろう。というのは，取得された営業価値は時間の経過によって実際消滅し，新たな所有者自身によって創造される営業価値に取って代わられるからである（Eilers/Nücken/Valentin/Daniel-Mayeur 2012, S. 540）。

但し，3つの方策総てがその経済的および財政的影響が前もって包括的に調査され，その代替が，その投資関連的効果に基づき景気の展開に対して調整されねばならないという制限の下にある。したがって，近いうちの実現の可能性はほとんどないとされる（Eilers/Nücken/Valentin/Daniel-Mayeur 2012, S. 541）。

II 財務会計が解決策を提供しない領域

財務会計が解決策を提供しない，すなわち財務会計では扱われない最も重要な税務会計の領域は，(1) 受取配当金（会社間配当），(2) 損失控除および (3) 資本利得課税である。以下ではこれらのうちグリーンブックに関係する前2者を取上げることにする。

① 受取配当金（会社間配当）
(a) EU加盟国の状況

一般的規則として，法人はその株主から別個に課税される。この点で税法は，法人を独立した法的主体として扱う民法に従う。したがって，法人所得は

第5章　EUにおける財務会計と税務会計との関係および簡素化された課税所得計算　*121*

稼得時に法人レベルで課税されるが，法人レベルで法人税を，そして株主レベルで法人税または所得税の両方を課すことによる分配所得の2重課税に帰結する可能性がある。法人納税者に分配された配当と自然人に分配された配当との間が区別されねばならない。両方のケースにおいて，以下では分配する側の法人とその株主は同一国に居住していると仮定される。

　法人に分配される配当の2重課税回避には以下の2つの異なる方法があり，それぞれを採用する加盟国は「図表5-3」の通りである。

　（1）非課税（exemption）
　（2）税額控除（tax credit）

図表5-3　会社間配当（国内投資）の課税

非課税	100%	オーストラリア，ブルガリア，キプロス，チェコ，デンマーク，エストニア，フィンランド，ギリシャ，ハンガリー，アイルランド，ラトビア，リトアニア，ルクセンブルク，オランダ，ポーランド，ポルトガル，ルーマニア，スロバキア，スロベニア，スウェーデン，英国
	95%	ベルギー，フランス，ドイツ，イタリア
税額控除		マルタ，スペイン

（出典：Spengel 2010, p. 7, Figure 4）

　圧倒的多数の加盟国は非課税方式に従っている。この方式は法人株主の会社間配当を非課税とする。所得は，配当実施会社によって稼得された時に法人税のみを課されればよい。なお，ベルギー，フランス，ドイツおよびイタリアも非課税方式を適用しているが，受取配当金の5％の課税を伴う（Spengel 2010, p. 7）。

(b) グリーンブック

　ドイツの法人税法第8b条第1項と同様，フランスの法人税法はコンツェルン内の配当の非課税を含む。まず，支払う子会社レベルで，それから配当を受ける親会社レベルでの2重課税は回避されることになる。上述のようにドイツにおけるのと同様（法人税法第8b条第5項），フランスでもまた配当支払の5％は控除不能な事業支出と見なされる。但し，非課税の前提は，フランスでは，

II 財務会計が解決策を提供しない領域

親会社が非課税を選択し，子会社の議決権および公称資本の最低5％資本参加していることである。当資本参加は少なくとも2年保持されねばならない。それが2年未満内に売却される場合，親会社は売却後3カ月以内に，非課税額に遅滞税（月0.40％）を加えた額を払い戻さねばならない。

　ドイツは，この領域ではコンバージェンス方策として配当実施子会社に対する親会社の最低資本参加率の導入を検討している（Grünbuch, S. 5）。しかし，最低資本参加率の水準と最低保持期間の導入についてはグリーンブックは何もいっていない。

　2011年10月20日の欧州裁判所（EuGH）の判決によれば（EuGH-Urteil vom 20. 10. 2011），配当課税に関するドイツの規定がいずれにせよ修正を必要とすることは明らかである。親会社が「親子会社ガイドライン」の第3条第1項a.で規定された子会社への最低資本参加率に達していない場合，他の加盟国に位置する親会社への配当分配が，ドイツに位置する親会社への配当分配より経済的に高課税されるドイツの実務は，欧州連合条約第64条の「資本流通の自由」と合致しない。この不平等な扱いの除去は，法人税法第8b条の非課税に対する最低資本参加率の導入によって達成されうるとされる（Eilers/Nuecken/Valentin/Daniel-Mayeur 2012, S. 538）。この方法で，親会社が国内または国外に位置するかどうかに関係なく，総ての配当支払いに対して同一尺度が適用されることになるという。ドイツ企業にとって，そうした最低資本参加率の導入は，場合によっては重大な状況悪化を意味する。フランスの法状況に対応する当比率の導入は配当を実施する子会社への5％の最低資本参加を意味する。その場合，この資本参加水準を満たさないならば，配当は課税されるだろう。その限りにおいて，対応する移行措置の作成が考慮されるべきである。移行措置がなければ，対象となる資本参加率のドイツ企業にとっては，短期的に極端な負担が発生するだろうとされる（Eilers/Nücken/Valentin/Daniel-Mayeur 2012, S. 538）。

② 欠損金の取扱い
(a) EU加盟国の状況

　潜在的欠損金の会計処理は，財務会計と税務会計の共通の原則である。低価法による評価は大抵の国でIFRSと課税実務の両方によって認められている。但し，引当金の範囲と不良債権の認識には，かなりのバラつきがある。これらの項目はIFRSの下では認識され費用として利益に影響を及ぼすが，大抵の加盟国では税務目的については限定され制限される。但し，税務会計における損金認識の限定および制限は税務目的の欠損金相殺によって補償される。欠損金に関する加盟国の取扱いは「図表5-4」の通りである。

図表5-4　欠損金の取扱い

繰越	無制限		オーストリア，ベルギー，キプロス，デンマーク，フランス，ドイツ，ハンガリー，アイルランド，ルクセンブルク，マルタ，オランダ，スウェーデン，英国
	限定	15年	スペイン
		10年	フィンランド
		6年	ポルトガル
		5年	ブルガリア，チェコ，ギリシャ，イタリア，ラトビア，リトアニア，ポーランド，ルーマニア，スロバキア，スロベニア
繰戻し	限定	3年	フランス，オランダ
		1年	ドイツ，アイルランド，英国

(出典：Spengel 2010, p. 9, Figure 6)

　一般的規則として，少なくとも欠損金が事業の通常の過程で生じた場合には，同一期間内の利益と欠損金の相殺に関して制限はない。特に欠損金に対する繰戻しと繰越は，それらが異なる期間の課税ベースを結合するので，課税ベースの重要な要素である。総ての加盟国で複数期間にまたがる欠損金補償の領域では異なる規則および様々な限定が存在する（図表5-4参照）。総ての加盟国が欠損金繰越（Verlustvortrag）を認めている。但し，様々な限定が存在する。11の加盟国では，欠損金は5年から15年の様々な一定期間にのみ繰越す

ことができる (Spengel 2010, p. 9)。無制限の欠損金繰越を認める加盟国のうち，一部の国は，所与の後続の期間に欠損金相殺の金額を，当該期間の所得の一定の比率までに限定するある種の最小課税を導入している（例えば，オーストリア，ドイツおよびポーランド）。

欠損金繰越と対照的に，欠損金繰戻し (Verlustrücktrag) は，フランス，ドイツ，アイルランド，オランダおよび英国でのみ利用可能である。但し，1年または3年の期間についてのみ繰戻すことができるに過ぎない (Spengel 2010, p. 9)。ドイツでは先行する期間の利益に対して相殺しうる欠損金の金額は2011年現在において511,500ユーロに限定されている。

(b) グリーンブック

この領域でも，欠損金繰戻しの限定年限に相違があるものの独仏両国はほぼ同一カテゴリーに属することが分かる。

フランスの欠損金控除規則は2011年の9月に漸く変更された。その際，明示的にドイツの欠損金控除制度に近接された (Grünbuch, S. 35)。欠損金繰戻しはそれ以来1,000,000ユーロの上限までのみ許容される。付加的にこの限度を越える課税所得の60％が算入される。残りは次年度以降，同一条件の下で控除されうる。

ドイツは，欠損金繰戻しの際のコンバージェンス方策として511,500ユーロから1,000,000ユーロへの最高額の引き上げを検討している (Grünbuch, S. 37)。さらに，欠損金繰戻しの額における納税義務者の選択権の廃止について検討している。既に「欠損金相殺および企業グループ課税」専門作業グループは，租税簡素化を達成するためにこの選択権 (EStG 第10b条第1項第5文および第6文) の廃止を提案した (Eilers/Nücken/Valentin/Daniel-Mayeur 2012, S. 538)。ドイツ企業にとって，最高額の引上げは租税軽減を意味するのに対して，選択権の廃止は経営上の財務および租税計画の負担増となる。

欠損金繰戻しの規定に関係なく，ドイツはグリーンブックにおいて国境を越える欠損金の利用に対する法的基礎を作る準備を表明した。この理由は特に2010年6月9日の連邦財政裁判所 (BFH) 判決 (BFH-Urteil vom 9. 6. 2010) で

あり，そこでは恒久的施設（Betriebsstätte）における欠損金が「実際の理由から最早顧慮されえない場合，すなわち，例えば，国外恒久的施設の資本会社への組織変更の場合，その有償または無償の譲渡，もしくはその「最終的」放棄について，裁判所は国境を越える欠損金控除を認めた（Eilers/Nücken/Valentin/Daniel-Mayeur 2012, S. 538）。したがって，裁判所は，以前下された欧州裁判所の判決（EuGH-Urteil vom 13. 12. 2005）に依拠して，ドイツにおいて原則的に有効な対称命題（2重課税防止協定による自由裁量法の適用の際のプラスおよびマイナスの収入の原則的非顧慮）を一部放棄した。この理由から法的明確化を必要とする不確定要素が生じたとされる（Grünbuch, S. 36）。その際，フランスの規定を指向するのか，するとしたらどの程度かについては，グリーンブックは触れていない。

Ⅲ　企業グループ課税および税率

① 企業グループ課税
(a) EU 加盟国の状況

　子会社の損失の会計処理はより複雑な問題である。会社は独自の法的主体なので繰延原則（deferral principle）の帰結として，法人の損失は株主に移転されない。そのため法人損失の株主への移転は企業グループ課税の特別なスキームに基づいてのみ可能である。企業グループ課税に関する加盟国の取扱いは「図表 5-5」の通りである。

　加盟国の実務の調査は，11 の加盟国が当領域に何ら特別な規定を与えていないことを明らかにしている。12 の加盟国は特別な企業グループ課税スキームを適用している。これらの国すべてにおいて，適格従属企業は所有を通じて提携されていることを要求され，それは法的規準による。親会社は従属企業株式の少なくとも 2 分の 1 超を保有していなければならない。特定のケースにおいて直接および間接参加が付加される。これらの加盟国の大抵は，90％超の保有割合を要求している。企業グループ課税レジームの中で詳細な制度と結果に

図表5-5 企業グループ課税

企業グループ課税	特別なスキーム無し			ベルギー，ブルガリア，チェコ，エストニア，ギリシャ，ハンガリー，リトアニア，ポーランド，ポルトガル，ルーマニア，スロバキア
	特別なスキーム有り	国内	損失補償	キプロス，フィンランド，ドイツ，ラトビア，ルクセンブルク，スロベニア
			損失補償＋企業グループ内移転の繰延課税	アイルランド，マルタ，オランダ，スペイン，スウェーデン，英国
		国境を越える	損失補償	オーストリア，デンマーク，イタリア
			損失補償＋企業グループ内移転の繰延課税	フランス

（出典：Spengel 2010, p. 13, Figure 9）

ついて大きな相違が存在する。従属企業の成果の結合技術について，プーリング法，損失移転または補助金に基づく純粋損失補償と，連結または簡便法に基づくグループ内移転の繰延課税とを区別することができる。「図表5-5」に示されるように，純粋損失補償が支配的手段である。企業グループ内移転の繰延課税は7つの加盟国で適用されているにすぎない。

EU内の国際的企業グループ課税は，未だに初期段階にある。「図表5-5」は，大抵の国では制度が国境でストップすることを示している。非居住子会社は，オーストリア，デンマーク，フランスおよびイタリアでのみ被課税企業グループの一部であるにすぎない。これらの4つの加盟国の内，フランスだけが損失補償に加えて企業グループ内移転の繰延課税を提供している。したがって，国際的企業グループは特別な企業グループ課税制度を適用する加盟国の大多数で国内企業グループとは区別されている（Spengel 2010, p. 13）。

図表 5-6　仏独の企業グループ課税

	フランス	ドイツ
最低資本参加率	95％	50％
利益と損失の相殺	自動的[1]	利益供与契約の義務的締結[2]
コンツェルン内取引の中和化	有	無

(出典：Grünbuch, S. 5)
(1) この選択権が行使され相応の前提が満たされる場合。
(2) 5年間の継続

(b) グリーンブック

「図表5-5」に示されるように，企業グループ課税の領域では，独仏両国は大きく異なる。フランスの方が現代的な企業グループ課税制度を確立しており，他方，ドイツは自国の企業グループ課税の現代化を図ろうとしている。フランスの制度は，企業グループの親企業として指定され，それにより唯一の法人税納税義務企業として扱われることを企業に可能にする。その際，企業グループの成果の全額について親企業のみに法人税納税義務がある。この前提は，親企業が，「連結範囲」に算入されるべき会社が同意しなければならない，これに向けられた納税申告書を提出することである。ドイツ株式法第291条以降の意味での企業契約に相当する，利益供与契約（Gewinnabführungsvertrag）の締結またはその他の会社契約的協定は，フランスでは必要ない。

さらに，子会社の資本について親企業は，上掲のように，直接または間接的に少なくとも95％参加していなければならない。税務上の企業グループ全体の成果を親企業が算定しなければならない。

グリーンブックによれば，ドイツは企業グループ課税の領域で以下の2点でフランスの法状況への適応に努力するとされる（Grünbuch, S. 5）。すなわち，まず第一に，企業結合の税務上の承認の前提としての利益供与契約の要請が廃止または変更され，企業結合規定がそれに応じて適応されることである。第二に，ドイツの企業グループ課税の最低資本参加率の引き上げである。

ドイツは，現代的企業グループ課税制度の導入に重大な利害を有するとされる。長年来，企業結合規定の改革が要求されているが，その際，特に，世界で唯一の利益供与契約の前提が批判の中心である。利益供与契約の締結は大抵，純粋に税務的に動機付けられ，それは時々重大な経営経済上の発展欠如につながることがあるとされる（Eilers/Nücken/Valentin/Daniel-Mayeur 2012, S. 536）。利益供与契約は重要な理由なしでは5年の経過前に解約され得ないので，コンツェルンの企業的弾力性が明確に制限され，税務目的の企業結合の存在が遡及して否認されないからである。さらに，利益供与契約の法的に有効な形成が，多大な会社法上の障害かつリスクの基礎となっている（Eilers/Nücken/Valentin/Daniel-Mayeur 2012, S. 536）。

　最低資本参加率を引き上げる場合，引き上げられた最低資本参加率に相当しない，現存の企業結合に対する不必要な厳しさを回避するために，別個の移行措置が作られねばならない。移行措置がなければ，グリーンブックによる規準値が実行される場合，そうした企業結合が2013年1月1日以降，突然企業結合課税から外されてしまう可能性がある。さらに，95％というフランスの比率への最低資本参加率の引上げは基本営業税の問題につながる可能性があるとされ，ドイツ企業にとってその限りにおいて重大な適応不足が生じる可能性があったとされる（Eilers/Nücken/Valentin/Daniel-Mayeur 2012, S. 537）。

② 税　　　率
(a) EU加盟国の状況

　27の加盟国における，2007年時点での法人所得に対する集計された名目税率の比較が「図表5-7」である。当比較は法人税率および追徴税ならびに地方所得税および法人税とのその関連，すなわち，法人課税ベースからの経費としての控除可能性を含む。

　法人税率の比較は，加盟国間の大きな隔たりを明らかにする。名目税率はゼロ（エストニア）から38.7％（ドイツ）に至るまで様々である。

　平均して，名目税率は22.41％である。但し，名目税率は課税ベースの広さ

図表 5-7　法人所得に対する名目税率（国税および地方税レベル，2007 年）

オーストリア	25%	フィンランド	26%	ラトビア	15%	ルーマニア	16%
ベルギー	34	フランス	34.4	リトアニア	15	スロバキア	19
ブルガリア	10	ドイツ	38.7	ルクセンブルク	29.6	スロベニア	23
キプロス	10	ギリシャ	25	マルタ	35	スペイン	32.5
チェコ	24	ハンガリー	17.5	オランダ	25.5	スウェーデン	28
デンマーク	28	アイルランド	12.5	ポーランド	19	英国	30
エストニア	0	イタリア	37.3	ポルトガル	27.5		

（出典：Spengel 2010, p. 3, Table 1）

による効果が省かれているので実質的（生産的）投資の税負担の完全に有用な推計値というわけではないことに注意が必要である（Spengel 2010, p. 3）。

(b)　グリーンブック

「図表 5-7」は，2007 年現在の税率であるが，その後，フランスの法人税においては，法定税率は $33\frac{1}{3}$% である。税額査定期間における売上税調整後の売上高が 763 万ユーロ以下の中小企業については，課税所得の内，38,120 ユーロまでについては 15% の軽減税率が適用される。2008 年に約 394,000 社，つまりフランスの法人税対象企業の 57% がこの軽減税率の恩恵を受けたとされる（Eilers/Nücken/Valentin/Daniel-Mayeur 2012, S. 539）。その他，多数の更なる特別税率，例えば特許権の使用，特許権申請可能な発明および特定の製造方法に対するライセンス授与からの所得ならびにこれらの要素の売却からの利益にも 15% の軽減税率が適用される。

但し，フランス企業の実際の課税負担は法人税のほかに以下の税が重要である。すなわち，3.3% の法人税への社会的補完税による負担，2013 年までの 5% の法人税への特別税，そして企業付加価値税（CVAE）が挙げられる。

したがって，ドイツにおけるのと同様，フランスでは企業の所得に幾つかの税が課せられ，2011 年現在のドイツにおける所得の実効負担は約 29.5% であるのに対し，フランスでは 44.1% である。

フランスとドイツの企業の競争能力を保持するためにグリーンブックは，コンバージェンス方策として法人税におけるフランスの法定税率の引き下げを規

定し，課税ベースの拡大によってそれを補おうという (Eilers/Nücken/Valentin/Daniel-Mayeur 2012, S. 539)。但し，これは2011年現在におけるフランスの法定法人税率 ($33\frac{1}{3}$%) がドイツの15％の法定法人税率に引き下げられるということを意味するわけではない。所得課税による企業の実効負担を軽減するのが目的である。その際，ドイツとフランスにおける法人税のそれぞれのウエイトが顧慮されねばならない。このことは，特に，フランスにおける法人税の適用範囲が，法人税の対象とならない人的会社が重要な役割を果たしているドイツと異なるという事実に当てはまる。この理由から，フランスにおける法定法人税率は僅かに引き下げられるにとどまり，他の所得関連的税率の引き下げが同時に行われるということになる可能性もあるとされた (Eilers/Nücken/Valentin/Daniel-Mayeur 2012, S. 539)。

　具体的にどれくらいの税率に引き下げられ得るかという問題についてグリーンブックは何もいっていない。いずれにせよ，税率の引き下げはフランス企業にとって税負担の軽減を意味するだろうし，フランスの租税立地にとってプラスのシグナルとなるであろうとされた (Eilers/Nücken/Valentin/Daniel-Mayeur 2012, S. 539)。

IV　人的会社および特定の事業支出の取扱い

①　人 的 会 社

　人的会社の税務上の取扱いはドイツとフランスで多くの共通性がある。人的会社の所得はフランスでは原則として出資者レベルで課税され，人的会社レベルでは課税されない（一般税法典第8条，第60条および第218条）。但し，税務上の透明性原則はフランスでは限定的に適用されるに過ぎない。これは特に，人的会社がフランスでは法人税の納税義務を選択できるという点で明らかである (Eilers/Nücken/Valentin/Daniel-Mayeur 2012, S. 541)。

　したがって，人的会社にはフランスでは確かに形成自由性が大きく制限され，同時に透明な課税と不透明な課税の併存は企業と課税当局に高い管理費用

第5章　EUにおける財務会計と税務会計との関係および簡素化された課税所得計算　　*131*

をもたらす。その他の点では，人的会社に対する子会社による配当支払の際，フランスの親子会社規則は通常適用できない。さらに人的会社はフランスの租税グループの一部になりえない。そのために人的会社はフランスでは大企業によって稀にしか利用されない会社形態にすぎない（一般税法典第223A条）。

　フランス政府はこれらの理由から2010年末に人的会社に対する租税システムを徹底的に改革しようとしたが，政治的な抵抗により当改革は実現されえなかった。

　グリーンブックにより，フランスは2010年末の改革提案をコンバージェンス努力の枠組内で，議会に対する政府の報告書に基づいて再び取上げることを検討しているという（Eilers/Nücken/Valentin/Daniel-Mayeur 2012, S. 541）。これが実施される場合，フランスの人的会社は企業グループ構造およびジョイントベンチャー取引のための会社形態として明確により興味深いものになり，さらに透明な課税と不透明な課税の現在の併存によって生じる2重課税防止協定適用の際の帰属問題が広範に解決される。その結果，人的会社の税務上の取扱いの改革はフランスを投資立地として総じて強化することになるとされた（Eilers/Nücken/Valentin/Daniel-Mayeur 2012, S. 541）。

② 特定の事業支出の取扱い
(a) 支払利息の控除可能性（消費貸借利息）

　低い自己資本比率の回避のためのドイツの規定は，提供された資金に対する報酬が出資者に払われたか債権者に支払われたかによって異なることはない。一方，低い自己資本比率の回避のためのフランスの規定は濫用防止に向けられ，支払利息の控除可能性は結合企業間の消費貸借の場合に制限されている。

　したがって，両国のシステムは，全く異なっている。ここでは適応を行なうことにより企業の資金調達コストが大きく増大し，法人課税ベースにも重大な影響があるため大きな経済的影響が生じる可能性がある。そのため，フランスの規定を，支払利息の控除可能性の制限という結果になるドイツの制度と同化することは，経済的影響に対する詳細なシミュレーション計算が全体経済レベ

ルでも業種関連でも実施され，法人税率の引き下げが伴われねばならないとすると，よく検討される必要がある。

以下のコンバージェンス・オプションがこの重要な留保の下に存在するとされた（Grünbuch, S. 5-6）。
―配当と支払利息の税務上の取扱いにおける中立性。
―ドイツにおけるのと同様に支払利息の控除可能性の一般的制限；但し，そうした方策は，特に借入資本調達を大いに用いる大企業の資金調達に重大な影響をもたらすので，企業の資金調達構成を考慮に入れた詳細な調査を必要とする。
―非課税収益を生む有価証券取得資金に対する，支払利息の控除制限のための対称規定。
―適切な濫用防止規定；このアプローチは，フランスでも（一般税法典第212条）ドイツでも2008年の租税改革までに追及された。2011年12月28日のドイツ2011年第4次予算変更法は，同様に適切な濫用防止方策を規定している。

(b) フランスの企業付加価値税（CVAE）の控除可能性とドイツの営業税の不控除可能性

ドイツでは営業税（Gewerbesteuer）は法人課税ベースから控除できないが，フランスでは企業付加価値税の相応の控除が許容される。対応策として法人税率の明確な引下げを規定する全体改革の一部としてフランスの制度のドイツの規定への接近が検討される可能性があるとされた（Grünbuch, S. 6）。

V　グリーンブックの意義

グリーンブックは，フランスとドイツにおける企業課税の相違を浮き彫りにし，統一可能な領域を示すものとされた。その結果，上述のように，グリーンブックは「EUにおける税務上の更なるコンバージェンスの方向性」を決め，特に指令案を支援するものとされた。その限りにおいて，グリーンブックは

EU 規模の企業課税の調和化解決策への中間ステップであった。CCCTB プロジェクトが実施されるか否かについては，上掲の政治的見解の相違からすると大いに疑問であるとされるのに対して，グリーンブックの提案は遙かに相違が少ないといわれた（Eilers/Nücken/Valentin/Daniel-Mayeur 2012, S. 535）。

グリーンブックによれば，2013 年までにコンバージェンス方策の立法上の実施を準備するために特に議会と企業の協議の枠内で議論が継続されるとされていた（Grünbuch, S. 4）。

グリーンブックはドイツの企業税法における新たな「はずみ」をもたらす比類なきチャンスを提供しているとされた。特に，ドイツにとって，企業結合の長期にわたって議論された改革は，今や現代的企業グループ課税に手が届く近さにあり，この立法期間中に著しい租税改革が可決される可能性があるとされていた（Eilers/Nücken/Valentin/Daniel-Mayeur 2012, S. 542）。

しかし，その後，フランスの大統領が替わったので，グリーンブックはお蔵入りとなった（松原 2014, 25-26 頁参照）。

VI 所得税法第 4 条第 3 項による収入余剰計算

第 2 章と第 3 章で取上げたように，ドイツでは，2010 年に会計法現代化法（BilMoG）により所得税法（EStG）第 5 条第 1 項の変更によって損金経理要件に類似した「逆基準性」が廃止された。BilMoG 施行後も，商法上の年度決算書は課税所得計算の基礎であるが，BilMoG 施行前に，確定決算主義に相当する「基準性の原則」を存続すべきかどうかという点についても既に研究されていた。すなわち，連邦財務省（BMF）の委託を受けて，ケルン大学のヘルツッヒ（Herzig, Norbert）教授によって「国際的会計基準の適用と課税所得計算へのその影響」を調査する意見書（Herzig 2004）が作成・公表された。当意見書では，以下の問題設定を背景として，ドイツの現行法における「基準性の原則」の意義を調査し，当原則の廃止の結果生じる帰結と，必要な改革が提示されている（Herzig 2004, S. 1）。

(1) 100年以上の間，様々な方法での商法決算書と税務決算書との相互作用を形成してきた「基準性の原則」の将来に，会計の国際化の増大からどのような影響が出てくるのか？
(2) 会計の国際化の進展を背景として，「基準性の原則」を廃止した場合，どのような影響があり，どのような適応策が必要となるのか？
(3) 現行の「基準性の原則」に固執しない場合，課税所得計算はどのような理論的概念に従うべきか？このことから企業の税負担と国庫には，どのような影響が生じるのか？

上掲の問題設定のうちの (3) を中心に当意見書に依拠しながら，「基準性の原則」（確定決算主義）を廃止する場合の，簡素化された課税所得計算の在り方として，修正収入余剰計算について考察することが第Ⅵ～第Ⅷ節の目的である。

ドイツでは，今後，日本の確定決算主義に相当する「基準性の原則」も廃止し，税法独自の会計基準を求める見解もある。その際，情報提供等を目的として作成される財務諸表とは独立して行われる課税所得計算によって，統一決算書の作成が不可能になるため，従来の計算より簡素化されていなければ企業に過大な負担増を強いることになる。ヘルツッヒは，EStG 第4条第3項による収入余剰計算（以下では「4条3項余剰計算」と略称する。）に期間区分的要素，すなわち発生主義的要素を強化した「修正収入余剰計算」を前掲の意見書で提案している。以下では，まず現行の「4条3項余剰計算」について見ていくことにしよう。

「4条3項余剰計算」の目的は，発生主義に相当する事業財産比較（Betriebsvermögensvergleich）に比べて課税所得計算を簡素化することにあり，それは複式簿記の代わりに，原則として収支作用的取引事象のみの簡単な認識によって達成される。「4条3項余剰計算」が，有高量ではなく収支量，すなわち収入および支出に遡及されるので，有高勘定および現金の記帳は，棚卸の実施と同様，僅かしか必要とされず，有高量との関連での評価問題は考慮されなくてよい。しかし，純粋な現金主義ではなく，一部，期間区分的要素，すなわち発

生主義的要素が導入されている。「4条3項余剰計算」の収支原則からの最も重要な離反は，設備資産における有高変動の算入である。すなわち，償却可能な設備資産たる資産（経済財）の調達または製作のための支出は，その流出時点には全額事業支出としては認識されず，当資産（経済財）の通常の事業上の耐用年数に渡って年度償却の形式で配分される。定額法や逓減法といった計画的減価償却のほかに，非経常的な技術的または経済的利用に対する控除，ならびに EStG 第 7a 条の意味での控除の増大および特別償却といった計画外減価記入も許容される。但し，部分価値減価記入（Teilwertabschreibung）は「4条3項余剰計算」では行われない。詳細は後ほど取上げることにする。

① 適 用 範 囲

「4条3項余剰計算」の適用範囲は，主に開業医や弁護士といった自由業者（Freiberufler），年間売上高 500,000 ユーロまたは年間所得 50,000 ユーロ未満の商工業者（Gewerbliche Unternehmer），および農林業経営者（Land- und Forstwirte）である。

② 収 支 原 則

「4条3項余剰計算」にとって，収支原則（Zahlungsprinzip）が最も重要な原則であり，一部の例外を除いて，期間区分規則および客観化規則は適用されない。まず，事業収入（Betriebseinnahmen）とは，事業によって引き起こされる現金または現金価値のある財の増大を指す。したがって，事業収入は，それによって財産増大の形態で客観的に生じ，現金ないし現金価値のある財についての経済的処分権を獲得するという形で納税義務者に流入する。但し，消費貸借の受入れは，消費貸借の返済が事業支出でないのと同様，事業収入ではない。

他方，事業支出（Betriebsausgaben）は，納税義務者から流出する現金，または現金価値に本質がある総ての財として定義される。但し，物財給付ないし役務給付または使用権譲渡といった，現金に本質がない価値減少の形態で生じる可能性もある。純粋な収支に基礎を置かない事業支出の最重要の事例は，以

下のものである（Herzig 2004, S. 350）。
  a) 設備資産たる償却可能な資産（経済財）における減価償却
  b) 償却可能な設備資産と償却不能な設備資産における設備財の売却ないし引出時点での帳簿価額減価記入
  c) 事業上の消費貸借債権の事業上の理由による中止

③ 物財引出および物財払込

　物財引出（Sachentnahmen）とは，納税義務者が自分自身のため，家計のため，また他の事業外の目的で事業年度中に引出した総ての資産（経済財）である。物財引出の場合，事業財産（Betriebsvermögen）から私用財産（Privatvermögen）へ資産（経済財）が移行する。物財引出は，事業収入として処理される。その理由は，物財引出は本来収入余剰計算の結果としての税引後の「余剰」（Überschuß）から引出されるべきものである。しかし，収入余剰計算前に引出された額について，それを事業収入とすることによって，物財引出をしない場合の余剰額が算定されることになる。

　他方，物財払込（Sacheinlagen）とは，納税義務者が事業年度中に事業に供した総ての資産（経済財）である。物財払込の場合，私用財産から事業財産へ資産（経済財）が移行する。物財払込は，事業支出として処理される。これは，物財払込の分，収入余剰計算の結果としての「余剰」が大きくなってしまう。物財払込分は，「余剰」ではないので，それを事業支出として処理することによって，物財払込をしない場合の余剰額が算定されるのである。

　物財引出も物財払込も部分価値（Teilwert），すなわち見積市場価値（geschäzter Marktwert）で評価される。

④ 「4条3項余剰計算」の問題点

　「4条3項余剰計算」には以下のような問題点がある（Herzig 2004, S. 356-370）。

(a) 収支原則破棄の場合の簡素性の欠如

「4条第3項余剰計算」に期間区分的要素を受容することによって有高勘定の使用と期間的評価が必要となり，所得算定の簡素性が犠牲になる。

(b) 収支発生の偶発性

修正収入余剰計算では，未完成工事有高の変動を顧慮しないため，経済的給付能力が反映されず，課税所得の歪みが生じる。例えば，建設業の場合，未完成工事有高が多く完成工事が少ない年度には所得が少なく計上される。他方，未完成工事有高が少なく完成工事が多い年度では，所得が大きくなる。

(c) 課税ベースの操作可能性

例えば，売掛金の支払期限を延長したり（事業収入の先送り），商品仕入や原材料調達を必要以上に増やすこと（事業支出の前倒し）によって余剰（所得）を減らしたり，あるいは，売掛金の繰上げ回収（事業収入の前倒し）や買掛金の支払期限の延長（事業支出の先送り）によって余剰（所得）を増やすことが可能である。

但し，商品仕入れの増大は保管費用を増大させるし，売掛金の支払期限延長は，延長分の利息が失われるというようにマイナス効果が併存するので，所得計上の操作によるプラス効果と比較考慮され，そうした操作が常に行われる訳ではない。

(d) 変動する課税ベースによる欠損金顧慮の制限

「4条3項余剰計算」を適用する場合，事業財産比較による所得算定と比較して課税ベースが年度によって変動する度合いが高まる。所得計上が多い期間には，場合によっては累進税率で課税される一方，欠損金計上の期間において欠損金繰戻し（Verlustrücktrag）は1年に限定されているため，欠損金相殺はほとんど欠損金繰越に限られることになる。

(e) 任意の事業財産の排除

必要な事業財産（notwendige Betriebsvermögen）とは，事業上の利用が50%を超える資産（経済財）をいうのに対し，任意の事業財産（gewillkürte Betriebsvermögen）とは，事業上の利用が10%から50%の資産（経済財）をいう。因

みに，私用財産とは少なくとも 90％私用に用いられる財産である。事業財産比較による所得計算においては，必要な事業財産と任意の事業財産の両方が認められているが，「4条3項余剰計算」では 2003 年以前は任意の事業財産は認められていなかった。

(f) 国庫の観点からの問題

「4条3項余剰計算」を適用する場合，課税ベースが年度によって変動する度合いが高まることによって，国庫にとっても税収が年度によって変動するため，財政計画の困難性や予測不能な税収欠陥という問題が生じる。

Ⅶ　期間区分的要素の受容

前節で明らかになったように，従来の適用範囲を拡大して現行の「4条3項余剰計算」をそのまま適用することには問題がある。そこで，ヘルツッヒは，「4条3項余剰計算」に一部修正を施した上で，従来の適用範囲を拡大して，総ての納税義務者が修正収入余剰計算による所得算定を選択できる制度を提案している。なお，収支事象と有高変動が誤った方法で損益作用的に顧慮されると，2重認識が生じる恐れがある。また，所得算定の際，収支事象も有高変動も認識されないという恐れも同時に存在する。こうした，事業収入ないし事業支出の2重認識および認識欠如の危険性は，記録義務および統制メカニズムで対処されねばならないとされる（Herzig 2004, S. 381）。

以下では，提案されている「4条3項余剰計算」の修正の内容を取上げてみよう。

①　資　産　項　目

まず，資産（経済財）の税務上の概念については，事業財産比較（発生主義）との統一概念が提案される。課税の公平性という憲法上の観点から，事業財産比較に適用される特別な借方禁止および具体的記載額規定が「修正収入余剰計算」にも適用されねばならないとされる（Herzig 2004, S. 382）。現行の「4条3

項余剰計算」でも，設備資産の領域での財産変動がすでに広範に顧慮されており，事業財産比較との相違は，前述のように部分価値減価記入の禁止のみである。

(a) 設備資産の算入の必要性と範囲

設備資産の領域で期間区分が欠如している場合，納税義務者にとって期間成果の激しい変動による問題が生じ，上述のようにそれは限定された損失相殺ならびに累進的税率を背景として，利子上の不利益ないし付加的税負担につながる可能性があるとされる（Herzig 2004, S. 23）。さらに，設備資産の領域での有高変動の顧慮が，修正収入余剰計算内で従来同様，償却可能および償却不能な設備資産たる借方計上能力のある総ての資産（経済財）に適用されるべきである。その際，一般的借方計上禁止は，自己創設の無形固定資産（経済財）等に対して顧慮されるべきであるとされる（Herzig 2004, S. 384）。

(b) 評　　価

修正収入余剰計算の枠内での設備受入に対する，事業財産比較（発生主義）から離反した特別な評価規則の創設は，憲法上，憂慮すべき不平等な扱いにつながるとされる（Herzig 2004, S. 386）。

計画的継続評価に関して，現行の税法および商事法によるのと同様，償却可能な設備資産たる，使用が時間的に限られた資産（経済財）と，償却不能な資産（経済財）とが区別されねばならないとされる（Herzig 2004, S. 386）。そして，設備資産たる償却不能な資産（経済財）について売却ないし引出の時点で初めて取得原価または製作原価の額の事業支出控除が許容される。

他方，使用が一定の期間に限られている償却可能な設備資産たる資産（経済財）は，通常の事業上の耐用年数に渡って計画的に減価償却されねばならず，それによって取得原価または製作原価が，当設備財の利用される事業年度に渡って配分される。

(c) 部分価値減価記入の否認

修正収入余剰計算内の部分価値減価記入は，企業と国庫における管理コストの増大を招き，簡素化された所得算定方法の目的に反するとして，否認され

る。しかし，部分価値減価記入を一般的ではなく，金融資産について許容することが推奨される（Herzig 2004, S. 391）。なぜなら，部分価値減価記入を行なわなければ，損失が最終的に確定され，したがって投入された資金が最終的に失われる時点にようやく所得減少的に認識可能となるに過ぎないからである。事業支出としての当損失の遅延された認識によって，後の期間に税務上の欠損金が増大して発生し，その欠損金が実質的に欠損金繰越に限定される結果として，欠損金相殺が完全に行われないという危険が存在するからである（Herzig 2004, S. 390-391）。

(d) 棚卸資産の算入の不可避性

流動資産たる資産（経済財）に対する支出は，現行の「4条3項余剰計算」においてはその流出の時点に全額が事業支出として認識される。債権の有高は現行の「4条3項余剰計算」では顧慮されない。なぜなら，事業収入は給付提供の時点ではなく，その流入の時点に計上されねばならないからである。棚卸資産についても，債権についても，以下では，これらの項目について有高変動が修正収入余剰計算に算入されるべきか否か，またどの程度算入されるべきかが吟味される。

(1) 算入されるべき棚卸資産および未完成品の範囲

激しく変動する棚卸資産および未完成品有高の結果である，変動する期間損益という本質的問題に目を向けるならば，長期製造契約によって製造された製品のみが簡素化された所得算定に算入されねばならないのかどうか，それに対して他の未完成品ならびに完成品全体，商品，原材料，補助材料，工場消耗品は算入され得ないのかという問題を喚起する。

結局，修正収入余剰計算の適用範囲が非常に広くとられれば，操作の余地という危険がより強く強調され，簡素化された所得算定への棚卸資産および未完成品の部分的な算入ではなく，完全な算入が顧慮されねばならない。本質的に中小企業のみが含まれる，狭く設定された適用領域の場合，簡素化思考が重要となり，その結果，棚卸資産および未完成品の制限された顧慮，例えば長期製造契約による未完成品の有高のみが顧慮されることになるだろうとされる

(Herzig 2004, S. 400)。したがって，算入されるべき棚卸資産の範囲については，修正収入余剰計算の適用範囲に依存して決定されることになるだろう。

(2) 棚卸資産および未完成品の評価減

棚卸資産および未完成品の領域での価値変動については，課税所得算定が行われる決算日に，有高計算で顧慮される資産（経済財）の実際の価値が当財貨の当初の取得原価又は製作原価より低い場合，評価減が問題となる。しかし，短期間に収まる，その間の価値損失の無視は，損失顧慮の遅延にはつながるが，損失が，制限された損失相殺のために全く税務上利用されない，という危険の増大をもたらすことはないとされる (Herzig 2004, S. 402)。

(3) 債　　権

修正収入余剰計算内での売掛債権を顧慮する場合は，課税所得の認識について，事業財産比較（発生主義）の場合と同様，給付提供の時点が重要となる。その場合，収支原則の放棄によって事業財産比較との中心的相違が消えることになるだろう。したがって，収支原則ならびに簡素性が収支指向的所得算定方法の中心原則として保持されるべきだということを背景として，消費貸借債権を除く債権の，修正収入余剰計算への算入は認められるべきでないとされる (Herzig 2004, S. 405)。

② 負 債 項 目

(a) 引当金算入の不可避性

現行の「4条3項余剰計算」の問題は，変動する課税ベースにより，傾向として事業財産比較（発生主義）より頻繁に損失が生じる可能性があるという点にある。以下の単純化された計算例によって，このことが明確になる (Herzig 2004, S. 407-410)。

全体期間（ここでは1〜8期）に渡って400億円の全体課税所得を稼得する企業を想定する（原文の貨幣単位を以下では「億円」に換えている）。単純化のために，100億円の収支ベースで算定された期間課税所得が時間の経過とともに不変であると仮定する。第1期の当初期間に納税義務者の1度限りの行為，例え

図表 5-8 収支指向的所得算定方法の枠内での不完全損失顧慮の問題点の例示（単位：億円）

期間	1	2	3	4	5	6	7	8
課税所得	100	100	100	100	100	100	100	−300
損失相殺							−100	100
相殺後所得	100	100	100	100	100	100	0	−200

ば原子力発電所の操業開始によって，原子力発電所の廃棄物の処理のために400億円の法的または実際の債務が発生し，それが第8期の最終期間にようやく全額収支作用的支出につながるものとする。「表5-8」は期間相互の損失相殺の前後の課税所得の展開を表現している。

引当金設定がなければ，最終第8期の400億円の支出は，300億円の税務上の損失につながり，100億円の額だけ繰戻されるが，この損失のうち200億円が税務上利用できない危険が生じる (Herzig 2004, S. 408)。

こうした事態に対して現行の税務決算書および商法決算書における配分引当金 (Verteilungsrückstellung) の継続的な設定を通じての債務金額の集積性は，債務の発生と履行の間の期間に事業支出を一定額ずつ配分することになる。その際，損失相殺に問題は生じず，むしろこの引当金は利益平準化効果をもたらし，それによって累進効果ならびにマイナスの利息効果の問題も以下のように回避されうる。

図表 5-9 収支指向的所得算定方法の枠内での配分引当金の例示（単位：億円）

期間	1	2	3	4	5	6	7	8
課税所得	100	100	100	100	100	100	100	100
損失相殺	−50	−50	−50	−50	−50	−50	−50	−50
相殺後所得	50	50	50	50	50	50	50	50

但し，修正収入余剰計算への引当金の算入は，収支原則が付加的に破られ，

簡素性が損なわれるとの批判がある。設定された引当金には統制手段として有高勘定か記録簿が記載されねばならず，それによって事業支出の2重認識ないし認識欠如が回避される。しかし同時に事業支出の規定に対して，引当金の評価が必要であり，それは債務の金額上または時間的不確かさにより見積でのみ行いうることが多い。したがって，税務目的用に，評価の余地に限定された客観化規則が置かれ，それが修正収入余剰計算を付加的に複雑化するだろう。引当金計上との関連で発生する紛争問題は修正収入余剰計算の領域にも及ぶだろうし，それによって納税義務者および国庫に管理コストを生ぜしめる。いずれにしても，引当金の算入は納税義務者および国庫の両サイドにとって重大な管理コスト増大という結果になる（Herzig 2004, S. 410）。

(b) 長期的に累積する引当金

収支指向的所得算定法の簡素性のために，短期的に回転する引当金（kurzfristig revolvierende Rückstellung）は修正収入余剰計算に取り込まれるべきでない。それに対して，長期的に累積する引当金（langfristig kumulierende Rückstellung）の修正収入余剰計算への算入は考慮されねばならないとされる（Herzig 2004, S. 414）。集積引当金（Ansammelungsrückstellung）ないし配分引当金の継続的設定によって債務の発生時点と履行時点の間の期間に支出を配分し，その結果，事業支出控除が大部分時間的に前倒しされ，不完全な損失顧慮の危険が縮小されるからである。さらに，支出の複数期間への配分は所得平準化をもたらし，そのため累進効果ならびにマイナスの利息効果という結果を減少させることができる。

(c) 発生のおそれのある損失引当金

発生のおそれのある損失引当金（Drohverlustrückstellung）の，修正収入余剰計算への取り込みによって事業支出控除は多くの場合，1ないし2期間分のみ時間的に前倒しされるにすぎない。結局，発生のおそれのある損失引当金の計上のみでは，非常に長期的な事実上の債務に基づく，高額の税務上の損失が，全体期間末に発生し，その際，それが，税務上利用され得ないという危険は回避され得ない。結局，この理由から発生のおそれのある損失引当金の，修

正収入余剰計算への受容は断念されるべきだとされる（Herzig 2004, S. 416）。

　(d) 消 費 貸 借 債 務

　現行の「4条3項余剰計算」において，事業上引き起こされた消費貸借債務（Darlehensverbindligkeit）の中止は組込まれており，それによって，当該債務の領域に制限された有高計算が呈示されている。修正収入余剰計算内での消費貸借債務については，現行の有高計算が保持されるべきだろうとされる（Herzig 2004, S. 420-421）。

　(e) 前　受　金

　長期的な製造契約においては，時間的に歪んだ期間損益成果が生じうるという問題が，修正された収入余剰計算に，棚卸資産を少なくとも部分的に組入れるという考慮につながる。修正収入余剰計算の枠内における棚卸資産有高の顧慮は，少なくともそれが長期的製造契約と関連する限りにおいては考慮に入れられるべきであるとされる（Herzig 2004, S. 421-422）。

　修正収入余剰計算内での前受金（erhaltene Anzahlungen）の期間区分については，期間所得の歪みが回避され納税義務者の裁量の余地が制限されるという利点と，その簡素性が益々放棄されるという欠点との間で比較考量されねばならない。その際，どの程度，前受金が修正収入余剰計算における有高計算を通じて認識されるべきかは，この計算に取入れられるべき棚卸資産の範囲に依存し，それは，更にこの所得算定方法の適用範囲によって影響される。修正収入余剰計算による所得算定が非常に広範囲に認められる場合，期間区分は棚卸資産についても，それに関連する前受金についても考慮に入れられねばならないとされる（Herzig 2004, SS. 424-425）。

　③　計 算 限 定 項 目
　(a) 定期的に反復する収入および支出

　計算限定項目（Rechnungsabgrenzungsposten）の修正収入余剰計算への取込みについては，「定期的に反復する収入および支出」と「社債発行差金」（Disagio）の取扱が検討される（Herzig 2004, S. 431ff.）。まず，前者について見

てみよう。EStG 第 11 条第 1 項第 2 文および第 2 項第 2 文による「流入／流出原則」(Zufluss-/Abflussprinzip) によると，定期的に反復する収入および支出が，経済的に属する暦年の開始直前または終了直後に流入ないし流出する当該収入および支出は，当期間に関連するものと見なされる。経済的な帰属期間の期首の直前，すなわち連邦財政裁判所 (BFH) の判決によれば 10 日前に発生する，定期的に反復する収入および支出に対して，一時的計算限定項目が少なくとも観念的に形成されねばならない。その際，支出の限定は借方項目を通じて，収入の限定は貸方項目を通じて行われる。経済的に帰属する期間末の直後に収入ないし支出の流入または流出が行われる場合，少なくとも，予測される計算限定項目が形成されねばならず，それは会計法上，その他の資産（収入の場合）ないしその他の負債（支出の場合）の下で呈示される。修正収入余剰計算においても「流入／流出原則」の現行の例外規定は保持されるべきであり，それは期間的正しさと簡素性との間の，意味のある妥協であるとされる (Herzig 2004, S. 433)。

(b) 社債発行差金の取扱

消費貸借取引において社債発行差金を取り決める民法上の可能性によって，税務上の収支計算の枠内で期間的課税ベースに影響を及ぼす重要な余地が納税義務者にある。この操作余地の制限について，客観化された課税という目的を達成するために，修正収入余剰計算の枠内でも，社債発行差金は事業財産比較の場合と同様，債務の支払い期間に渡って収支原則に反して成果作用的に配分されねばならない。したがって，修正収入余剰計算の枠内での，社債発行差金に対する借方計算限定項目の形成が考慮されねばならないとされる (Herzig 2004, S. 436)。

④ 任意の事業財産の許容

「4 条 3 項余剰計算」内での任意の事業財産の否認は，「全体利益一致の原則」(Grundsatz der Totalgewinngleichheit) に違反するため，実質的に正当化され得ない。なぜなら，修正収入余剰計算実施企業と決算書作成企業との間に不

平等な扱いを生じさせてしまうからである。したがって，修正収入余剰計算においても，事業財産比較におけるのと同じ方法で，任意の事業財産の形成とそれに伴う関連する支出の控除が許容されるべきだとされる (Herzig 2004, S. 437)。

Ⅷ 修正収入余剰計算の適用範囲

① 修正収入余剰計算の適用範囲

事業財産比較（発生主義）および修正収入余剰計算については，それらが課税所得計算の枠内でどのように実施されねばならないかという問題がある。その際，現行の税法において既にそうであるように，税法会計基準内で，事業財産比較と修正収入余剰計算との2つの方法の併存が許容されるべきことが提案される (Herzig 2004, S. 440)。

但し，現在，各納税義務者は，所得収入を稼得する限りにおいて，事業財産比較を通じてそれを確定することができる一方で，修正収入余剰計算による所得算定については非常に限られた範囲にしか資格がない。それによると，記帳および決算書作成の義務がない納税義務者および任意に記帳および決算書作成しない納税義務者のみが，2つの所得算定類型間の選択権を有する。つまり，自由業者，ならびに租税通則法第141条の規模規準を同時に満たす，商法上記帳義務のない商工業者および農林業経営者である。なお，これらの納税義務者には収入余剰計算の強制もない。

修正された収入余剰計算の適用範囲がどの様に形成されるべきか，そして2つの所得算定類型間の選択権が容認されるべきか否かについて，資格のある範囲区分のために質的規準ならびに量的規準，そして両者の結合が問題となる (Herzig 2004, S. 441-442)。以下ではこの問題について取り上げてみよう。

② 質的限定規準とその問題点

現行の税法には，記帳および決算書作成義務のある納税義務者および任意で

記帳および決算書作成を行なう納税義務者は，修正収入余剰計算の適用から除外され，そのため事業財産比較の実施が義務付けられるという質的限定規準が存在する。この行き方の背後には，既に記帳を行なっている企業は，租税目的にも事業財産比較の実施を要求することが可能で，特にそうした企業には，「基準性の原則」が有効な場合，原則的に統一決算書の作成によって高額の追加費用が引き起こされないだろうという考えがある (Herzig 2004, S. 443)。

代替的区分指標として，資本市場指向的企業は事業財産比較を行なわなければならない一方で，中小企業については2つの方法間の選択権が容認されるという行き方もある。この行き方の背景には，通常，会計報告へのより高い要請を受ける資本市場指向的企業が，いずれにせよ相応の会計報告ノウハウと電子処理プログラムを利用できるという考えがある。そうした企業にとって，IFRS準拠の情報提供目的決算書以外の，統一決算書の追加的作成は，著しく高額の管理追加費用を引き起こさないだろうとされる (Herzig 2004, S. 443)。

それに対して，中小企業にとっては，情報提供目的決算書以外に税務決算書を作成することは，かなり高額の追加負担であるため，修正収入余剰計算による簡素化された課税所得算定が考慮に入れられねばならない。

現行の税法において修正収入余剰計算の適用範囲を規定する際，上述のように，原則として商法上および税法上の記帳義務と結合することとされているが，その結果，実際の自由業者全般が，そして商工業者が非常に狭い範囲においてのみ，2つの課税所得算定法の選択権を行使することができるにすぎない。このことは，自由業者と商工業者との間の事実上不平等な扱いをもたらす可能性がある (Herzig 2004, S. 445)。

質的規準の具体化がなければ，2つの所得算定類型間の自由な選択による，納税義務者にとっての著しい裁量の余地が存在することになるだろう。未規定の質的規準による適用範囲の区分が，納税義務者と税務当局との間の紛争問題につながる可能性があるし，それは両サイドにおいて付加的コストを発生させるだろう。そうした規準の具体化のために質的規準のほかに量的区分指標も援用されねばならないとされる (Herzig 2004, S. 446)。

③ 量的限定規準とその問題点

区分指標としての具体的数値の援用によって，納税義務者にも国庫にも質的規準において発生しうるような解釈の余地は生じない。これは，有効範囲が量的規準を通じてのみ定義される場合にも，それぞれの範囲が質的指標と量的指標の組合せで区分される場合にもあてはまる。それで，現行法により当規準は租税通則法第 141 条に挙げられた規模指標，すなわち売上税法の意味での年間売上高ならびに所得税法の意味での年間利益によって質的規準が具体化される。代替案として特に従業員数または資産総額が挙げられうるし，それは商法上も規模基準として役立つ。これらには，現行の指標同様に，収入源としての企業の規模を反映できるということが共通している。

量的規準に基づく適用範囲の区分に伴って生じる問題は，2つある。第一に，量的規模指標によって，大企業と小企業との差別化が常に達成される訳ではない。例えば非常に僅かな利益しか稼得しない巨大企業は，小企業として格付けされるだろう。

第二に，各関連した規模基準に対する境界値が確定されねばならず，そうした境界値の規定は任意に行うことができるにすぎない。その結果，境界値の任意の確定には，同等企業の不公平な取扱いの可能性が伴うだろうとされる (Herzig 2004, S. 448)。

④ 全般的選択権

上述のように，2つの課税所得算定の適用範囲を区分する際，質的規準によっても量的規準によっても問題が生じる。そこで，総ての企業に，2つの方法間の一般的選択権を認めるということが提案される。同等企業の不公平な取扱いの危険は，2つの方法間の一般的選択権が所得収入のある総ての納税義務者に開かれている限り存在しない。そして，区分基準および境界値の任意の確定という問題も生じない。

修正収入余剰計算の適用範囲の無制限化によって，算定される期間成果が激しく変動して，それにより国庫と納税義務者にとっての問題を引起す可能性が

あるという欠点については，収支指向的方法に期間区分的有高要素が受入れられることによって対応可能である。特に，設備資産ならびに消費貸借債権および債務の領域での現行の期間区分的要素の他に，付加的に，棚卸資産有高，前受金ならびに長期的に累積する引当金が修正収入余剰計算に組入れられる場合，原則として収支に結合された課税ベースが期間的に平準化され，同時に変動する期間成果という問題も対処される。したがって，2つの所得算定類型間の，総ての企業に妥当する選択権は，限定された有高比較の算入による修正収入余剰計算の修正によって補強されうる。

但し，一般的な，制限されない選択権は，一定の枠内で，2つの所得算定類型間の常に可能な交換によって，それぞれの課税額査定期間について，租税負担が結果として少なくなる課税所得算定が選択されるという操作余地が，納税義務者に生じる可能性がある。この操作余地は，一度選択された所得算定類型の時間的拘束によって対処されねばならず，例えば企業は少なくとも5年間一度選択した方法の適用を義務付けられるものとする。そうした法的最小拘束期間が全般的選択権に結合される場合，操作余地は制限され，計画不確実性も回避されうるとされる (Herzig 2004, S. 452)。

時間的拘束期間の設定は，事業財産比較と修正収入余剰計算間の全般的選択権に原則として歓迎される。なぜなら，これによって一方で課税の公平性の増大への貢献がなされ，他方で適用範囲の任意の区分という困難が回避されるからである。簡素化された所得算定方法としての修正収入余剰計算が，総ての納税義務者に開かれることによって，会計報告の経済性と実行可能性が顧慮されることになる (Herzig 2004, S. 452)。

Ⅸ 事業財産比較と修正収入余剰計算間の全般的選択権

IFRSが個別決算書にも適用される可能性は，税務の観点からは「基準性の原則」の将来について問題を投げかける。課税所得算定のIFRS準拠決算書への直接的結合について，ヘルツッヒは，税法制定当局にとって得策ではないと

主張する (Herzig 2004, S. 464)。EU で IFRS が上場企業の連結決算に強制適用されるに当って，課税所得計算にとって商法上の計算が「出発点」になるように，IFRS が，次章で取上げる共通連結法人課税ベース (CCCTB) にとって「出発点」となると期待された時期があった。しかし，IFRS は多くの加盟国で個別決算書の作成の際には許容されていないこともあって，多くの企業にとって IFRS に結合された CCCTB は，簡素化を意味しないだろうとされ，さらに，第3章第I節で取上げたように，その他の問題もある。

　結局，次章で取上げるように CCCTB は独立した税務会計基準として提案されている。独立した税法会計基準の支持者，つまり「基準性の原則」廃止の支持者は，CCCTB をそのための重要な局面としている。独立した税務決算書への傾向は，第4章で取上げた，電子税務決算書 (E-Bilanz) の導入と次章で取上げる CCCTB プロジェクトの枠内での課税所得算定のヨーロッパ化との関連において更に強化されるとされる (Herzig 2012, S. 1351)。

　ヘルツッヒは，上述のように，事業財産比較と修正収入余剰計算間の全般的選択権を与えることを提案している。これによれば，会計処理能力が高い企業は，事業財産比較によって，IFRS 準拠決算書から調整計算書を通じて税務決算書を導出する，ないし共通の基礎計算から税務決算書および IFRS 準拠決算書を展開する可能性が生じる。他方，そうした高い会計処理能力のない企業については，修正収入余剰計算は，主として自由業者のみに留保されるのではなく，総ての納税義務者によって簡素化された所得算定として利用可能であるということが達成される。「全体利益一致の原則」を前提として，収支量への広範な結合は課税所得計算を簡素化する。現行法と比べて強化された期間区分的要素の組込みは，操作脆弱性を減じ，国庫に税収の安定化を保証するために不可避である。これが，「基準性の原則」(確定決算主義) を廃止する場合の簡素化された独立した課税所得計算の在り方として，ヘルツッヒが提案する修正収入余剰計算である。

第6章　EU共通連結法人課税ベース（CCCTB）と EUにおける法人課税ベース調和化の困難性

I　共通連結法人課税ベース（CCCTB）に関するEU指令案

　EUでは，2005年から上場会社の連結決算に国際財務報告基準（IFRS）が強制適用されているが，欧州委員会は2011年3月に共通連結法人課税ベース（the Common Consolidated Corporate Tax Base: CCCTB, 独略語：GKKB,「略語一覧」参照）に関する欧州理事会指令案（European Commission 2011, 以下では「指令案」と略称する。）を公表した。指令案は，EU加盟国の商法上の会計規範とは別の，「基準性の原則」が適用されない，損益計算ベースの，独立した課税所得計算を内容とする（Förster/Krauß 2011, S. 613）。それ故，計算の簡素化がその特徴となっている。

　CCCTBに関する検討は2004年11月以来，欧州委員会の作業グループによって行われてきた。将来，指令案が欧州理事会で採択される場合，指令案の国内法化のための移行段階後に，ヨーロッパの企業グループ構成企業はCCCTBを採用するか国内法に留まるかの決定を迫られることになる。

　指令案によれば，CCCTBは，EUの単一市場での成長に対する主要な財政的障害に取組むことを目的とする。現在，共通法人税規則がないため，各EU加盟国税制の相互作用が過剰課税や2重課税につながることが多く，企業は重い管理負担や租税遵守コストに直面している。CCCTBはEUの単一市場の完成に対する障害を取り除くための道筋での重要な端緒であり，成長と雇用創出

を刺激するために取り決められるべき成長促進のステップとされている（指令案「説明的覚書」の「1. 提案までの流れ」）。

　CCCTBとは，EU内で国境を越えて活動する会社が課税所得を計算する単一の規則である。CCCTBを利用する企業グループは，EU内の活動全体について単一の連結納税申告書を提出することができる（ワン・ストップ・ショップ制；"one-stop-shop" system）。CCCTBを導入した際の法人課税上の利点としては，課税所得計算の統一化，国境を越えた損益通算，企業グループ内の租税中立的組織再編およびCCCTB内の移転価格問題の回避などが期待されている。

　調和化は課税ベースにのみ関わり，財務諸表には干渉しない。すなわち，課税ベースに到達するための決算書の修正方法を定義することは，会社が27（2013年のクロアチア加盟前）の異なる国内会計基準の下で作成される決算書を出発点とすることになるので，不可能である。EU加盟国は財務会計に関する国内規則を維持し，CCCTBシステムは会社の独立した課税ベース算定規則を導入する。したがって，CCCTBは個別財務諸表または連結財務諸表の作成に影響することはない。

　第3章で紹介したように，BilMoG施行による「逆基準性」削除により税務上の選択権を行使することによる，企業の独立した税務決算書方針の余地は広がり，その延長線上に税法独自の会計基準を求める声もある。独立した税法会計基準の支持者，つまり「基準性の原則」廃止の支持者は，CCCTBをそのための重要な局面としている（Lenz/Rautenstrauch 2011, S. 731）。

II　指令案成立の経緯とCCTBおよびCCCTBの影響アセスメント

　2001年の「法人税調査」（the Company Tax Study）の公表に続いて，欧州委員会は広範な公開討論会を行い，一連の協議を行なった。そのプロセスにおけるもっとも重要なステップは，全EU加盟国の課税当局の専門家から成る作業グループ（CCCTB WG）の創設であった。CCCTB WGは，2004年11月に設置され，2008年8月までに13回の全体セッションを行なった。加えて，特定

第6章　EU共通連結法人課税ベースとEUにおける法人課税ベース調和化の困難性　　*153*

の領域をより詳細に検討するために6つのサブ・グループが設定され，CCCTB WG に答申した。各 EU 加盟国専門家の役割は欧州委員会の部局への技術的補佐と助言に限定された。CCCTB WG も拡大構成で3回（2005年，2006年および2007年）実業界，専門職者および学界からの総ての主要専門家と利害関係者が見解を表明することを可能にするために集結した。

　さらに，欧州委員会は互恵的に幾つかの実業団体や専門職団体と非公式に協議した。それらの利害グループの一部は，見解を公式に表明した。学術研究の結果も考慮された。したがって，指導的学者は欧州委員会に当システムの様々な点に関連して洞察を提供した（指令案「説明的覚書」，「1. 提案までの流れ」）。

　欧州委員会は，ブリュッセル（2002年4月）とローマ（2003年12月）の2つのイベントも開催した。2008年2月には欧州委員会と大学による共同開催の学会がウィーンで開かれ，CCCTB に関連するいくつかの項目について詳細に議論された。そして，2010年10月20日に欧州委員会は，加盟国，実業界，シンクタンクおよび大学の専門家に2008年4月の CCCTB WG の最後の会合以来，欧州委員会の部局が再検討し，さらに展開した特定のトピックスについて協議した（指令案「説明的覚書」，「1. 提案までの流れ」）。

　影響アセスメントとしては，CCTB（the Common Corporate Tax Base：連結なしの共通法人課税ベース）と CCCTB（連結共通法人課税ベース）の両者について，それぞれ，強制適用と任意適用のケースが分析され，それぞれの経済的，社会的および環境的影響が比較されている。以下では，その点について見ていきたい。

　なお，CCTB および CCCTB の影響アセスメントは，以下の調査により行われた（指令案「2. 利害関係団体との協議の結果と影響アセスメント」，「(b) 影響アセスメント」）。すなわち，（ⅰ）欧州租税分析者（ETA），（ⅱ）プライスウォーターハウス・クーパー調査（PWC），（ⅲ）アマデウス・オービス・データベース，（ⅳ）デロイト調査，そして（ⅴ）コルタックス調査である。

　影響アセスメントでは，以下の4つの主要な政策シナリオが考察され，それらは「現状維持」シナリオ（オプション1）と比較された。

(1) 選択的共通法人課税ベース（選択的 CCTB）：EU 居住会社（および EU に置かれた恒久的施設）は 27（2013 年のクロアチア加盟前）の各 EU 加盟国の法人税システムの代わりに EU 共通の規則に従って課税ベースを算定するオプションを持つ。当システムは租税結果の連結を行なわないため，「独立会計処理」（すなわち「独立企業」原則に従った取引ごとの価格付け）がグループ内取引に適用される（オプション 2）。
(2) 強制的共通法人課税ベース（強制的 CCTB）：すべての適格 EU 居住会社（および EU に所在する恒久的施設）は，EU 共通の規則に従って課税ベースを算定することが強制される。新規則は 27 の各 EU 加盟国の法人税システムに取って代わる。連結を行なわないため，「独立会計処理」がグループ内取引の利益の配分を引き続き決定する（オプション 3）。
(3) 選択的共通連結法人課税ベース（選択的 CCCTB）：EU 域内連結課税ベースを確立する共通規則が，27 の各 EU 加盟国の法人税システムと，関連企業への歳入配分の際に「独立会計処理」利用の代替物となる。したがって，各グループ構成企業（すなわち，EU 居住企業または EU に所在する恒久的施設）の租税結果が集計され連結課税ベースとなり，前もって制定された公式に基づく配分機構に従って再割当される。このシナリオの下では，EU 居住企業および/または EU 外に居住する会社に所有される EU に所在する恒久的施設は，それらがグループ形成の適格要件を満たし，同一グループの総ての適格構成企業が共通規則の適用を選択する場合（オールイン・オールアウトのケース），CCCTB を適用する資格がある（オプション 4）。
(4) 強制的共通連結法人課税ベース（強制的 CCCTB）：EU 居住会社および/または EU 外に居住する会社に所有される EU に所在する恒久的施設は，それらがグループ形成の適格要件を満たす限り，CCCTB の適用を強制される。

影響アセスメントの経済的帰結は，識別された法人税障害物の除去によって，企業がより健全な経済的選択を行ない，その結果，経済の全般的効率性を改善することができることを示しており，選択的 CCCTB および強制的 CCCTB の選択が，幾つかの理由により好ましいとされた（指令案「2. 利害関

係団体との協議の結果と影響アセスメント」,「(b) 影響アセスメント」)。

EU加盟国の歳入に対する影響は，最終的には異なる租税手段ミックスの適用，または適用される税率に関わる各EU加盟国の政策選択に依存する。この点について，各加盟国への正確な影響を予測することは困難であり，そのため，指令案は5年後に影響を見直す条項（第133条）を含んでいる。

III　CCCTBの特徴

CCCTBは，EUの税務居住者（tax resident）および第3国会社のEU域内支部である会社の，課税ベース算定の共通規則の体系である。特に共通税務フレームワークは，各会社（または支部）の個別の課税ベース，そして他のグループ構成企業が存在する場合の，課税ベースの連結および資格ある加盟各国への連結課税ベースの割当を確定する規則を提供する。

すなわち，CCCTBは，以下の3段階のプロセスから成る。

第1段階　調和化された規定による企業グループ構成会社の個々の所得算定（指令案第9条〜第43条）。

第2段階　個別所得の連結所得への統合（指令案第54条〜第60条）。

第3段階　連結された総所得の，各加盟国の企業グループ構成会社への割当

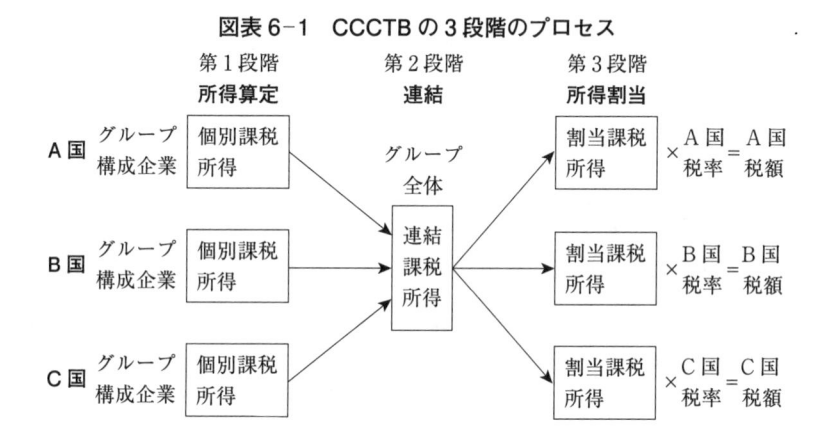

図表6-1　CCCTBの3段階のプロセス

	第1段階 所得算定	第2段階 連結	第3段階 所得割当	
A国 グループ構成企業	個別課税所得	グループ全体	割当課税所得	×A国税率＝A国税額
B国 グループ構成企業	個別課税所得	連結課税所得	割当課税所得	×B国税率＝B国税額
C国 グループ構成企業	個別課税所得		割当課税所得	×C国税率＝C国税額

(指令案第86条〜第103条)。

CCCTBは、あらゆる規模の企業に利用可能である。多国籍企業は、単一市場での特定の租税障害物という現実から解放されるだろうし、中小企業は他の加盟国への事業拡大を決定する際、遵守コストを抑えることができるとされる。CCCTBの適用は企業の任意である（指令案第6条）。

CCCTBの下では、企業グループは、EU域内で単一の租税規則を適用し、1つの税務当局にだけ納税申告書を提出すればよいという、前述のワン・ストップ・ショップ制が採られている。CCCTBを選択する企業は、共通規則によって規制されるすべての事項について各EU加盟国の法人税制度の適用を受けない。但し、EUに所在する総ての企業グループ構成企業および恒久的施設は、CCCTB規則を共通してのみ選択できる（オールイン・オールアウト原則）（指令案第55条）。一方、CCCTBによるシステムの適用資格のない企業または資格はあっても適用を選択しない企業は、各EU加盟国の法人税規則の適用を受ける。

国境を越えた事業を行なう企業は、CCCTBにより、国境を越えた損益通算と法人税に関連した遵守コストの削減の両方から恩恵を受ける。EUレベルでの課税ベース算定に利益と損失の直接的通算を認めることは、EU域内市場の可能性をよりよく活用するための国境を越えた活動への過剰課税を縮小し、それによって国内活動と国境を越えた活動との間の租税中立的条件を改善するためのステップとなる。EUの多国籍企業の事例に基づく計算は、非金融多国籍グループの平均約50％、金融多国籍グループの約17％が国境を越えた損失の直接的な相殺から恩恵を受けうることを示している（指令案「説明的覚書」、「1.提案までの流れ」）。

CCCTB導入の主要な利点は、適用会社の遵守コストの削減にある。調査結果は、CCCTBの下で経常的租税関連タスクの遵守コストの7％の削減を示している。実際の、および認識される遵守コストは中長期的に国外進出する、企業の能力と意欲に著しい影響を及ぼすことが期待される。CCCTBは、他の加盟国に新子会社を設置する親会社の場合、規則遵守の時間と経費の著しい節約

をもたらすことが期待される。調査に参加した税務専門家は，平均して，大企業が他の加盟国に新子会社を設置する税務関連支出として140,000ユーロ（売上高の0.23％）以上を費やしていると見積った。CCCTBは，これらのコストを62％削減する。中小企業の節約はさらに大きく，コストは128,000ユーロ（売上高の0.55％）から42,000ユーロへの減少が期待される（指令案「説明的覚書」，「1. 提案までの流れ」）。

CCCTBの第2段階では，企業グループ構成企業のすべての課税ベースが連結される。その結果として，国境を越えた損益の自動的な通算も可能となる。連結決算における資本連結または債権・債務連結の意味での連結は行われない。「連結された」課税ベースの算定に対して企業グループ内取引の利益作用は除去されねばならない（指令案第59条）。このことからCCCTBの本質的利点として，CCCTB企業グループ内での移転価格規定と移転価格記録が不要となる。

CCCTBの第3段階において，連結された課税ベースは個々の企業グループ構成企業に割当られる。そして，この割当後の課税ベースに国別法人税率が適用される（指令案第XⅥ章）。割当は，幾つかの要素に基づく公式によって行われる。詳しくは，第X節で取り上げる。

指令案はCCCTBの管理と手続のための規定を含む（指令案第XⅦ章）。上述のように，いわゆる企業グループの主たる納税義務者の定義により税務当局とのすべてのやり取りを主たる納税義務者が帰属する主たる税務署を通じてのみ行うため（上述のワン・ストップ・ショップ制），多数の異なる国の税務署との調整が不要となる。

Ⅳ　CCCTBの損益計算書指向性と「影の貸借対照表」

法人税率については，欧州委員会は統一基準を持たない。すなわち，指令案には税率については下限（最低税率）も帯域も規定されていない。各加盟国は，連結課税ベースのうちの割当られた部分に，加盟国によって定められた税

率で課税する権限を持つ。

　ドイツでは，主に開業医や弁護士等の自由業者に適用される EStG 第4条第3項による収入余剰計算に，期間区分的要素を付加した修正収入余剰計算 (modifizierte Einnahmen-Überschußrechnung) を簡素化された課税所得算定法として，第5章第Ⅵ節〜第Ⅸ節で紹介したように，従来より広い範囲の納税義務者に適用する提案がヘルツッヒによってなされている。CCCTB は，まさにそうした簡素化された課税所得算定法の1つの具体例である点で興味深い。以下では，CCCTB の第1段階である修正収入余剰計算としての課税所得算定を中心に，その特徴を主にシェフラー／クレプスの論稿 (Scheffler/Krebs [2011]) 等によりながら，ドイツ税法会計規定と比較して明らかにしたい。

　本節で見ていくように，全体的考慮においては，必要な副次計算と有高計算は「影の貸借対照表」(Schattenbilanz) となる。すなわち，指令案は，「単純化された複式簿記」の意味での一連の副次計算ないし有高計算を明示的または暗示的に前提としているとされる (Herzig/Kuhr 2011, S. 2055)。

　CCCTB の第1段階は以下のように損益計算書指向の所得算定 (Gewinn- und Verlustrechnung-orientierte Gewinnermittlung) に基づくものであり (指令案第10条)，税務貸借対照表 (Steuerbilanz) は作成される必要はないとされる。しかし，後述するように実質的には作成不要というわけではない。

　　収益（益金）
　－非課税収益
　－控除可能費用（損金）
　－その他の控除可能項目（特に減価償却費）
　―――――――――――――――――――
　＝課税所得

　指令案は，IFRS との基準性も加盟国の国内会計法（ドイツでは HGB）との結び付きもない，独立した税務会計基準である。この点では，日本の確定決算主義に相当する「基準性の原則」が存在するドイツ税法会計規定とは異なる。

第6章　EU共通連結法人課税ベースとEUにおける法人課税ベース調和化の困難性

上掲のCCCTBの所得算定シェーマは，第5章で取上げたEStG第4条第3項による収入余剰計算による所得算定に形式上類似する。しかし，CCCTBは，実質的には収入余剰計算ではなくて，実現時点での収益（益金）と費用（損金）の認識，つまり，収入と支出の期間限定が行われる（下掲の指令案第9条第1項および第17条～第19条）。

「第Ⅳ章　課税ベースの計算

第9条　一般原則

1. 課税ベースを算定する際，損益は実現されたときにのみ認識されるものとする。

第Ⅴ章　計上時期および計量化

第17条　一般原則

収益，費用および他の総ての控除可能項目は，本指令に他の規定がない場合，それらが実現または発生する課税年度に認識されるものとする。

第18条　収益の実現

実際の支払が繰延べられるか否かにかかわらず，収益を受ける権利が生じ，収益が合理的正確さで計量化しうる時，収益は実現する。

第19条　控除可能費用の発生

控除可能費用は，以下の条件が満たされた時点に発生する。

(a) 支払を生じさせる債務
(b) 当債務の金額が合理的正確さで計量化できる。
(c) 財の取引の場合，当該財に対する所有権の重要なリスクと報酬が納税者に移転され，かつサービスの提供の場合，当該サービスが納税者によって既に受領されている。」

なお，特定の助成金，受取配当金，出資の売却益および第3国の恒久的施設の所得収入は，後述するように非課税収益に属する。事業収入と事業支出の認

識時点に関しては，貸借対照表指向的事業財産比較（Bilanz-orientierte Betriebs-vermögensvergleich）すなわち，発生主義会計と計算上一致する点が多い。

　但し，よく見ると，複式簿記と損益計算書に関連付けられた貸借対照表作成の欠如によって，取引は，複式記入されず，単に期間関連的費用および収益作用によってのみ，期間にまたがる関連の無視の下に認識されることは明らかである。その結果，更なる統制メカニズムが無ければ収益および費用の非計上ないし2重計上のおそれがあるとされる（Herzig/Kuhr 2011, S. 2054-2055）。

V　借方項目の計上と評価

①　借方項目の計上

　CCCTBでは，損益計算書指向であることの結果として，抽象的貸借対照表能力の説明がないので，即時控除可能な支出と資産計上されるべき支出とを区別する一般的規準がない。そのため，ドイツ税法で借方計上される資産（経済財）に適用される定義（実物財および権利，ならびに独立して評価され得るその他の経済的利益）がCCCTBの導入後も援用することができるかどうか明白でない。

　確かに，指令案第4条第14号による設備資産の定義を受ける資産（経済財）は，慣習的意味では借方計上されない。けれども，下掲の指令案第13条により。取得ないし製作の費用計上は支払時点ではなく償却可能な設備資産の場合，利用期間に渡って配分されねばならない。

「第13条　その他の控除可能項目

　　比例的控除は，第32条から第42条に従う固定資産の減価償却に関して行うことが出来る。」

　また，下掲の指令案第20条により，償却されない資産の場合，流出の時点に計上されねばならない。

「第20条　償却されない資産に関連するコスト

　　第40条により償却されない資産の取得，建造または改善に関連するコス

トは，当該固定資産が処分される課税年度において，当該処分益が課税ベースに算入されることを条件として，控除されるものとする。」

さらに，下掲の指令案第32条は明文による記録義務を内容とする。

「第32条　固定資産台帳

　取得，建造または改善のコストが，関連する日付と共に，固定資産ごとに別個に固定資産台帳に記録されるものとする。」

流動資産に関しては，下掲の指令案第21条が，棚卸資産の取得原価および製作原価が売却または費消の際に初めて課税ベースを減少させることを定めている。

「第21条　棚卸資産および未完成工事

　課税年度中の控除可能費用の総額は，課税年度期首の棚卸資産および未完成工事の価値だけ増加し，同年度末の棚卸資産および未完成工事の価値だけ減少するものとする。長期契約に関連する棚卸資産および未完成工事に関して調整は行わないものとする。」

これに不可欠な課税年度の期首と期末の棚卸資産の価値の確定は，有高計算を不可欠にする。そのため，この関連において資産（経済財）の借方計上義務を確認することができ，その際，設備資産においては下掲の指令案第4条第13号の意味での租税価値が帳簿価値に代替する。

「第4条　定義

(13) 固定資産または資産プール勘定の租税価値は，減価償却基準価額から減価償却累計額を控除したものをいう。」

自己創設の無形資産は，CCCTBの場合，固定資産には属さないため（指令案第4条第14号），それについて生じた支出は，即時に損益減少的に控除することができる（指令案第14条第1号i）。その限りにおいて，自己創設の無形資産に借方計上禁止があるドイツ所得税法（第5条第2項）との一致がある。のれんについては，指令案は何も言っていないが，のれんが資産（経済財）であることを前提にすれば，原初のれんについては計上禁止があり，派生のれんに

は借方計上命令が存在する（Scheffler/Krebs 2011, S. 17）。

　資産（経済財）は，経済上の所有者に帰属されねばならない（指令案第4条第20号および第34条第1号ならびに第3号）。経済上の所有者は，法律上の所有者かどうかに依存せず，設備資産からのすべての実質的便益とリスクを担う主体である。設備資産を保持し，それを費消し，その処分を行い，その損失または損害のリスクを負う納税義務者は，いずれにせよ経済上の所有者とみなされる。現行のドイツ税法会計規定に比べて，どの程度人的帰属に変動が生じるかは明確に規定することはできない（Scheffler/Krebs 2011, S. 17）。その代り，CCCTB の場合，ドイツの現在の会計実務と比べてリース企業においてリース対象の認識が拡大する（指令案第34条第2号および第3号）。

　指令案には物的帰属，すなわち事業財産と個人財産との間の区分がない。これは，指令案の人的適用範囲が法人税の納税義務のある法人に限定されることの結果である。資本会社の場合，これらの法人に帰属されるべきすべての資産（経済財）は事業財産に属するため，物的帰属は独立した規定がなくても明確である。

② 借方項目の評価
(a) 取得原価および製作原価

　減価償却などの費用（損金）計上の前提となる取得原価および製作原価の範囲は，償却可能な資産（経済財）の減価償却費の算定（指令案第33条第1号および第2号）ならびに棚卸資産の評価（指令案第29条第2項第2文）との関連で定義される。取得原価は，資産（経済財）の取得に直接関係する原価である。現行のドイツ税法においてと同様，直接原価のみが認識される。間接原価が取得原価の構成要素ではない CCCTB の場合，取得された資産（経済財）を操業可能な状態にするために必要な費用も取得原価に算入されうるかどうかは規定されていない。言及されていないということが，操業可能な状態にするための費用が損益減少的に相殺可能であるということを支持している可能性がある（Scheffler/Krebs 2011, S. 17-18）。その限りにおいて，CCCTB の取得原価概念

第 6 章　EU 共通連結法人課税ベースと EU における法人課税ベース調和化の困難性　　*163*

はドイツ会計法より狭く把握される。

　資産（経済財）の製造に直接関係する原価は製作原価に属する（指令案第29条第2号第2文ならびに第3文，および第33条第1号第1文ならびに第2文）。設備資産については，間接原価は，製作原価に算入しなければ控除不能な場合にのみ算入される（指令案第33条第1項第3文）。棚卸資産と未完成工事については，納税義務者は，CCCTB の適用前に国内税法が間接原価の製作原価帰属を規定する限り，間接原価を算入する選択権を持つ（指令案第29条第2号第4文）。しかし，このやり方によると，取得または製作原価の範囲は今後もこれに関連する国内規則によって規定され，その結果，調和化目的からすると批判されるべきであるとされる（Kahle/Dahlke/Schulz 2011, S. 496）。

　資産（経済財）の実体が拡大される，あるいは資産（経済財）の利用可能性が実質的に改良される措置は，「資本的支出」である。その際生じる支出は即時に控除可能ではない（指令案第4条第18号，第14条第1号 i および第35条）。したがって，CCCTB においては，資本的支出と修繕費としての費用（損金）計上との間のドイツ税法会計規定におけるのと同じ区分が原則として必要である（HGB 第255条第2項第1文との関連における EStG 第6条第1項第1文および第2文）。

　設備資産については，当支出が当初の減価償却基準価額の10％以上になる場合も「資本的支出」となる。この総計形式で行われる区分によって，即時に控除可能でない支出が大きくなる。なぜなら，EStG 第6条第1項第1a 号により，取得に近似した製作原価は，支出が取得原価の少なくとも15％になり，当支出が資産（経済財）の取得後の最初の3年に生じる場合にのみ呈示されるからである。それに加えて，EStG 第6条第1項第1a 号では，取得に近似した製作原価が呈示されるかどうかの検査の際，修復措置と改良措置のみが有効であるが，他方，指令案第4条第18号では10％の範囲には各種の費用が算入される。

　棚卸資産と未完成工事は，販売向けか，販売目的で製作中か，または製作もしくはサービス給付の提供の際費消されるべき原材料，補助材料等の形態の資

産（経済財）をいう（指令案第4条第19号）。棚卸資産の取得原価または製作原価は，CCCTBの場合もドイツ税法会計規定においても個別評価または平均評価によって確定することができる。消費順法ないし売却順法の場合に違いが現われる。CCCTBでは先入先出法（FIFO）が指向される一方，ドイツの所得算定法によると後入先出法（LIFO）が選択できる（指令案第29条第1号，第3号および第4条第19号との関連における21条（i）ないしEStG6条1項2a号）。したがって，価格上昇の場合でも，CCCTBではLIFOによる課税猶予効果は利用することができない。

(b) 計画的減価償却

償却可能な設備資産の計画的減価償却については，下記の(1)長期使用の資産（経済財）と(2)その他の資産（経済財）とに2分される。前者に対する定額償却法への限定および耐用年数の標準化と後者に対する「プール減価償却」（Poolabschreibung）とが，CCCTBにおける計画的減価償却の大きな特徴である。すなわち，総じて，指令案の減価償却規定は，ドイツおよび国際的所得算定規制と比較して著しく簡素化されている（Spengel/Ortmann-Babel/Zinn/Matenaer 2013, S. 7）。

なお，消耗や老朽化しない資産（経済財）は償却されない資産（経済財）に属する。それは，例えば土地，芸術品，骨董品，宝石ならびに金融資産である（指令案第40条）。これらの資産（経済財）の取得のための費用は，前述のように売却された年度に課税ベースから控除できる（指令案第20条）。

また，資産（経済財）の取得原価または製作原価が，1000ユーロ未満の場合（少額経済財）は設備資産に属さないため（指令案第4条第14号），現行の税法会計規定（EStG第6条第2項および第2a項）と比較してCCCTBの場合，取得費用の即時の計上額が大きくなる可能性がある（Scheffler/Krebs 2011, S. 18）。

(1) 長期使用の資産（経済財）の個別償却

建物，飛行機および船舶が長期使用の資産（経済財）とみなされる。少なくとも15年の耐用年数のある有形固定資産も長期使用の資産（経済財）に挙げられる（指令案第4条第16号）。長期使用の資産（経済財）については，個別認

識および個別評価の原則により簡素化された個別の減価償却が行われる。すなわち，減価償却費は定額法で計上される。そして，耐用年数は固定されている。建物は40年で，その他の長期使用の有形固定資産は15年である（指令案第13条および第36条）。CCCTBにおける定額償却法への限定および耐用年数の広範囲な標準化によって，形式上，納税者間の平等な扱いが可能となる（Kahle/Dahlke/Schulz 2011, S. 495）。

　比較的多くのEU加盟国は，法的所有者に時間の経過に応じてのみ減価償却を承認しているが，指令案では，受入年度には年度の途中であっても1年分の減価償却額全額が計上される（Spengel/Ortmann-Babel/Zinn/Matenaer 2013, S. 6）。資産（経済財）が処分される年度には減価償却は行われない（指令案第37条）。処分年度に，期間に応じた減価償却が行われないことにより，売却益が縮小されるので，その結果，納税義務者にとっては不利益は原則として生じない。

　無形資産（経済財）も個別に償却される。この点について，14のEU加盟国は，一定の前提の下で自己創設の無形資産（経済財）の借方計上を認めているが，同数のEU加盟国では（その中にはドイツも含まれる；EStG第5条第2項）当借方計上は税務上規定されていない（Spengel/Ortmann-Babel/Zinn/Matenaer 2013, S. 6）。無形資産（経済財）の場合，耐用年数については法的保護が存在する期間が指向される。但し，例えば，のれんのように，この期間が確定され得ない場合，15年の償却期間が援用される（指令案第36条1項（c））。

　建物の場合，現行のドイツ税法会計規定と比較して費用（損金）計上が遅くなるか，早くなるかは利用の仕方と建造年度に依存する。現在取得されている事業用建物の場合，EStG第7条第4項第1文第1号による減価償却期間は原則として33年4か月になり，その結果，指令案に含まれる規則は納税義務者にとって不利になる。EStG第7条第4項第2文により耐用年数短縮の立証が一般に認められる一方，指令案では第36条第2号（a）により中古の取得建物の場合にしか規定されていない。すなわち，中古の建物のほか，中古の長期使用の有形資産および無形資産（経済財）については，納税義務者によって証明

されれば，残された耐用年数を使用することができる（指令案第36条第2号）。

　無形資産（経済財）やのれんについては，指令案に含まれる基準値は原則として EStG 第7条第1項と一致する（Scheffler/Krebs 2011, S. 19）。動産たる有形固定資産の通常の事業上の耐用年数が15年を超える場合でも，CCCTB では減価償却が15年なので，相対的に早期に償却されるという利点がある。

(2) その他の償却可能な資産（経済財）の「プール減価償却」

　指令案では，耐用年数が15年に満たない動産たる資産（経済財）に対して，別の基礎となる記載額が規定されている。そうした資産（経済財）には年25%で償却される資産プール勘定（指令案第39条）が設定されている。すなわち，当資産（経済財）は，資産プール勘定に記帳され，一括して減価償却されねばならない。この「プール減価償却」という考えは英国の資本的支出控除法（Capital Allowances Act）に由来するという（Kahle/Dahlke/Schulz 2011, S. 496）。指令案第9条第2号ならびに現行の税法会計規定で規定された個別認識および個別評価の原則は破棄される。

　大抵の資産（経済財）についてはその耐用年数が15年未満なので，資産プール勘定の形成は，通常の事業上の耐用年数についての議論が必要ないという利点がある。そのため，資産プール勘定は遵守コストの減少につながる。

　資産プール勘定の数値，つまり減価償却基準価額は，期首の数値になる。この数値は，当年度に取得された資産（経済財）の取得原価および製作原価ならびに資産（経済財）の資本的支出分だけ増大し，資産（経済財）の売却益分だけ減少する。売却益が高額で減価償却基礎がマイナスになる場合，当基準価額はゼロとなり，超過額は即時の課税収入として扱われる。

(c) 計画外減価記入（特別償却）

　計画外減価記入は，指令案第40条の意味での償却されない設備資産たる資産（経済財）にのみ認められ，それも価値損失が継続して予測される場合に限られる。EStG 第6条第1項第2号による部分価値減価記入に匹敵する不均等原則（Imparitätsprinzip）のこの規定は，指令案第41条第1項で「特別償却」（Sonderabschreibung）と呼ばれる。指令案ではどのような規準によって価値減

少，すなわち資産（経済財）の価値が決まるのか定義されていない。この規制は多数の EU 加盟国における所得算定実務とは合致しない（Spengel/Ortmann-Babel/Zinn/Matenaer 2013, S. 7）。

指令案第 22 条に含まれる評価規則から，「市場価格」が評価尺度として準用されるべきことが導出される。このことは，特別償却について，企業に固有の価値ではなく，一般的に妥当する共通価値が指向されるべきであることを意味するとされる（Scheffler/Krebs 2011, S. 20）。指令案では継続が予測される価値減少と一時的と予測される価値減少がどのように区分されるべきかも明確にされていない。価値上昇が生じる場合，現行の税法会計規定におけるのと同様，記載が義務付けられている。当初の取得原価または製作原価が上限となる（指令案第 41 条第 2 項）。

(d) 流動資産の評価減

棚卸資産と未完成工事については，不均等原則が適用され，期待される正味売却額が取得原価または製作原価を下回る場合，評価減が行われる。このことは，継続が予測される価値減少か一時的と予測される価値減少かにかかわらず妥当する。

正味売却額の確定については見積売却価格から，予測される仕上コストや販売コストが控除されねばならない（指令案第 29 条第 4 項）。現行の税法会計規定と比べて，納税義務者にとっては，一時的と予測される価値減少も費用作用的に計上されうるという利点がある。所得税ガイドライン（EStR）指針 6.8 第 2 項による部分価値（Teilwert）の確定と異なって，平均的企業利益は控除されてはならず，その結果，CCCTB における評価減はその分少なくなるという点は不利である。

売買目的で保有される金融資産と金融負債は，公正価値で評価されねばならないので（指令案第 23 条第 4 項第 15 号との関連における第 22 条第 1 号 e），これらの資産（経済財）の場合，価値減少が，継続が予測される価値減少か一時的と予測される価値減少かにかかわらず認識される。しかしながら，HGB 第 340 条および第 340e 条との関連における EStG 第 6 条第 1 項第 2b 項と違っ

て，CCCTBでは公正価値からリスク評価分は控除されない。

　特定の前提の下で認められた不良債権の損益減少的相殺（指令案第27条）については，CCCTBとドイツ税法会計規定との間に相違はない（Scheffler/Krebs 2011, S. 20）。しかしながら，指令案によると，貸倒懸念債権には評価減は認められず，完全な不良債権についてのみ認められる。また，指令案では，債権について一括価値修正が可能かどうか言及されていない（Scheffler/Krebs 2011, S. 20）。

(e) 研究開発費

　研究開発費は，指令案の中心的関心事が研究開発の促進にあるため（Spengel/Ortmann-Babel/Zinn/Matenaer 2013, S. 6），それが資産（経済財）の調達原価または製作原価に流入しているか否かに拘わらず，常に全額即時に控除可能である（指令案第12条および第14条1.(i)）。この規定によって，例えば，研究開発に供される実験装置の調達原価も即時に控除可能となり，その耐用年数に渡って，ないしは資産プール勘定を通じて減価償却することはできない。

(f) 売却益の移転

　事業財産の売却益は原則として課税されるが，特定の前提の下では実現売却益の即時課税を回避することが可能である。EU加盟国の実務は非常に多岐にわたり，3分の1のEU加盟国の実務では課税延期が可能であるが，一部の加盟国では選択された資産（経済財）についてのみ適用される（Spengel/Ortmann-Babel/Zinn/Matenaer 2013, S. 4）。

　資産プール勘定に取得原価または製作原価を記入することによる計画的減価償却費が計上される資産（経済財）については，売却益は，形式上非課税である（指令案第11条(b)）。しかしながら，上述のように，売却益は資産プール勘定の価額から控除されるので（指令案第39条第2号），間接的に課税される。売却益は，売却益の控除によって資産プール勘定がマイナスになる場合にのみ即時に課税される。すなわち，この場合，資産プール勘定はゼロに設定され，超過額は課税ベースに算入される（指令案第39条第3号）。売却された資産（経済財）の税務上の価値（帳簿価額）は文書化されないので，売却益の課税額と

課税時点は正確に記載されない。そのため，売却益の即時課税の代わりの，資産プール勘定からの控除によって引き起こされる課税の遅延効果は，一般的に妥当する形式で数量化することはできない（Scheffler/Krebs 2011, S. 20）。

個別に減価償却される資産（経済財）（建物，耐用年数が最低15年の動産たる有形固定資産），有償取得の無形資産（経済財）については，特定の前提の下では即時課税が行われない（指令案第38条）。

Ⅵ　引当金の計上と計上額

①　引当金の計上

貸方側では，借入金の受入と返済は損益中立的であるため，貸借対照表が作成されないCCCTBにおける貸方項目の計上と評価は，主に引当金に関するものとなる。この関連において，下掲の指令案第25条第1項第3文は事実上の記録義務を引出す。すなわち，指令案の損益計算書指向から，予見的な計算限定項目（Rechnungsabgrenzungsposten）と一時的な計算限定項目の計上義務が生じる。

「第25条　引当金
1. 第19条にもかかわらず，課税年度末に納税者が，当該課税年度または前年度に実施された活動もしくは取引に起因し，当該債務から生じる金額が信頼性をもって見積られる法的債務または将来起こりうる法的債務を有することが立証される場合，当該金額の最終決済が控除可能な費用に帰結することを条件として，控除可能とする。

　当該債務が，将来の数年間にわたって継続する活動もしくは取引に関連する場合，当該控除は，活動もしくは取引の推定継続期間にわたって比例的に配分され，それから引出される収益に関連付けられるものとする。

　本条の下で控除される金額は，各課税年度末に検討され修正されるもの

とする。将来年度の課税ベースの算定の際，既に控除された金額が考慮されるものとする。」

　引当金について詳細に見てみよう。納税義務者が当課税年度または前課税年度における活動または取引に基づいて既に有する，または有することが予測される法的義務について，引当金の計上が行われる。すなわち，上掲条文にあるように，支払義務が存在し，当義務の金額が適切な確かさで確定される場合，当義務が課税年度の経過前の原因事実に基づくものであり，将来給付すべき支出が控除可能な費用である限り，当費用は控除可能である（指令案第19条（a）ならびに（b）および第25条第1号第1文）。

　多年度にわたる活動または取引に関係する支払義務については，費用が見積られる期間に配分される（指令案第25条第1号第2文）。指令案で行われる定義は，現行のドイツの税法会計規定における会計上の債務の抽象的貸借対照表能力にほぼ匹敵する。引当金の貸方計上に必要な「義務」，「十分な具体性」ならびに「決算日前の原因事実」というメルクマールは，指令案第25条第1号にも見出される。配分引当金（Verteilungsrückstellung）の時間安分的設定に関してもほぼ一致している（Scheffler/Krebs 2011, S. 21-22）。

　指令案に費用性引当金の貸方計上が規定されていないことにより，ドイツ税法会計規定からの離反が存在する。そのため，当該年度以降の3か月以内ないし次事業年度に取戻される，中止された維持補修および中止された廃物除去に対する引当金は，CCCTBの導入後，最早，設定されない可能性がある（Scheffler/Krebs 2011, S. 22）。

　指令案の実施の際，更なる変更が行われるかどうかは，定められた規準がどのように解釈されるかによる。将来の収入または所得が生じる限りにおいて履行されるべき支払義務，外部の特許権，著作権または類似の保護権の侵害に対する支払義務，記念祝典応諾（Jubiläumszusagen）から生じる支払義務，将来の事業年度に取得原価または製作原価につながる費用，そして使用済核燃料の再処理に関連する放射性廃棄物の無害の利用のための支払義務に対して存在する所得税法の規定は，指令案の実施の際，当規定が保持され得るかどうかが吟

味されねばならない（Scheffler/Krebs 2011, S. 22）。特に記念式典応諾から生じる支払義務，ならびに使用済核燃料の再処理に関連する放射性廃棄物の無害の利用のための支払義務については，ドイツ所得税法は引当金概念と一致しない制限を規定している。その他の規定については，CCCTBの導入後も妥当しうるだろうとされる（Scheffler/Krebs 2011, S. 22）。

　指令案は，退職年金引当金の貸借対照表計上能力の条件に対して特別な規定がないため，指令案の実施の際，EStG第6a条に規定された退職年金引当金の貸借対照表計上能力の条件（法律上の請求権，税に有害な制限がないこと，および書式）は試験台に立たされることになる（Scheffler/Krebs 2011, S. 22）。

　発生のおそれのある損失引当金（Drohverlustrückstellung）に対する特別な規準を挙げることが指令案では放棄されているため，その取扱いは不明である。したがって，未決取引による発生のおそれのある損失引当金が，指令案第25条第1号の引当金概念に含まれるかどうかは明確でない。その判断は，未決取引による発生のおそれのある損失が過去関連または将来関連とみなされるかどうかに依存する。未決取引の場合，支払い義務増大が過去に締結された契約に起因するという見解が支持されるならば，発生のおそれのある損失引当金は不確定な債務に対する引当金の一種となる。その結果，CCCTBの実施の際，EStG第5条第4a項第1文にある，発生のおそれのある損失引当金に対する貸方計上禁止は，廃止されねばならないだろうとされる（Scheffler/Krebs 2011, S. 22）。

② 引当金の計上額

　CCCTBでは，引当金の計上額については，個々の算定要素の基準値によって引当金の計上額が規定されている。引当金は，課税年度末の義務を履行するのに「信頼できる見積」により必要な金額で計上されねばならない。これに関して，総ての会社，企業グループまたは業界の経験値を含む関連する要素が顧慮されねばならないとされる（指令案第25条第2号）。

　不確実性の顧慮のために，引当金の計上額について信頼できる見積りが行わ

れねばならない。その際，総てのリスクと計量不能要素，および恣意性排除の原則が顧慮されねばならず，過大な引当金は認められない（指令案第 25 条第 1 号および第 2 号 (a)）。これに関して CCCTB とドイツ税法会計規定との間には原則として一致が存在する。ドイツ税法会計規定における同種の支払い義務に対する引当金について規定された，過去の経験ならびに支払い義務の一部分のみが履行されればよい確率の顧慮（EStG 第 6 条第 1 項第 3a 号 a および法人税法第 20 条第 2 項）は，指令案の基準値と一致する（Scheffler/Krebs 2011, S. 22）。これは，引当金が計上される支払い義務に関連する将来の利益の相殺に関しても妥当する（指令案第 25 条第 1 号および第 2 号 (c)）。

　集積引当金（Ansammelungsrückstellung）の取扱いは，指令案では明確に規定されていない。しかし上掲条文にある引当金計上額の毎年の再検査（指令案第 25 条第 1 号第 3 文）は，現行法と同様（EStG 第 5 条第 1 項第 1 文および所得税ガイドライン指針 6.11 第 2 項第 3 文～第 6 文），集積引当金の計上額は負担の増加に応じて引き上げられることが前提とされている。配分引当金については，時間按分の設定が，上掲の指令案第 25 条第 1 号第 2 文からもたらされる。

　引当金計上額の毎年の再検査（指令案第 25 条第 1 号第 3 文）には，その範囲において不均等原則が妥当する。負担が増大する場合，引当金計上額も引上げられねばならない。その結果としての費用の計上は，負担の価値の増大が継続すると予測されるか，一時的と予測されるかには依存しない。それに対して，ドイツ税法会計規定では負担の増大が継続して予測される場合にのみ計上額引上げが認められる（Scheffler/Krebs 2011, S. 22）。

　算定要素の具体化について，CCCTB と現行のドイツ所得税法との間には次の 2 つの重要な相違が生じる（Scheffler/Krebs 2011, S. 22-23）。

(a) 最低 12 ヶ月の支払期限を有する支払い義務については，CCCTB においてもドイツ税法会計規定においても割引計算が行われねばならない。しかし，指令案によると，12 ヵ月の残存支払期限のある債務に対する，欧州中央銀行によって公表される欧州銀行間取引金利（EURIBOR）の年間平均から割引利子率が求められ，課税年度が終了する暦年の平均値の利用が前提とされて

いる（指令案第 25 条第 2 号（b）および特に退職年金引当金については第 26 条第 2 文）。

　この短期利子率での割引は支払義務の支払期限に依存しない。12ヵ月利子率は退職年金引当金にも援用される。これに対して，EStG 第 6 条第 1 項第 3a 号 e では割引率は 5.5%，EStG 第 6a 条第 3 項第 3 文では割引率は 6% が規準とされている。

(b) CCCTB では，将来の価格およびコスト上昇ないし賃金上昇および金利上昇が合理的に予測されうる場合には，それらが顧慮されねばならない。現行のドイツ所得税法では原則として，決算日に有効な価格状況が指向されねばならない（EStG 第 6 条第 1 項第 3a 号 f ないし第 6a 条第 3 項第 2 文第 1 号第 4 文および第 2 号）。

　指令案が実施される場合，上掲の相違は現行のドイツ法より早期の費用（損金）計上につながる。現在の金利水準では，割引効果は僅かである。指令案で規定された，支払時点で予測されうる履行金額への指向によって現行法との差異はさらに拡大される。

③　退職年金引当金

　退職年金引当金については保険数理的方法に基づく計上額が見積られねばならないことだけが規定されており（指令案第 26 条第 1 文），特定の評価方法は規定されていない。個別の算定パラメーターの具体化については，指令案は，割引率を除けば，特別な規定を持たない。その限りにおいて退職年金引当金については他の引当金で明確化された原則が妥当する。そのため，CCCTB の導入の際，均等配分方法の一種として，部分価値法がそれ以降も妥当するかどうかは未確定である（Scheffler/Krebs 2011, S. 23）。

　「1 人当たり見積年金費用法」（Projected-Unit-Credit-Method）といった，国際的により一般的な集積方法への移行が行われるべきかどうかについて，少なくとも検討されるべきである。部分価値法から「1 人当たり見積年金費用法」への移行は，それのみを考察すると費用（損金）計上の遅延化につながる傾向が

ある。また，CCCTB の場合，個別の変動確率が利用される可能性がある（Scheffler/Krebs 2011, S. 23）。

　総体的に考察すれば，評価方法，実際の市場利子率での割引計算，将来の賃金および金利上昇の顧慮ならびに従業員変動の顧慮の方法の相互作用により，ドイツ税法会計規定における退職年金引当金の現在の計上額より高い額が呈示されことになるだろうとされる（Scheffler/Krebs 2011, S. 23）。

　実物給付義務に対する引当金は，ドイツ税法会計規定においては，直接原価と，不可避な間接原価の適正な部分によって評価されねばならない（EStG 第6条第1項第3a号 b）。これは，製作原価概念の貸方側への準用である。他方，指令案では実物給付について何ら特別な規定はない。借方項目についての製作原価の規定の貸方側への準用によって，CCCTB の場合，実物給付義務は直接原価によってのみ評価される。不可避の間接原価の適正な部分が算入されないので，CCCTB の場合，ドイツ税法会計規定よりも費用（損金）計上の遅延が生じる（Scheffler/Krebs 2011, S. 23）。

Ⅶ　潜在的税務貸借対照表上の修正および潜在的決算書外修正

　指令案は，上述のように IFRS との基準性も加盟国の国内会計法との基準性もないし，独立した税務貸借対照表作成も規定していない。そのため，貸借対照表上の修正と決算書外修正とを区別するドイツの税法会計基準の伝統的概念は一見使い物にならない。しかし上述のように，多数の副次および有高計算の事実上の遂行義務は，「影の貸借対照表」作成を必然的に伴う。これは実務においては商事貸借対照表（Handelsbilanz）からの調整によって，すなわち実質上の税務貸借対照表上の修正によって実施される。

　事実上の税務貸借対照表上の修正の具体例は，例えば，ドイツの納税者が商事貸借対照表で形成してきた法的義務のないサービス引当金（Kulanzrückstellung）（戸田 2003, 139頁訳語参照）である。指令案の上掲の第25条第1項の条文は単に法的義務を含むに過ぎないので，サービス引当金に対して HGB

第 6 章　EU 共通連結法人課税ベースと EU における法人課税ベース調和化の困難性　*175*

上の貸借対照表および損益計算書を出発点として修正が実施されねばならない。結局のところ，指令案第 25 条第 1 項第 3 文による税務目的で実施されるべき引当金記録は，商事貸借対照表と違ってサービス引当金を明示しない (Herzig/Kuhr 2011, S. 2055)。

「影の貸借対照表」が実務では商事貸借対照表から転換されるという事実の顧慮の下，事実上の観点で，上述の税務貸借対照表上の修正と並んで，決算書外の修正が問題となる。指令案においては原則として事実上の決算書外修正の以下の 4 グループが区別されねばならず，それに関してヨーロッパの調和化が必要であるとされる (Herzig/Kuhr 2011, S. 2055-2056)。

(1) 非課税収益
(2) 控除不能費用
(3) 「出資者—会社」関係からの事象による修正
(4) 指令案第 83 条との関連での下掲の第 82 条による加算

なお，これらはすべて，事実上の税務貸借対照表上の修正の枠内では実施されないという点で共通する。

「第 82 条　被支配の外国会社
1. 課税ベースは，以下の条件が満たされる場合，第 3 国に居住する企業の未分配所得を含むものとする。
　(a) 納税者自身または，その関連企業とともに議決権の 50％超の間接または直接，参加を保有するか，もしくは資本の 50％超を保有するか，あるいは当該企業の利益の 50％超を受取る権利がある。
　(b) 当該第 3 国における一般的制度の下で，加盟国で適用される平均法定法人税率 40％未満の法定法人税率で課税されるか，または当該企業が一般的制度の税率未満の実質的課税水準を認める特別な制度の適用を受ける。
　(c) 当該企業に発生する所得の内の 30％超が，第 3 項に定められたカテゴリーの 1 つ以上に該当する。
　(d) 当該会社は，その主要なクラスの株式が 1 つ以上の認定された証券

取引所で定期的に取引される会社でない。
2. 第1項は，当該第3国が欧州経済地域協定の当事国であり，かつEU指令2011/16/EUにおいて規定された請求による情報交換に相当する情報交換に関する協定がある場合は，適用されないものとする。

3. 以下のカテゴリーの所得は，当該企業の所得のカテゴリーの内50％超が当該納税者またはその関連企業との取引によるものである限り，第1項(c)について考慮されるものとする。
   (a) 金融資産による受取利息またはその他の利益
   (b) 知的財産によるロイヤリティまたはその他の利益
   (c) 株式からの配当および売却益
   (d) 動産からの利益
   (e) 納税者の加盟国が第3国と締結した協定の下でその利益に課税する権利を与えられていない場合を除く，不動産からの利益
   (f) 保険，銀行活動およびその他の金融活動からの利益」

指令案第10条によると課税ベースは，まず，非課税収益を控除した益金から算定される。これとともに，下掲の指令案第11条の意味での非課税収益は明示的に再び商法上の収益から導出されうる。指令案第11条に挙げられた非課税収益は，法人税制度における2重課税回避のために制度的観点から提供される免除（(a)受取配当金，(d)株式売却益）から，指令案の源泉原則に還元される免除（(e)第3国に所在する恒久的施設の所得収入）を経て，指令案の特別な所得算定技法の結果としての免除（指令案第39条(2)の意味での(b)プール減価償却資産の売却益）にまで及ぶ。さらに，指令案第11条(a)は，特定の補助金の非課税を明文規定している。

「第11条　非課税収益
　以下のものは，法人税非課税とする。
　(a) 第32条から第42条に準拠して減価償却される固定資産の取得，建造または改善に直接リンクした補助金。

第6章　EU共通連結法人課税ベースとEUにおける法人課税ベース調和化の困難性　　177

　　(b) 非金銭的贈与の市場価値を含む，第39条（2）において挙げられるプール減価償却資産の売却益
　　(c) 受取配当金
　　(d) 株式売却益
　　(e) 第3国に所在する恒久的施設の所得収入」

　第二に，指令案第10条によれば，マイナスの構成要素として「控除可能費用およびその他の控除可能項目」のみが課税ベースの算定に含まれ，そのため，ここから特に，下掲の指令案第14条の意味での税務上のみ控除不能な費用が画定されねばならない。

「第14条　控除不能費用
1. 以下の費用は控除不能とする。
　　(a) 利益分配および株式の払戻または負債の返済
　　(b) 交際費の50%
　　(c) 当会社の持分の一部をなす準備金への留保利益の振替
　　(d) 法人税
　　(e) 賄賂
　　(f) 法令違反に対する当局へ支払われる過料および罰金
　　(g) 第11条によって非課税となる所得を得るために当会社に発生したコスト；そうしたコストは，納税者が発生したコストがより低いことを立証できない場合，当所得の5%の均一レートで決定されるものとする。
　　(h) 第16条において定義された慈善団体に向けてなされたものを除く，金銭的贈与および寄付
　　(i) 第13条および第20条で規定されたものを除く，研究開発に関連するもの以外の固定資産の取得，建造および改善に関連するコスト
　　(j) 付属資料Ⅲに挙げられた税金。但し，エネルギー製品，アルコール，アルコール飲料およびタバコ製品に課せられた物品税を除く。
2. 第1項の（j）にもかかわらず，加盟国は付属資料Ⅲに挙げられた1つ以上の税の控除を規定することが出来る。企業グループの場合，そうした控

除は，当加盟国に居住または所在する企業グループ構成企業の割当てられた分に適用されるものとする。
3. 欧州委員会は，法人税が課される加盟国における総額の20％を超えるすべての類似の税を含めるために必要な，第127条に準拠し，第128条，第129条および第130条の条件に従う委任された法行為を採用することが出来る。

付属資料Ⅲの修正は，修正後開始する課税年度において納税者に初度適用されるものとする。」

配当ないし積立が隠されて行われる範囲では，隠された利益配当（verdeckte Gewinnausschüttung）というドイツの独自思考ならびに法人税法第1条によって認識される事態の一部分のみしか規定されないものの，下掲の指令案第15条，第22条，第78条および第79条の相互作用から，部分的に事実上の決算書外修正の必然が生じるとされる（Herzig/Kuhr 2011, S. 2056）。

「第15条　株主の便益のために生じる支出

第78条に挙げられた納税者の支配，資本または経営を直接または間接的に保有する，個人，その配偶者，直系の祖先または子孫，もしくは関連企業である株主に与えられた便益は，独立した第3者には与えられないであろう，そうした便益の範囲において，控除可能な費用として扱われないものとする。」

「第22条　評価
1. 課税ベース算定については，取引は以下の金額で測定されるものとする。
   (a) 財またはサービスの価格といった取引の金銭による対価
   (b) 取引に対する対価が完全または部分的に金銭によらない場合の市場価値
   (c) 納税者によって受け取られる非金銭的贈与の場合の市場価値
   (d) 慈善団体に対する贈与以外の，納税者によってなされる非金銭的贈与の市場価値
   (e) 売買目的の金融資産および負債の公正価値

（d）慈善団体に対する非金銭的贈与の場合の租税価値
 2. 課税ベース，所得および費用は，課税年度中のユーロで測定されるか，または欧州中央銀行によって発表される当暦年の年間平均交換レートか，もしくは課税年度が暦年と一致しない場合は，欧州中央銀行によって発表される日報の課税年度中の平均値で課税年度の末日にユーロに換算されるものとする。これは，ユーロを未採用の加盟国に位置する単一の納税者には適用されないものとする。また，総ての企業グループ構成企業が同一の加盟国もしくはユーロ未採用の国に位置する場合も適用されないものとする。」

「第78条　関連企業
 1. 納税者が，非納税者または同一企業グループでない納税者の経営，支配または資本に直接または間接的に参加する場合，当該の二企業は関連企業とみなされるものとする。
　　同一人物が，納税者および非納税者または同一企業グループでない納税者の経営，支配または資本に直接または間接的に参加する場合，総ての当企業は関連企業とみなされるものとする。
　　納税者は，第3国の恒久的施設に対する関連企業とみなされるものとする。非居住納税者は加盟国の恒久的施設に対する関連企業とみなされるものとする。
 2. 第1項について，以下の規則が適用されるものとする。
　（a）支配への参加とは，議決権の20％を超える所有を意味するものとする。
　（b）資本への参加とは，資本の20％を超える所有権を意味するものとする。
　（c）経営への参加とは，当関連企業の経営において重要な影響力を行使する地位にあることを意味するものとする。
　（d）個人，その配偶者および直系の先祖または子孫は，単一人物として扱われるものとする。

間接所有の場合，上記（a）および（b）の要件の充足は，連続する層を通して保有率を乗ずることによって決定されるものとする。議決権の50％超を保有する納税者は100％保有するものとみなされるものとする。

第79条　関連企業間関係の価格付けの修正
　独立した企業間で行われる条件と異なる条件が関連企業間の関係において行われるか，課される場合，当条件がなければ納税者に生じていたが，当条件ゆえに発生していない所得は，当納税者の所得に含められ，かつ課されるものとする。」

そして，最終的に，既に引用した指令案第82条および下掲の第83条の規範構成において定められ，低課税の第3国に居住する資本会社の保護作用を破る加算課税も，特別な種類の事実上の決算書外修正である。

「第83条　算定
1. 課税ベースに含まれるべき所得は，第9条から第15条の規則に従って算定されるものとする。国外企業の欠損金は課税ベースに含まれないものとするが，以後の年度において第82条を適用する際には繰越され，算入されるものとする。
2. 課税ベースに含まれるべき所得は国外企業の利益参加における納税者の取分に応じて算定されるものとする。
3. 所得は，国外企業の課税年度が終了する課税年度に含まれるものとする。
4. 国外企業が後に納税者に利益を分配する場合，第82条に従って以前課税ベースに含まれた金額は，分配利益に対する税についての納税者の租税債務算定時に課税ベースから控除するものとする。
5. 納税者が企業への参加を売却する場合，売却益は，既に課税ベースに算入された未分配の金額だけ，当売却益に対する納税者の租税債務算定の際，減額されるものとする。」

　以上が，税務貸借対照表上の修正および決算書外修正であるが，最後に，ド

イツの課税所得計算と比較しながら（a）一般的濫用防止規則，（b）利息控除制限および（c）国外所得について概観し，ドイツ固有の問題である（d）営業税の問題を取上げる。

（a）一般的濫用防止規則

指令案は，課税回避を唯一の目的とする経済的基礎のない取引が，課税ベースの算定の際，顧慮されてはならないというドイツ租税通則法と同様の，一般的濫用防止条項を含む（指令案第80条）。納税義務者が2つ以上の選択肢をもち，それを租税負担の軽減をもって選択する「真正の」経済活動は，指令案第80条には該当しない。そうした一般的濫用防止条項の適用ないし解釈の際の困難は，ドイツ法によって知られており，その結果，このCCCTBによってドイツの納税義務者に重要な変更が生じることはない（Lenz/Rautenstrauch 2011, S. 729）。

（b）利息控除制限

特殊な濫用防止規則は，第3国に居住する関連企業に対してのみ適用可能である。利息控除制限の濫用防止規則は，EU指令（2011/16/EU）による情報交換に関する協定が締結されなかった第3国に居住する関連企業への，利息支払いの税務上の控除を禁止している（指令案第81条）。

いわゆる支配変更（Change-of-Control）規則が国際的文脈において通例であるにもかかわらず，指令案にはドイツ法人税法第8c条に相当する規則はない。指令案第81条における利息控除制限を除いて，ドイツの利息控除制限（EStG第4h条，法人税法第8a条）ないし出資者からの借入についての旧規則（旧ドイツ法人税法第8a条）に相当する規定はない。

（c）国 外 所 得

第3国の恒久的施設の所得，外国からの配当ならびに外国法人への出資の売却益は，前述のように，原則として指令案第11条により非課税である。但し，指令案は，第73条において外国での税負担が軽い場合（すなわち10％未満の税率または租税特別措置），加算法への一般的移行を規定している。EUの企業グループ構成企業がそうした税負担が軽い第3国企業に重要な資本参加をしてい

る場合，この加算法への一般的移行は，CCCTB の適用決定の際にマイナスの影響を及ぼすだろうとされる（Lenz/Rautenstrauch 2011, S. 729）。

(d) 営　業　税

指令案は，採択後，法人税の課税対象企業のみに適用されることになるため，ドイツ企業の圧倒的割合を占める人的会社には適用されない。その上，指令案はドイツ企業によって負担される営業税（Gewerbesteuer）を考慮していない。

また，ドイツの法人税上の課税所得は，原則として商法（HGB）計算規定に基づく当期純利益をベースにして計算される。一方，営業税は，法人税上の課税所得をベースにして，営業税法上，加算と減算の処理がなされ，営業税上の「課税所得」である営業収益（Gewerbeertrag）が算定されている。しかし，営業税上の営業収益が営利企業からの利益に基づく標準として法人税の規定に遡る限り，CCCTB 等のヨーロッパ統一課税ベースの導入は遵守コストの削減につながらず，CCCTB の選択は管理コストの倍増にもつながりかねない。そのため，CCCTB のドイツへの導入の前には，営業税が他の構想によって取って代られるか，少なくとも CCCTB が営業税の確定の出発基礎として援用されねばならない（Lenz/Rautenstrauch 2011, S. 731）。

Ⅷ　課税所得計算としての CCCTB の観点からの IFRS の評価

IFRS 準拠財務諸表と税務決算書は，第 1 章第Ⅶ節で述べたように，その情報属性が，前者は将来指向的であるのに対し，後者は過去指向的である。また，その利用者は，前者は企業のステークホルダーであるが，後者は国庫のみである。さらに，適用範囲は，前者が資本市場指向的企業が中心であるのに対し，後者の場合規模・法形態を問わず全企業となる。

以下では，課税所得計算としての CCCTB の観点から，IFRS の (a) 収益実現概念，(b) 借方計上概念，(c) 貸方計上概念および (d) 評価概念について見てみよう。

① 収益実現概念

　IFRSによる収益の認識は，取引事象依存的決疑論（geschäftsvorfallabhängige Kasuistik）によって形成され，それは厳密な意味では資産負債アプローチにも収益費用アプローチにも従わないとされる（Kahle/Schulz (2011), S. 461）。財についての売買契約における収益実現は，所有に結びついた「意思決定的リスクと機会」の譲渡を本来要求する（IAS 第 18 号 par. 14）。それに対してサービス給付や長期製造契約に関連した収益は，原則として給付進展ないし製造進捗度を基準として認識されねばならない（IAS 第 18 号 par. 20～23; IAS 第 11 号 par. 22～29）。この工事進行基準には動的貸借対照表解釈が表現されているが，首尾一貫して従われるわけではない。IFRS は，特に特定の金融資産（IAS 第 39 号 par. 46; IAS 第 39 号 par. 55 (a)），投資不動産（IAS 第 40 号 par. 33; IAS 第 40 号 par. 35）ならびに生物資産（IAS 第 41 号 par. 12; IAS 第 41 号 par. 26）において公正価値上昇の収益認識も規定している。

　結局，課税所得算定目的にとっては，公正価値モデルを基準とした公正価値上昇の収益作用的認識もほとんど受け入れられないとされる（Kahle/Schulz 2011, S. 462）。

　欧州委員会は，既に引用した指令案第 18 条により，供給と給付に向けられた実現原則の有効性について明確に述べているが，しかしこれは皮相的であるとされる。なぜなら，下掲の指令案第 24 条により，工事進行基準が用いられねばならないとされ，また指令案第 23 条により売買目的の金融資産においては成果作用的公正価値評価が行われねばならないからである。これらの実現原則の 2 つの破棄は拒絶されねばならないとされる（Kahle/Schulz 2011, S. 467）。

「第 23 条　売買目的金融資産および負債
1. 金融資産または負債は以下の 1 つに該当する場合，売買目的で保有されているものとして分類される。
　(a) 主に短期で売却または再取得する目的で取得または負わされている。
　(b) まとめて運用され，最近の実際の短期の利益獲得パターンが存在する，デリバティブを含む，特定されたポートフォリオの一部である。

2. 第18条および第19条にもかかわらず，売買目的の金融資産または負債の同一の課税年度期末の公正価値と年度期首または年度中の購入日の公正価値との差額は，課税ベースに含まれるものとする。
3. 売買目的の金融資産または負債が処分される場合，その売却益は課税ベースに加算されるものとする。課税年度期首の公正価値または年度中の購入日の市場価値は控除されるものとする。

第24条　長期契約
1. 長期契約は以下の条件に合致するものをいう。
   (a) 製造，据付または建造，もしくはサービスの提供のために締結される。
   (b) その期間が12ヵ月を超える，もしくは超えると予測される。
2. 第18条にもかかわらず長期契約に関わる収益は，当該契約の内，各課税年度に完了された部分に対応する金額で租税上認識されるものとする。完了の割合は，推定される全コストに対する当該年度のコストの比率の参照か，または課税年度末の完了段階の専門的評価の参照によって決定されるものとする。
3. 長期契約に関連するコストは，それらが発生する課税年度に考慮されるものとする。」

CCCTBにおける工事進行基準はさらに批判される。なぜなら，それは収益実現時点を収支時点からさらに遠ざけるからである。予測される収益・費用ならびに製造進捗度に関して，公平性命令に反する，重大な裁量および形成余地がある。したがって，工事進行基準はヨーロッパの所得算定指令には受け入れられるべきでないだろうとされる（Kahle/Schulz 2011, S. 462）。

(b) 借方計上概念

無形資産の借方計上は，IAS第38号により無形性ならびに識別可能性の更なる定義を前提としている。識別可能性は，分離可能性の規準か，または契約的・法的規準によって具体化されるとされる（Kahle/Schulz 2011, S. 462）。この定義のほかに，有形資産と同様，無形資産の認識は，効用流入ならびに取得原

価または製作原価の許容される規定可能性の見込みを要求する。

　自己創設の無形資産の借方計上は，IAS 第 38 号により原則として排除されている。しかし，特定の前提の下では，開発段階のコストの借方計上が必要である（IAS 第 38 号 par. 57）。

　実現原則ならびに個別評価原則の結果生じる個別売却可能性は，資産負債アプローチにおいて基礎づけられる IFRS の借方計上概念にはなじまない。したがって，CCCTB の視点からは，IFRS の一般的資産概念は CCCTB に引継がれるべきでないだろうとされる（Kahle/Schulz 2011, S. 463）。

　このように，売買目的金融資産・負債の公正価値評価，ならびに工事進行基準は，IFRS と同様に CCCTB でも採用されているが，ドイツの一部の論者からは課税所得計算には受け入れられないとの批判を受けている。

(c) 貸方計上概念

　IAS 第 37 号 par. 10 は，金額と支払期限が不確かな債務として引当金を定義している。債務性引当金の貸方計上は，現在の法的または事実上の義務が，その履行が経済的効用のある資源の流出につながる見込があり，義務の金額が確実に予測しうる事象の結果として存在する場合，IAS 第 37 号 par. 14 により必要である。「発生のおそれのある損失引当金」の貸方計上は，いわゆる有償契約が存在する場合（IAS 第 37 号 par. 10; IAS 第 37 号 par. 68），IAS 第 37 号により行われねばならない。他方，費用性引当金は，IAS 第 37 号により禁じられている。

　CCCTB では，IAS 第 37 号に準拠した債務性引当金および発生のおそれのある損失引当金は，特に，前述のように，後者に対する特別な規準を挙げることが指令案では放棄されているが，両者とも制度になじまないとみなされねばならないとされる。費用性引当金の設定の禁止に関連してのみ一致がある（Kahle/Schulz 2011, S. 464）。

(d) 評　価　概　念

　IFRS によると，有形固定資産および無形固定資産は，取得原価または製作原価の当初認識の時点でこれらの両価値尺度が体系的に厳密に区別されること

なく，評価されねばならないので，CCCTB との間に不可避の離反がある。例えば，IAS 第 16 号 par. 16（c）による撤去費，除去費および復旧費の算入は，CCCTB では従え得ない。なぜなら，それは IAS 第 37 号による一致した引当金設定を前提とするからであり，課税所得算定の枠内で許容されるべきではない。IAS 第 23 号による税務上の取得原価への借入コストの算入も拒絶されねばならないとされる（Kahle/Schulz 2011, S. 464）。

　有形固定資産および無形固定資産の計画的継続評価に関しては，IFRS は，取得原価モデルか再評価モデルを適用する選択権を原則として認めている（IAS 第 16 号 par. 29; IAS 第 38 号 par. 72）。取得原価モデルの枠内では，有形固定資産は，取得原価から累積された減価償却と累積された価値減少費用を控除して認識されねばならない（IAS 第 16 号 par. 30）。無形固定資産についても僅かに文言は異なるが同じことが妥当する（IAS 第 38 号 par. 74）。

　耐用年数は，企業にとっての予測的利用可能性に従われねばならない（IAS 第 16 号 par. 57；類似：IAS 第 38 号 par. 88 以下）。減価償却モデルは，企業による資産の将来の経済的効用の費消の，期待される経過に合致しなければならず（IAS 第 16 号 par. 60; IAS 第 38 号 par. 97），定額法，逓減法および生産高比例法が列挙されている（IAS 第 16 号 par. 62）。IAS 第 38 号は，これらの方法の自由選択に対して，経済的効用の期待される費消が確実に規定し得ない場合は，定額法が採用されねばならないと制限を加えている（IAS 第 38 号 par. 97）。

　IAS 第 16 号の減価償却規則を CCCTB に照らし合わせてみる場合，課税の不可欠な公平性を保証しうるためには完全に解釈不能とされる。IAS 第 16 号の完全な受入れの際の減価償却方式は，納税義務者の裁量に委ねられることになるからである。利用の経過は漠然とし過ぎて，税務上妥当する減価償却方法の尺度としては適用できず，企業固有の耐用年数は，類別化された耐用年数に代替されねばならないとされる。その結果，定額法による減価償却を事実上の標準規則として是認する IAS 第 38 号の評価が，最も説得力があるとされる（Kahle/Schulz 2011, S. 465）。

　第 1 章第Ⅶ節で述べた両者の相違だけでなく，上記のように，課税所得計算

としてのCCCTBの観点からは，IFRSの（a）収益実現概念，（b）借方計上概念，（c）貸方計上概念および（d）評価概念のそれぞれについて一致しがたい点がある。

IX 連結（第2段階）と所得割当（第3段階）

① 連結（第2段階）

「連結」は，CCCTBの第2段階である。HGBの計算規定または国際的会計基準における，全部連結で行われる資本連結または債権・債務連結は行われない。

人的，物的および領域的連結の範囲の確定によって，CCCTBならびに第3段階である公式による所得割当の適用範囲が決定されるので，連結範囲の画定には中心的意味がある（Kahle/Dahlke/Schulz 2011, S. 498）。その際，人的構成要素は経済的統一の到達範囲ならびに法形態に関して算入されるべき企業を規定し，物的構成要素は算入されるべき所得について決定し，そして領域的構成要素は統一的規則が適用されねばならない国の範囲についての問題を扱う（Kahle/Dahlke/Schulz 2011, S. 498）。

これらのうち，人的連結範囲は，指令案第55条によりEUに所在する総てのグループ構成企業ならびにEUに所在する恒久的施設を含むとされる。しかし，グループ構成企業は，それが指令案第54条の適格基準を満たす場合にのみ連結の範囲に組み入れられる。すなわち，親会社が議決権の50％超，そして資本ないし利益参加権の75％超を保持する場合，グループ構成企業の資格がある（指令案第54条第1号）。間接的出資も算入されねばならず，出資額は乗法的に確定される（指令案第54条第2号）。課税上透明な（transparent）グループ内企業の所得も，グループ構成企業によって保持される当企業への出資に応じて課税ベースに算入される（指令案第84条）。CCCTB適用の選択権を行使する際，総ての適格グループ構成企業の所得が共通課税ベースに算入されねばならない（指令案第57条第1号）。

指令案では，連結の物的到達範囲を特定の収入に限定せず，適格グループ構成企業によって稼得された総ての収入の連結を認めている（指令案第57条第1号）。例えば米国の合算課税（unitary taxation）の枠内におけるような，経済的に統合された活動と経済的に独立した活動間の分離は行われない（Kahle/Dahlke/Schulz 2011, S. 499）。また，指令案では，領域的連結範囲をEUに限定している（指令案第55条）。その代わり，調和化された企業グループ課税は，世界規模で稼得された収入も，米国の「世界的合算課税」（worldwide unitary taxation）に匹敵するよう算入される（Kahle/Dahlke/Schulz 2011, S. 499）。

　資本連結という，ほとんど克服不可能な問題ならびに加盟各国の課税実務を理由として，欧州委員会は，上述のように損益計算書指向的修正計算を表明しているが，指令案第59条により，グループ構成企業間の取引による損益は消去される。すなわち，企業グループにおける国際的損益通算を保証するために，グループ企業間利益消去によって企業グループ内の損益が通算される。当通算は，統一原則（Einheitsgrundsatz）の観点からも所得課税のリスク中立性の側面でも支持される。企業グループ内引渡関係および給付関係は，それらが実現したとみなされない限りにおいて，税務上，課税所得には影響してはならない。損益の企業グループ内通算の可能性は，EU内での移転価格問題も緩和されるので，企業の観点からCCCTBに有利な論拠の1つである。

　しかし，指令案に対して，一部のEU加盟国は直接税の領域で更なる調和化を原則として拒絶しており，他の加盟国は十分解決されていない実質的問題のために疑義を持ち，また見積り困難な税収効果が，指令案の受容を妨げているとされる。そのため，上述の3つの規定されたステップ（共通の課税ベース，連結，割当）のうち，特に「割当」については近いうちに加盟国の合意が得られる可能性はほとんどなく，「連結」（第2段階）と「割当」（第3段階）のない，共通法人課税ベース（the Common Corporate Tax Base: CCTB）の導入にのみ可能性があるとされる（Herzig 2011, S. M1）。

　この場合，国境を越える自動的な損益通算ならびに企業グループ内取引における移転価格の除去という重要な利点はなくなるが，所得算定規定の統一化

(CCTB) は，透明性の増大，遵守コストの削減および組織再編の際の 2 重課税の回避によって理解を得ることができる。その上，調和化された所得算定によって他の加盟国からの損失を統一的規則に従って確定することができ，27 ヵ国 (2013 年のクロアチア加盟前) の規則の並存が解消される。

② 公式による所得割当（第 3 段階）

CCCTB 第 2 段階の「連結」が行われなければ，第 3 段階の「割当」も当然行われないが，以下では，指令案における所得割当方法の概略を紹介しよう。

欧州連合の加盟国においては従来，外部比較原則（Fremdvergleichsgrundsatz）に基づく直接的所得区分が支配的であるが，CCCTB では，連結された所得が間接法の枠内で，公式によって関係加盟国に割当てられる。連結された所得の割当については，原則としてミクロまたはマクロ経済的要素が考察されるが，直接的所得割当の枠内では，どのような要素が利用されるべきかは，個別経済および全体経済的影響に基づき経済的視点から評価されねばならない。

欧州委員会は，ミクロ経済的分割要素に基づく割当を選択した。ミクロ経済的アプローチでは，所得分割は企業関連的データに結合されている。このアプローチは，企業固有の要素が連結された所得を稼ぎ出すと仮定している（Kahle/Dahlke/Schulz 2011, S. 500）。その結果，いわゆる「所得源泉公式」が企業の所得源泉に基づく所得割当を指向する。

古典的「供給アプローチ」によれば，企業の所得源泉は企業の生産要素のみであるが，「供給・需要アプローチ」によれば，供給と需要によって財の市場価値が明らかになるため，販売市場も価値形成的所得要素として割当公式に算入される（Kahle/Dahlke/Schulz 2011, S. 500）。したがって，グループ構成企業 A（「図表 6-2」参照）への割当課税ベースは，売上要素，労働要素および資産総額要素が同じウエイトで算入され，下記の割当公式に従って算定される（指令案第 86 条第 1 項）。

歪みや 2 重課税を回避するために欧州委員会は，原則として統一的割当公式を規定している（指令案第 86 条）。但し，グループ構成企業の事業活動の規模

図表6-2　連結課税ベースの割当公式

$$\text{グループ構成企業Aへの割当課税ベース} = \left\{ \frac{1}{3} \times \frac{\text{構成企業A売上}}{\text{グループ売上}} + \frac{1}{3} \times \left(\frac{1}{2} \times \frac{\text{構成企業A賃金総額}}{\text{グループ賃金総額}} + \frac{1}{2} \times \frac{\text{構成企業A従業員数}}{\text{グループ従業員数}} \right) + \frac{1}{3} \times \frac{\text{構成企業A資産総額}}{\text{グループ資産総額}} \right\} \times \text{連結課税ベース}$$

が適切に再現されない場合，主要な納税義務者または指令案第87条のセーフガード条項による所轄官庁が代替的割当方法の適用を要請する。課税当局にとっては，当規定は望ましくない割当結果に対処する手段であり，またセーフガード条項は国内課税当局の柔軟性を高めるが，他方でCCCTBの計画的かつ法的に安定した適用を著しく制限するため，税務官庁間ならびに納税義務者に対して重大な紛争をもたらす可能性があるとされる（Kahle/Dahlke/Schulz 2011, S. 500）。

確かに単一要素公式は管理が容易であるが，経済的視点から原因事実に即した，歪みの無いかつ操作耐性のある課税という理想に合致しないため，3つの割当要素に基づく割当は実質的に正しい。3分の1ずつという要素の現在のウエイト付けは，審議の経過において更なる政治的議論と調整の対象となる「たたき台」であるとされる（Kahle/Dahlke/Schulz 2011, S. 500）。

CCCTBの適用については，指令案による適格会社に，5年間の行使義務を伴う選択権がある。会社が各期間の経過前3か月以内に適用を放棄しない場合，5年の経過後，CCCTBが強制される適用期間は3年延長される（指令案第105条第1号）。適格会社がCCCTBの適用を選択する場合，当会社は，国内法人税法の適用（指令案第7条），および加盟国間の互恵協定の規定（指令案第8条）の適用を受けず，その世界所得（Welteinkünften）について指令案の規定による法人税納税義務が生じる（指令案第6条第6号）。

X　税務上の正規の簿記原則

現在の指令案は，全EU加盟国の租税制度の広範な変更を招く。したがって，指令案が全EU加盟国の賛同を得られるかどうかは疑問であるとされると

される（Spengel/Ortmann-Babel/Zinn/Matenaer 2013, S. 1）。特にブルガリア，オランダおよびスウェーデンは，指令案の助成金統一を非難している。他の加盟国も批判的声明を出したという。従来，EU 加盟国間には直接税の領域で課税ベースを調和化するという合意は無いし，第 5 章第 I 節～第Ⅲ節で見たように，税法上の所得算定は EU の加盟国では非常に異なる。

指令案は，EU の「規則」（Verordnung）ではないので，規定は各国の法律に「国内法化」されねばならない。指令案の全 EU 加盟国への転換は，満場一致原則（Einstimmigkeitsprinzip）を満たすことは期待されていないため実現は難しい。しかし，リスボン条約（AEUV）第 20 条第 2 項および第 326 条以降によって，少なくとも 9ヵ国の加盟国が単独に踏み切る準備があれば，指令案は実施されうる。欧州委員会はこの方法によって，一方では時間の経過によって更なる加盟国が CCCTB プロジェクトに加わり，他方で，指令案の規定がある種の「模範法人税法」（Musterkörperschaftsteurrecht）として機能し，それによって同時に国内法人税制度レベルでの間接的調和化成果が達成されることを期待しているとされる（Kahle/Dahlke/Schulz 2011, S. 491）。

指令案は，課税所得の算定のための広範で詳細な規則を含み，それは原則として加盟国の租税制度の大枠の原則と合致する。したがって，相違は，主に形式的かつ技術的なものであるため，指令案は，ヨーロッパレベルで合意可能とされる（Spengel/Ortmann-Babel/Zinn/Matenaer 2013, S. 8-9）。

CCCTB の枠内での所得算定は，それ自身から理解され解釈されねばならない，独立した所得算定基準として構想され，その点に本質的困難性とチャレンジがある。すなわち，CCCTB の規定は，指令案からのみ統一的に解釈されねばならない。この要請は，商法への基準性の欠如により，正規の簿記原則（GoB）も参照枠として導入されないという事実に基づく。したがって，規制の空白において，CCCTB の解釈が各国内法の解釈に従って行われ，そのため加盟国毎に異なってしまうおそれがある。その結果，各加盟国の個々の裁判および当局による解釈が異なる場合，特に，指令案がヨーロッパ「租税裁判所」（Steuer-Gerichtshof）の設立を規定しない場合，CCCTB の共通の規定は無益と

なるだろうとされる（Herzig/Kuhr 2011, S. 2057）。

　その際，この問題の衝撃性は，22の言語で公表されねばならず，その言語で再び27の加盟国（2013年のクロアチア加盟前）に依頼しなければならないという指令案自体が問題となる。例えば，英語版で「資産」（asset）という概念が用いられ，他方，ドイツ語版では「資産」（Vermögenswert）や「経済財」（Wirtschafsgut）が用いられる場合，置き換えは簡単である。しかし，資産の画定の場合に問題の重要性が明らかになる。すなわち，資産は，指令案では定義されていないので，個々の国毎の概念理解によってこの空白を満たさざるをえない。

　更なるものが，民法の範疇に関連する箇所で，納税者の各加盟国の司法への関連が場合によっては集約的に想起され，その結果，27の異なる解釈が生じる可能性がある。

　代替案としてIFRSを援用した規範の目的論的解釈が可能かもしれない。しかし，これは，結局，第3章第Ⅰ節で見たように，既にIFRSのCCCTBに対する基準性が拒否にぶつかるという理由，そして本章第Ⅷ節でみた（a）収益実現概念，（b）借方計上概念，（c）貸方計上概念および（d）評価概念における両者の不一致により問題とならない。結局，自己定式化され簡潔化されたヒエラルキーに基づく，ヨーロッパ的に調整された，課税所得算定原則のCCCTBの司法権を越えた，統一的自律的解釈のみが，この問題の解決策として残されている。この点について下掲の指令案第9条が十分な原則の骨組みを供給するかどうかという問題は，綿密な検討に付されねばならないとされる（Herzig/Kuhr 2011, S. 2057）。指令案第9条において，既に引用した第1項を含めた以下の4つの一般原則が明文規定されている。

「第Ⅳ章　課税ベースの計算
　　第9条　一般原則
　1. 課税ベースを算定する際，損益は実現された時にのみ認識されるものとする。
　2. 取引および課税事象は個別に測定されるものとする。

3. 課税ベースの算定は，例外的状況が変更を正当化する場合を除き，一貫した方法で実行されるものとする。
 4. 課税ベースは，他の規定がある場合を除き，各年度につき確定されるものとする。課税年度は，他の規定がある場合を除き，12ヵ月とする。」

上掲の実現原則（第9条第1項），個別認識および個別評価の原則（同第2項），所得の統一的認識原則（同条第3項）は，CCCTBの一般原則に属する。所得は，各課税年度に算定されねばならず，所得算定期間は原則として12ヵ月である。EStG第4a条によるのと同じく，所得算定期間は暦年から離反することが許される（同条第4項）。

結局，独立したCCCTB所得算定は，規制の空白を埋め，新たに生じる問題を解決しうるために，計上と評価についての個別問題の規制の他に，確固たる基礎を必要とする。すなわち，CCCTB固有の税務上の正規の簿記原則（GoB）が必要とされる。ヘルツィヒの結論としては，成文法国家と慣習法国家間の緊張関係を考慮に入れたとしても，長期の法不確実性と計画不確実性を回避し，法の適用者に指針を提供するためには，従来の指令案で規定された原則を越えた，税務上の正規の簿記原則を成文化することが妥当であるとされる（Herzig 2012a, S. 762）。

IFRSの影響の拡大を背景に，確定決算主義（基準性の原則）によって会社法（商法）会計が税務会計とリンクされている日独等の国で両者の関係がどうあるべきか議論されている。そうした議論の1つの極として，独立した税務会計基準を唱える意見もある。CCCTBは，そうした独立した税務会計基準の1つの具体例である点で興味深い。しかし，これまで見てきたように，第3段階の連結所得の割当については，現段階での合意形成は難しく，また，第1段階の個別所得の算定でも，細部の詰めがまだまだこれからである。近い将来におけるCCCTBの実現は難しいといわれている。しかし，同時に，国際課税の具体的理想像としての評価は高い。

補論　日本における会計規制近代化と「企業会計原則」

I　財務諸表規則とシャウプ勧告

　前章までの本論では，資本市場にリンクした会計であるIFRSの普遍化が，ドイツの商法現代化に及ぼした影響，そしてBilMoGによって個別決算に会計規制の現代化が及ぶことによって生じている課税所得計算との関係についてドイツの経験を辿ってきた。財務会計と課税所得計算との関係が密接であった「大陸モデル」では，前者からの後者の乖離の傾向が見られた。そして，そのことは，個別決算に関する近代的会計規制の根本的変容をもたらしつつある。さらに，それは，ドイツ固有の問題ではなく，日本を含む「大陸モデル」の近代的会計規制全般に関わる問題なのである。

　以下では，これらのことを踏まえて，日本の会計規制近代化の経緯を「企業会計原則」を中心に概観し，財務会計に関する近代的会計規制の根本的変容について考察する出発点としたい。なお，法令等の条文については，片仮名を平仮名に換え，漢字の送り仮名を補足し，句読点を付した。

　1949年（昭和24年）7月9日，企業会計制度対策調査会（以下では「調査会」と略称する。）は，「企業会計原則」と「財務諸表準則」を中間報告として発表した。その「企業会計原則の制定について」において，「企業会計原則」の目的の一つとして以下のものが挙げられている。

　「企業会計原則は，将来において，商法，税法，物価統制令との企業会計に

関係ある諸法令が制定改廃される場合において尊重されなければならないものである。」

実際,「企業会計原則」は,証券取引法会計の整備だけでなく,法人税課税所得計算の近代化とも深いつながりがあり,また,商法会計の近代化に貢献した。以下では,「企業会計原則」が日本における会計規制近代化に果した役割について見ていくことにする。

1947年（昭和22年）3月28日に「証券取引法」が公布されたが,証券取引委員会に関する規定（同年7月23日施行）を除いて,実際上未執行のまま全面改正された。1948年（昭和23年）4月13日に改正「証券取引法」が公布され,1948年5月7日に施行された。この改正法の施行により,証券取引委員会は,独立の行政官庁として権限を強化,改組された。改正法の193条には,以下の規定があった。

「証券取引委員会は,この法律の規定により提出される,貸借対照表,損益計算書その他の財務書類が計理士の監査証明を受けたものでなければならない旨を証券取引委員会規則で定めることができる。」(傍点筆者)

この規定によって,証券取引法の適用会社が,商法による計算書類以外に証券取引法上の財務書類を作成する義務を負う法的基礎が提供された。但し,上掲の規定は,直ちに実施することが考えられていたわけではなかった（日本公認会計士協会25年史1975a, 324頁）。1948年（昭和23年）7月6日に,「公認会計士法」が公布され,1949年（昭和24年）5月16日には,東京,大阪,名古屋証券取引所の立会が開始された。

1950年（昭和25年）3月29日に改正「証券取引法」が公布・施行された。これにより,証券取引法の規定により提出される財務書類の用語,様式及び作成方法を定める権限が証券取引委員会に付与され,またこれらの書類について,下掲の第193条の2の規定により,それを提出する会社と特別の利害関係のない公認会計士の監査証明を受けなければならないこととされた。つまり,公認会計士による法定監査の基礎が確立された。

「証券取引所に上場されている株式の発行会社その他の者で証券取引委員会

規則で定めるものが，この法律の規定により提出する貸借対照表，損益計算書その他の財務計算に関する書類には，その者と利害関係のない公認会計士の監査証明を受けなければならない。
…（中略）…
　第一項の公認会計士の監査証明は，証券取引委員会規則で定める基準及び手続によって，これを行わなければならない。(以下省略)」(傍点筆者)
　今日的観点からすると，公認会計士制度と「財務諸表規則」の基礎となった「企業会計原則」の設定とは，相互の連携のもとに進められていたように想像しがちである。例えば「企業会計原則の設定について」では，以下のように述べられているからである。
「企業会計原則は，公認会計士が，公認会計士法及び証券取引法に基き財務諸表の監査をなす場合において従わなければならない基準となる。」(二,2)
　しかし，実際にはそうではなく，日本の会計規制近代化に戦前・戦後を通して重要な役割を果たした黒澤清は次のようにいう。
「公認会計士制度のことは，当時大蔵省の理財局長だった伊原隆氏がG. H. Q.（連合国総司令部：筆者）の要請を受けて，証券取引法の制定に伴い，これを制度化しようということになり，その頃の計理士会の長老数氏（たとえば中瀬勝太郎氏，島田宏氏など）および私ども会計学者に相談をかけたのがきっかけになっています。はじめは，会計士の問題と会計原則の問題とはまったくかかあり会い（ママ）はありませんでした。」(番場ほか1974, 5頁)
　1950年（昭和25年）には，「財務諸表準則」を基礎に「企業会計原則」の一般原則の一部を取り込んで，「財務諸表等の用語，様式及び作成方法に関する規則」（証券取引委員会規則第18号）（以下では「財務諸表規則」と略す。）が制定された。「財務諸表規則」は，大蔵省理財局の当時の課長補佐 原秀三によって，番場嘉一郎，飯野利夫，江村稔といった会計学者の援助を受けて作られた（番場ほか1974, 10頁）。
　この「財務諸表規則」の設定は，アメリカの後押しを受けていた。すなわち，「財務諸表規則」の制定に関しては，税制に関するシャウプ勧告が重要な

関わりをもっていた。1949 年（昭和 24 年）5 月にコロンビア大学のシャウプ（C. S. Shoup）を団長とするシャウプ税制調査使節団（Shoup Mission）が来日した。当使節団の主目的は，日本の租税制度を研究し，その結果として税制改正のための勧告をなすことであった。精力的な調査と数々の政府との折衝の後，当使節団の「第 1 次報告書」（"Report on Japanese Taxation"），いわゆる「勧告」が 3 段階に分けて公表された。第 1 が同年 8 月 26 日のシャウプの記者会見による「勧告」の概要，第 2 が 9 月 15 日の「勧告」本文の公表，そして第 3 が 10 月 3 日の「附録」（Appendix）の公表であった。「附録」の中に次のような記述がある。

「証券取引委員会も経理基準を向上するために指導的役割を演じなければならない。同委員会は，種々の会計上の書類の様式を規定する権限をもっているから，経理習慣の発展に大いに貢献し得る優れた立場にある。同委員会は会計基準を規則として公布するようにすべきである。」（傍点筆者，旧字は略字に換えている。）（シャウプ使節団 1949，D 53 頁）

しかし，証券取引委員会に実際に「財務諸表規則」を作る意思も能力もなかったとして，黒澤は次のようにいう。

「…何分にも S. E. C.（証券取引委員会：筆者）と云う所は，その様な事に対しては全然無知で，我々が作ってくれたらとり入れようと云っているが，実際にはこれは我々がつくるのではなく各会社が民主的にこれをつくるものでなければならないのでありまして，我々としても又そうとなる様に努力しているが何分 S. E. C. は証券取引所の幹部と大部分大蔵省の御役人によって構成され，云わば大蔵省の出店のようなものであります。」（黒澤 1949）

なお，黒澤は，事前にシャウプ勧告と「財務諸表規則」の基礎となった「企業会計原則」の間に意思疎通があったとして，次のようにいう。

「後年，会計原則（昭和 24 年 7 月）とシャウプ勧告（昭和 24 年 6 月）とを，歴史的に比較調査する人があるとしたら，不思議に思うかもしれません。なぜならシャウプ勧告のほうが会計原則よりも前に発表されているのに会計原則の公表が織り込みずみになっているかということです。しかしそれは，事

前に両者の間に意思疎通があったからですよ。」(番場ほか1974, 8頁)

シャウプは, 1950年 (昭和25年) 7月31日に再来日して,「勧告」の実施状況を調査し, 第2次勧告を公表した。そこでは,「財務諸表規則」に関する, より明確な以下のような勧告が行われた。

「証券取引委員会は, 取引所に登録されている株式を所有する法人の貸借対照表および損益計算書の検査を要求する規則をできるだけ早く (おおむね昭和26年4月以前に) 施行すべきである。」(旧字は略字に換えている。)(大蔵省主税局編輯 1950, 79頁)

そして, 前述のように, 1950年9月28日に, 証券取引委員会規則第18号として「財務諸表規則」が公布された。「企業会計基準法」の頓挫 (久保田2010, 137頁参照) で法的裏付けの途を見失った財務諸表の様式標準化が, 税制に関する勧告によって可能性が開かれるといういびつな形を採って実現するに至ったのである。

1950年5月に,「調査会」は,「経済安定本部設置法の一部を改正する法律」の公布によって法制化され, 名称も企業会計基準審議会に改められた。同年7月には, この企業会計基準審議会によって,「調査会」第3部会によって作成が進められていた「監査基準」及び「監査実施準則」が公表され, 1951年 (昭和26年) には,「財務書類の監査証明に関する規則」(証券取引委員会規則第4号)(以下では「監査証明規則」と略す。)によって「監査基準」の一部が法制化された。これらにより, 証券取引法の領域では会計・監査基準としては, フルセットの近代化が実現した。

II 会計制度監査

しかし, その後, すんなりと公認会計士監査が立ち上がって軌道に乗ったわけではなかった。すなわち, これらの基準を実際, 機能させることが「日本型」会計制度形成の次の段階であるが, その主体として, 1951年 (昭和26年), 企業会計基準審議会より3名, 公認会計士管理委員会より2名, 経済団

体連合会（以下では経団連と略す。）より15名，そして公認会計士協会より8名の構成員からなる会計監査基準懇談会（以下では「懇談会」と略称する。）が発足した。

「懇談会」では，「欧米の監査水準をもって直ちにこれを実施することは困難であり，何らかの経過的措置が必要である」（日本公認会計士協会25年史1975a, 335頁）という意見を受け，経団連からの委員と日本公認会計士協会からの委員との間での意見調整を経て，初年度においては「正規の公認会計士監査を受入れる環境状況が企業に整っているかどうかを監査する」（新井1999, 5頁）会計制度監査を実施するにとどめることとなった。

結局，会計制度監査は，戦後占領期に初度監査（1951年）から第2次監査（1952年）まで，そして独立回復後に第3次監査（1952年）から第5次監査（1956年）まで行われた。このように，会計制度監査は，戦後占領期と独立回復後の両時期にまたがって実施された歴史的実験であった。

① 初度監査（1951年）

公認会計士による監査が実施されたのは，前述の「監査証明規則」に定められた1951年（昭和26年）7月1日以降に始まる事業年度からであり，しかも，直ちには正規の監査が行われず，以下のような制限のもとに施行された。

(1) 監査報酬は被監査会社の規模の大小にかかわらず一律とする。
(2) 監査日数（1事業年度22日以内），監査人員（責任者とも2人）の限定。
(3) 監査範囲の限定。

1951年7月1日に，「懇談会」によって「会計制度監査準則」（会計監査基準懇談会1951a）が公表され，証券取引委員会はそれをほとんどそのまま採択して同月25日に同委員会事務局長通牒「監査証明の実施について」（「財務書類の監査証明に関する規則取扱」）として法制化した。

更に，証券取引委員会企業会計審査監であった渡邊実による「初年度監査実施要領について―監査証明実施に関する通ちょうの説明―」という解説が雑誌『産業経理』に掲載された。その中で，渡邊は次のようにいう。

「従って，これら（証券取引法第193条の2及監査証明規則：引用者注）の規定の取扱を決める必要に迫られ，この目的を達するため，通ちょうが発せられたのであり，証券取引委員会は初度監査に限って，会計制度監査を有効と認めるのである。」（傍点筆者）（渡邊1951，33頁）

同年8月までに「懇談会」により，「内部統制の質問書」（会計監査基準懇談会1951b），「初年度会計制度監査契約書」，「同約款」および「初年度監査報酬規定」が公表された。これらによって法定監査を実施する体制が整備され，初度監査が実施された。

初度監査について「懇談会」メンバーの岩田巖は，初度監査としては，次の3点でよいとの考えであったという（新井1999，177頁）。
① 会計処理が会計原則により行われているかどうかをテストする。
② 内部統制組織が正確に運営されているかどうかをテストする。
③ 決算時には科目ごとの勘定分析を行う。

岩田は，会計制度監査の手続は簡易化されているけれども，これを以て甚だしく粗末なものだと非難することは当たらないとし，「米国におけるSystem Examination, System Reviewや独逸のOrganizationsprüfungというのは大体においてこの会計制度監査に相当する」と述べている（岩田1954，177頁）。

しかし，被監査会社においては，会計制度監査をすることすら難しい状況にあった。すなわち，内部統制組織どころか，社内の経理規程さえ十分整備されていなかったのである。

「懇談会」委員の太田哲三は，後に次のように語っている。

「法定監査は26年から始まったが，当初は会計制度の経理規程の作成を指導するのに忙殺されたのである。」（太田1968，231頁）

② **次年度監査（1952年）**

岩田は，初度監査について次のように解説している（岩田1951，4頁）。すなわち，正式の初度監査を監査計画設定のための予備的な監査と，これに基づく財務諸表監査との二段に区別し，初年度には，予備的な監査を行い，次年度に

財務諸表監査を行うのであるから，2事業年度を通じて正式の初度監査を実施することになる。そして，我が国においては，少数の例外を除き，殆どすべての会社が半期決算を行うから，結局1年を通じて正式の初度監査が行われることになると。

このように，次年度監査は財務諸表監査とする計画が語られていたが，「次年度監査の構想」と題するその後の論考で岩田は，初年度監査の基礎調査では制度の整備確立の状態を書かれた規程や内部統制の質問書によって調査しその当否を検討した。これに対して，次年度監査は既に書面を以って調査された制度が単に紙の上に書きしるされているばかりでなく，実際上においても施行実施されているかどうかを会社の現場について確かめると説明している（岩田1952，6頁）。

1952年（昭和27年）1月1日以後に始まる事業年度から，次年度監査が実施された（半年決算会社の場合）。この監査にあたっては，「次年度監査準則」（会計監査基準懇談会1952a）とこれを法制化した「次年度監査の実施について」（証券取引委員会）及び「財務諸表の検討について」（証券取引委員会）が公表された。監査手続にあたっては，初度監査から拡張され，現金，預金，有価証券，手形債権及び棚卸資産については，実施可能な場合には実査，確認，立会等の監査手続をあわせ行うものとされた。しかし，実際上，実施はされなかった。また，新たに監査すべき事項として「証券取引委員会に提出する財務諸表の形式が，法令等の定めるところに準拠しているかどうか」という項目が加えられた。

③ 第3次監査（1952年）

次年度監査が進行していた，1952年（昭和27年）4月に講和条約が発効し，同年7月の行政改革に伴い，証券取引委員会は廃止された。その所掌事項は，大蔵省理財局証券課において分掌されることになり，同委員会規則の一部は政令，一部は省令としてその効力を存続することになった。

また，経済安定本部が経済審議庁に改組された折に，企業会計基準審議会は

大蔵省の所管となり，名称も企業会計審議会と改められ，所掌事項もほぼ継承された。すなわち，その事務機構は大蔵省理財局経済課企業会計係に，公認会計士管理委員会の事務機構は同課公認会計士係に移された（新井 1999, 87 頁）。結果として，証券取引法に基づく会計・監査の諸機能の行政，および会計・監査の基準の設定が，大蔵省の下に統合されることになった。そして，経済安定本部の財政金融局のほとんど全員が大蔵省に移った（番場ほか 1974, 7 頁）。

1952 年 7 月 1 日以後に始まる事業年度から，第 3 次監査が実施された（半年決算会社の場合）。この監査にあたっては，「第 3 次監査準則」（会計監査基準懇談会 1952b）とこれを法制化した「第 3 次監査の実施について」（証券取引委員会）が公表され，「財務諸表の検討について」（証券取引委員会）は引き続き適用された。

次年度監査では，実際上，実施されなかった，現金，預金，有価証券，手形債権及び棚卸資産の実査，確認，立会等の監査手続について，「実施可能な場合には」という字句が削除され，当該監査手続を一定の基準日を設けて実施することとされた。しかし，実体的には次年度監査と変わりはなく，その内容がほぼそのまま踏襲された（日本公認会計士協会 25 年史 1975a, 340 頁）。

④　第 4 次監査（1953 年～1954 年）

1953 年（昭和 28 年）1 月 1 日以後に始まる事業年度から，第 4 次監査が実施された（半年決算会社の場合）。第 3 次監査も独立回復後に行われたが，その準備は占領期においてであった。したがって，第 4 次監査が，実質的な独立回復後の会計制度監査ということになる。

第 4 次監査においては，2 つの大きな変化があった。まず第一は，1953 年 5 月 7 日に「財務書類の監査証明について」（大蔵省理財局通牒）と「『財務書類の監査証明について』に関する申合せ」（会計監査基準懇談会 1953；以下では「申合せ」と略す。）が公表された。上記の行政改革前と異なったのは，「懇談会」が準則を公表し，これを証券取引委員会や大蔵省が採択して通牒に盛り込む方式に代えて，大蔵省の了解を得て，「懇談会」が通牒の施行に関する実施

細目を「申合せ」という形で発表する方式が採られた点である（日本公認会計士協会 25 年史 1975a, 343 頁）。しかし，このことについて，岩田は，通牒では表現しにくい内容が少なくないので「申合せ」という形で自由に書けるようにしたが，実際の「申合せ」を見ると通牒のような書き表し方を踏襲しているばかりか，通牒以上に分かりにくい表現になっていると述べている（岩田 1953, 55 頁）。

　第 2 点目の変化は，第 4 次監査では，「基礎監査」と「正常監査」が区別されたことである。前者が本質的に会計制度監査と同様のものであったのに対して，「正常監査」は，被監査会社の「会計制度の運用状況の監査のほか，原則として財務諸表の重要な項目の監査により行うこと」とされた（日本公認会計士協会 25 年史 1975a, 343 頁）。

　第 4 次監査に関する座談会で，経団連事務局長の内山徳治は次のように発言している。

　「或る意味で，非常に不徹底ではありますが，日本的な会計監査というものの在り方が，一部分わかった。そうして質的に変わったというところが今度の第 4 次監査の特徴ではないかというふうに私としては感じております。」
（太田ほか 1953, 109 頁）

　「正常監査」における監査事項は，以下のものとされた。
(1) 会計制度の運用に関する 5 事項（期中監査）。
(2) 財務諸表に表示されるべき重要な項目に関する帳簿残高が適正であるかどうか（期末監査）。
(3) 財務諸表の用語，様式又は作成方法が法令等の定めに従っているかどうか。

　この内，「財務諸表に表示されるべき重要な項目」とは，「申合せ」によると，少なくとも現金，預金，手形債権，有価証券，社債及び長期借入金とされた（岩田 1953, 53 頁）。正常監査は貸借対照表監査を実施する建前をとり，監査項目が次第に増加されることが期待されていたが，事実上は「申合せ」における最少限度の 5 項目に限定された監査が行われたに過ぎなかった（渡邊

1954, 73 頁)。

(2) と (3) については, 「監査の範囲及び監査手続の適用が限られていること, その他止むを得ない事由がある場合には, 当該事項に関する監査の一部を省略することができる」と定められていた。「正常監査」について, 岩田は, 正規の財務諸表監査からはおよそかけはなれた制約された監査であって, 米国のいわゆる「レストリクティッド・イグザミネーション」に相当するとした上で, 公式に定められた監査形態としてはおそらく世界に類例がないのではないかと思うと苦々しく述べている (岩田 1953, 52 頁)。

正常監査は正規の財務諸表監査に入る前の段階として考えられ, 第 4 次監査は正常監査の 1 つの段階として実施された。しかし, 当時, その成果については, 渡邊実によって, 第 4 次監査の監査報告書はその使命を果たすには程遠いという厳しい評価がなされている (渡邊 1954, 73 頁)。

⑤ 第 5 次監査 (1955 年〜1956 年)

1955 年 (昭和 30 年) 1 月 1 日以後に始まる事業年度から, 第 5 次監査が実施された (半年決算会社の場合)。第 5 次監査の決定については, 会計監査基準懇談会 20 回, 経団連 (関西経済連合会を含む), 日本公認会計士協会及び大蔵省当局の相互間の連絡協議会約 60 回, その他個々の団体における協議会数十回を経たという (渡邊 1955, 102 頁)。「懇談会」において協議された正規の財務諸表監査をできるだけ早急に実施する具体的方針に関して審議され, 公認会計士の監査制度を今後更に育成するという根本方針を確認すると共に, 制度の発展を阻む以下の諸事情を除くこととされた (渡邊 1955, 103 頁)。

(1) 証券取引法と商法及び税法との調整。
(2) 企業会計基準及び監査手続の確立並びに正規の財務諸表監査の在り方の確立。

第 5 次監査の具体的内容については, 1955 年 1 月 7 日付の「『財務書類の監査証明について』に関する申合せ」(会計監査基準懇談会 1955a) と同年 2 月 15 日付の「『財務書類の監査証明について』の細目の取扱について」(大蔵省理財

局通牒）により実施された。

　第5次監査における「基礎監査」は，監査補助者に関する規定が新設されたことと，監査に関する報告書の様式が変更されたことを除いて，第4次監査とほぼ同様であった（日本公認会計士協会25年史1975a，347頁）。

　「正常監査」については，監査事項が大幅に拡大され，また，監査報告書の意見の記載方法についても，監査の過程において「重大な欠陥」が発見された場合には，監査報告書に意見の表明を差し控える旨及びその理由を抽象的に記載することができるとされた。そして，その詳細な理由は一般に公表することなく，非公開の監査概要書に記載することとされた（日本公認会計士協会25年史1975a，347頁）。なお，この「重大な欠陥」の解釈と監査報告書における取扱については，「いわゆる第五次監査の監査報告書に関する覚書」（会計監査基準懇談会1955b）という文書が，一般に公表することなく，日本公認会計士協会会員と経団連会員とのみに周知徹底することとされた（日本公認会計士協会25年史1975b，724頁）。

　初度監査の際に「会計制度監査準則」の附録（中間報告）として公表された「内部統制質問書」は，第5次監査の実施を機に，日本公認会計士協会の会計制度調査委員会の検討を経て改訂された（日本公認会計士協会25年史1975a，348頁）。

　因みに，同年9月30日現在及びその後の公認会計士数と被監査会社数の推移は，以下の通りであった（江村編1969，第7部統計，3頁）。

年度	被監査会社数	公認会計士数	公認会計士1名当り社数
1951年9月30日（初度監査）	446社	373名	1.22社
1952年12月31日（第4次監査直前）	597社	713名	0.84社
1954年12月31日（第5次監査直前）	843社	988名	0.85社
1956年12月31日（正規監査直前）	954社	1,185名	0.80社

⑥ 会計制度監査の問題点

大蔵省企業会計審査員となった渡邊実は,「正規の監査実施可能ならしめる事態の醸成」として,次の7点を挙げている（渡邊1955, 111頁）。

(1) 証券取引法と商法との調整。
(2) 監査手続, 企業会計の基準及び財務諸表監査のあり方の確立。
(3) 我が国の現段階における会計士監査の意義又は目的のせん明又は啓蒙。
(4) 公認会計士の資質の向上。
(5) 適格者たる公認会計士の選定。
(6) 監査日数及び人数の基準決定。
(7) その他パートナーシップ, 監査契約等についての研究。

「(1) 証券取引法と商法との調整」が必要な点については,以下のものが挙げられている（渡邊1955, 103頁）。

(a) 会社は決算後2ヶ月以内に株主総会開催, 税務申告及び総会2週間前に監査役へ計算書類を提出しなければならないので, 監査の日数を増加すれば, 決算事務及び申告事務執行に支障をきたす。
(b) 監査役の監査と公認会計士監査との重複があり, 両者の意見に相違がある場合が懸念される。
(c) 商法に定める計算書類の確定及び配当の決定を株主総会の決議事項から除き, 取締役会の決議事項に改める要があるとする。

なお, (b)の問題については, 1951年（昭和26年）に企業会計基準審議会によって公表された「商法と企業会計原則との調整に関する意見書」の「第5 監査役と証券取引法による公認会計士の監査」において次のように要求されていた。

「証券取引法に基き公認会計士の監査をうける会社は, 計算書類に関する監査役の監査を要しないものとする。」

結局, 上記の問題点が解消されるのは, 次の第Ⅲ節の戦後昭和期の商法改正で見るように,「(a) 決算期間の延長」と「(b) 監査役の監査と公認会計士監査との調整」については, 1974年（昭和49年）の商法改正によってであり,

(c) のうち「計算書類の確定を株主総会の決議事項から除く」については，1981年（昭和56年）の商法特例法改正によってであった。

そして，(c) のうち「配当の決定を株主総会の決議事項から除き，取締役会の決議事項に改める」については，2002年（平成14年）の商法改正による委員会等設置会社導入によって一部，解消された。

本来，法定監査を始めて受ける会社にとっての「初度監査」という言葉が，すべての法定監査対象会社は勿論，公認会計士や規制当局にも妥当した。そのため会計制度監査という形で実施され，当初は「初度監査に限って」認められるはずの歴史的実験であった。当時の証券取引委員会の初代監査係長であった浅地芳年は，後に次のように語っている。

「われわれは，当時，役所の立場で関与はしておりましたけれども，実態的なことになりますと，監査のことは金融機関や証券会社の検査の経験ぐらいから判断する程度でよくわからないんです。しかし，そういうことで，曲がりなりにも，原案を基礎にしまして，一応通達の形にした。」（傍点筆者）（番場ほか1974，12頁）

第3次までの会計制度監査については，企業の経理担当者による次の発言がその性格をうまく言い表している。

「抑々この法定監査制度というのが自然発生的にできてきたものじゃないので，アメリカとかイギリスとか，諸外国の例と全然違って，天降り的にでき上ったものなのですから，これは会社の方も，公認会計士の方も，やはり1年生から始めるわけなんで，まあ手習期間といいますか，それを段階的にやってきた。」（傍点筆者）（黒澤ほか1957，54頁）

戦後占領期に，「天降り的に」始まった法定監査制度を会計・監査基準，公認会計士制度及びそれらを支える行政組織の整備によって具体化し，それらを「日本型」会計制度として根付かせるための様々な試行錯誤によって会計制度監査が進められた。

上述のように独立回復によって，会計制度監査を支える機構が大きく様変わりした。すなわち，証券取引法による監査が大蔵省の所管となり，準備段階か

ら独立回復後に実施された第4次監査では，通牒が先ず公表され，「懇談会」の「申合せ」公表となった。また，第5次監査からは「内部統制質問書」が日本公認会計士協会により改訂された。

⑦ 正規の財務諸表監査

1957年（昭和32年）1月1日以降に始まる事業年度から正規の財務諸表監査が実施された。証券取引法に基づく監査が開始されてから6年目のことであった。

正規の監査実施については，当時，時期尚早論も根強かった。その理由は以下の3点であった（黒澤ほか1957, 55頁。）

(1) 無制限な監査で十分責任を持った監査というものが，非常に限られた時間で果たして遺憾なくできるものかどうか。
(2) 一般的に見た監査人の能力というものから考えて，非常な大企業の監査をして適正なりや否やの判断をすることが，今の会計士に間違いなくできるかどうか。
(3) 日数が増えると，監査料金が飛躍的に上がるのではないか。これは現在の監査の効果と見合わして考えると，被監査会社としては賛成しかねる。

正規の監査に移行するために，最も実際的に議論されたのは，公認会計士監査と監査役監査との調整問題であった（日本公認会計士協会25年史1975a, 348頁）。結局，1956年（昭和31年）2月11日に大蔵省と経団連との間に，「昭和32年1月1日以後に始まる事業年度から，法的措置を講ずると否とにかかわらず，証券取引法の規定による正規の監査を実施する」との覚書が取り交わされ，「第6次は正規」という線が確認された（日本公認会計士協会25年史1975a, 348頁）。

正規の監査の実施を機会に，それまで会計制度監査の実施を推進していた「懇談会」は解散し，その後は，監査の一般的基準および実施上の具体的基準についても企業会計審議会がその審議にあたることになった。

1956年12月に企業会計審議会は，「監査基準」の一部を改訂するとともに，「監査実施準則」を全面的に改め，さらに「監査報告基準」を新たに作成した。但し，実質的には改正前の「監査基準」中の「監査報告基準」が2つに分割され，一部は「監査基準」に残り，一部は字句の修正の上「監査報告準則」に移されたものであった（日本会計研究学会 1957，96頁）。なお，第3部会長の黒澤清ほか，渡邊実，飯野利夫，江村稔が起草に参加した。

なお，新設の「監査報告基準」には，「正当な理由による期間利益の平準化又は企業の堅実性を得るために」企業の採用する会計処理の原則及び手続について当期純利益に著しい影響を与える変更が行われた場合，必ずしも監査報告書に記載しなくてもよいとされていた［三，（三），3］。すなわち，正規の監査に入るにあたって，「監査報告基準」の方で緩和するというものであった（黒澤ほか 1957，62頁）。

この緩和策については，ほとんどの会社が半年決算であった当時，上期と下期に業績の大きい季節的変動を伴う会社が，その間の利益を調節するために継続性に変更を加えている慣行だとか，わが国の企業の基礎が一般的に見て弱いために，好況時に利益の計上を控え目にしておいて，不況に対処するというような慣行が存在したことを考慮したものであった（庭山 1957，64頁）。これに対しては，「会社の利益操作を是認することになるのではないかという批判」（日本会計研究学会 1957，57頁）が多くの会計学者からあがった。

1957年3月に「監査証明規則」に代えて，大蔵省令として「財務諸表の監査証明に関する省令」が公布・施行され，同年4月には，同省令の取扱についての通達が発表された。

Ⅲ　戦後昭和期の商法改正

①　昭和25年商法改正

日本では，商法は1890年（明治23年）に制定されたが，ごく一部の実施後，1899年（明治32年）に，いわゆる新商法が制定施行された。当商法では，総

則の規定により，商人に対し，財産目録と貸方借方の対照表（貸借対照表）を，その開業の時，又は会社の設立登記の時，及び1年1回一定の時期に作成し，特に設けた帳簿に記載することを要求した。そして，そこでは時価による評価が強制されていた。

　1911年（明治44年）の改正において，財産目録の評価額は，財産目録調製時の価格を超えることができないことに改められた。これは，「時価以下主義」と呼ばれ，1974年（昭和49年）改正に至るまでの約70年間，商法計算規定の評価基準として存在した。その後，1938年（昭和13年）の商法の全面改正によって，財産目録に営業用の固定資産を記載するにあたっては，その取得価額又は製作価額より相当の減損額を控除した価額を付することができるものとした。

　13年改正によって，株式会社については，営業用の固定資産に取得価額又は製作価額を超える価額を付することができず，また，取引所の相場のある有価証券は決算期前1ヶ月の平均価格を超える価額を付してはならない旨の評価基準が定められた。さらに，株式会社の創業費，社債発行割引差金および配当した建設利息の額を繰延資産として計上することが認められた。

　因みに，ドイツでは，株式法において会計・監査の近代化，すなわち資産別評価規定の整備，計算書類様式標準化，外部監査人監査導入等が1931年に実現していた。13年改正による商法計算規定は，単に会計理論の立場からみて欠陥があるだけでなく，会計実践ともかけ離れたものであった。1957年（昭和32年）以降，上述のように，証券取引法による正規の財務諸表監査が実施されることによって，商法計算規定と会計実践との隔たりが一層強く認識されるに至り，法制審議会商法部会は，1958年（昭和33年）2月から，商法計算規定の根本改正の作業に着手した。

　そして，1962年（昭和37年）と1974年（昭和49年）の商法改正によって，商法計算規定は，近代化を果たすことになるが，その直接的契機が，戦後占領期に確立された証券取引法による会計規制と商法計算規定との調整にあったという点は，日本の会計規制の近代化を考察する上で重要なポイントである。つ

まり証券取引法による会計規制が，商法計算規定の近代化の牽引役を果たしたのである。本節では，この点を中心に考察を進める。

1950年（昭和25年）に商法改正が行われた。25年改正は，アメリカ法の影響を強く受けている。すなわち，25年改正は，連合国総司令部（GHQ/SCAP）経済科学局（ESS）のアメリカの法律家と，法務府を中心とする日本の法律家との協力によって，改正案が起草されその要綱が公表された。当要綱は法制審議会の諮問に付され，日本の実情を考慮した要綱修正案が答申された。この要綱修正案に基づいて法務府によって改正原案が修正され，1950年2月24日に国会に提出された。そして，1950年5月15日に「商法の一部を改正する法律」として公布され，翌1951年（昭和26年）7月1日より施行された。しかし，資産別評価規定の整備，計算書類様式標準化，外部監査人監査の導入は，25年改正には，まだ反映されず，積み残しとなった。

25年改正では，会計に関連して以下のような事項が改正・新設された。

(1) 授権資本制度の新設（166条1項3号）
(2) 無額面株式制度の新設（166条1項7号）
(3) 法定準備金を利益準備金及び資本準備金の2種に区別（288条）。
(4) 法定準備金の資本組入規定の新設（293条ノ3）
(5) 新株発行費用の資産計上許容（286条ノ2）
(6) 建設利息規定の一部改正（291条）
(7) 株式配当規定の新設（293条ノ2）
(8) 監査役監査の範囲を会計監査に限定（274条）

25年改正は，主に株式会社に関するものであり，その根本的性格は商法の「アメリカ法化」にあった（松本ほか1950，39頁）。それについて，かつて幣原内閣の憲法問題調査委員会の委員長も務めた松本烝治は，25年改正をテーマとした座談会で次のように批判している（松本ほか1950，39頁）。

「この要綱の大体の建前は，日本の実際ということとまったく目を離して，別個の見地で新しい制度にしようということで立案されているかのように実は考えられる。」

他方，大住達雄（三菱倉庫社長）は，同座談会で次のように発言している（松本ほか1950，40頁）。

「わが国は大陸よりも英米を相手に貿易する場合が多くまた今後益々多くなるのでありますから，商法に関する限りは大陸法を捨てて英米法を継受することが適当じゃないかと思うのであります。」

② 昭和37年商法改正

商法改正に当たっては，「企業会計原則」が尊重されなければならないといっただけでは不十分という理解から，商法改正についての具体的勧告として1951年（昭和26年）に企業会計基準審議会によって「商法と企業会計原則との調整に関する意見書」（以下では「商法調整意見書」と略称する。）が公表された。

「商法調整意見書」の勧告は，第1から第14までであるが，そのうちの「第12 資本準備金」は，上述の25年改正による法定準備金の資本準備金と利益準備金への分離に対する追加要請だとし，残りの13項目については，37年改正と49年改正によってほぼ実現されたとされる（新井ほか1978，23頁）。

上述のように1957年（昭和32年）以降，正規の財務諸表監査が実施されることにより，会計実践とのへだたりが，いっそう強く認識されるようになったため，法制審議会商法部会によって，1958年（昭和33年）2月から，かねてからの懸案である計算規定の根本改正の作業に着手された（江村1982，21頁）。同年に「改正の問題点」が公表され，さらに，1960年（昭和35年）に法務省民事局試案が公表された。1962年（昭和37年）2月2日に「商法の一部を改正する法律案要綱」が法制審議会総会で決定され，1962年（昭和37）年4月20日に「商法の一部を改正する法律」として公布された。そして，翌1963年（昭和38年）7月1日より施行された。

以下では，37年改正について，会計に関連した主要な改正・新設条文を概観してみよう。

(a) 資産別評価規定の新設

　昭和13年商法では，財産目録および貸借対照表の作成規定が第33条にあった。そして財産目録評価規定は第34条に「(前段略) 営業用の固定財産に付いて前項の規定に拘わらず其の取得価額又は製作価額より相当の減損額を控除したる価額を附すること得。」という規定があり，また，会社の計算規定においては，第285条に以下の規定があったに過ぎなかった。

「財産目録に記載する営業用の固定財産に付いては其の取得価額又は製作価額を超ゆる価額，取引所の相場ある有価証券に付いてはその決算期前一月の平均価額を超ゆる価額を附することを得ず。」

　37年改正では，以下のような資産別の評価規定が新設された。上掲の規定との差異を示すため条文も引用する。

(1) 流動資産

「流動資産に付いては，其の取得価額又は製作価額を附することを要す。但し時価が取得価額又は製作価額より著しく低きときは其の価格が取得価額又は製作価額まで回復すると認めらる場合を除くのほか時価を附する事を要す。

　前項の規定は，時価が取得価額又は製作価額より低きときは時価を附するものとすることを妨げず。」(285条ノ2)

(2) 固定資産

「固定資産に付いては，其の取得価額又は製作価額を附し，毎決算期に相当の償却を為すことを要す。

　固定資産に付き，予測すること能わざる減損が生じたるときは相当の減額を為すことを要す。」(285条ノ3)

(3) 金銭債権

「金銭債権に付いては，其の債権金額を附することを要す。但し債権金額より低き代金にて買入れたるとき其の他相当の理由あるときは相当の減額を為すことを得。

　金銭債権に付き取立不能の虞あるときは取立つること能わざる見込額を控

除することを要す。」(285条ノ4)

(4) 社債

「社債に付いては，其の取得価額を附することを要す。但し其の取得価額が社債の金額と異なるときは相当の増額又は減額を為すことを得。

　第285条ノ2第1項但し書及び第2項の規定は取引所の相場ある社債に，前条第2項の規定は取引所の相場なき社債に之を準用す。

　前2項の規定は国債，地方債其の他の債券に之を準用す。」(285条ノ5)

(5) 株式その他の出資

「株式に付いては，其の取得価額を附することを要す。

　第285条ノ2第1項但し書及び第2項の規定は取引所の相場ある株式に之を準用す。

　取引所の相場なき株式に付いては，其の発行会社の資産状態が著しく悪化したるときは相当の減額を為すことを要す。

　第1項及び前項の規定は有限会社の社員の持分其の他出資に因る持分に之を準用す。」(285条ノ6)

(6) 暖簾

「暖簾は有償にて譲受け又は合併に因り取得したる場合に限り貸借対照表の資産の部に計上することを得。此の場合に於いては其の取得価額を附し，其の取得の後5年内に毎決算期に於いて均等額以上の償却を為すことを要す。」(285条ノ7)

(b) 繰延資産の範囲拡大

当時，商法上明文をもって繰延資産として認められていたのは，創業費，新株発行費，社債差額及び建設利息であった。それらに加えて，以下の項目が繰延資産として認められた。これらについても，条文も引用してみよう。

(1) 開業準備費用

「開業準備の為に支出したる金額は，之を貸借対照表の資産の部に計上することを得。此の場合に於いては開業の後5年内に毎決算期に於いて均等額以上の償却を為すことを要す。」(286条ノ2)

(2) 試験研究費・開発費

「左の目的の為に特別に支出したる金額は，之を貸借対照表の資産の部に計上することを得。此の場合に於いては其の支出の後5年内に毎決算期に於いて均等額以上の償却を為すことを要す。
　　一　新製品又は新技術の研究
　　二　新技術又は新経営組織の採用
　　三　資源の開発
　　四　市場の開拓」(286条ノ3)

(3) 社債発行費用

「社債を発行したるときは其の発行の為に必要なる費用の額は，之を貸借対照表の資産の部に計上することを得。此の場合に於いては社債発行の後3年内に，若し3年内に社債償還の期限が到来するときは其の期限内に毎決算期に於いて均等額以上の償却を為すことを要す。」(286条ノ5)

(c) 引当金規定の新設

　引当金の計上を容認する条文の新設が必要とされることになったのは，単に，当時の健全な会計実務を法令にとり入れるべきであるという程度の問題意識によるものではなかった。当条文が存在しないならば，引当金の計上が違法となったからである。すなわち，37年改正により，知られたるすべての債務は，その債務金額をもって貸借対照表に計上しなければならないとされたため，債務の性格をもたない引当金の計上は禁止されることになったからであった（江村 1982，40頁）。そこで以下の規定が新設された。

「特定の支出又は損失に備ふる為に引当金を貸借対照表の負債の部に計上するときは其の目的を貸借対照表に於いて明らかにすることを要す。
　　前項の引当金を其の目的外に使用するときは其の理由を損益計算書に記載することを要す。」(287条ノ2)

　このように，37年改正の特色は，「企業会計原則」の採っている原価主義を基本的な評価基準として採用し，いわゆる損益法による企業会計のフレームワークを決算貸借対照表にかかげられる各種項目に適用しようとしたことに求め

られる（江村 1982, 23 頁）。

上記規定の改正・新設のほか，利益準備金の要積立額，資本準備金の積立，配当限度額，付属明細書に関する規定が改正された。そして，1963 年（昭和 38 年）には「株式会社の貸借対照表及び損益計算書に関する規則」（法務省令）が制定された。これによって「昭和 13 年以来，25 年ぶりに計算書類の方式を定めるという公約がようやく実現した」（鈴木・竹内 1977, 367 頁）。

③ 昭和 49 年商法改正

49 年改正商法については，1967 年（昭和 42 年）に「監査制度に関する問題点」が公表され，さらに，1968 年（昭和 43 年）に法務省民事局参事官室試案が公表された。1970 年（昭和 45 年）3 月 30 日に「商法の一部を改正する法律案要綱」が法制審議会で決定され，そして，1974 年（昭和 49）年 4 月 2 日に「商法の一部を改正する法律」として公布され，同年 10 月 1 日より施行された。49 年改正は，「公正なる会計慣行の斟酌」規定の新設や財産目録の作成義務の廃止等，商法会計上の長年の課題が達成された改正であった。しかし，49 年改正の最大のポイントは，会計監査人監査導入であった。すなわち，粉飾決算の問題が証券取引法の適用を受ける公開会社で表面化し，同法による公認会計士の監査を強化して有効にするため，決算確定前にその監査を行って，株主総会にその意見を報告させる必要があり，その手続を定めるため商法上の制度として会計監査人制度が新設された（大森・矢沢 1971, 36 頁）。「商法特例法」が制定され，以下の事項が新設された。

(1) 大会社に対する会計監査人監査の強制（2 条）
(2) 会計監査人に関する諸規定の新設（3 条ほか）

その他，49 年改正によって採用された計算規定関係の方策は，第 1 には，商法総則における条文の改正による商業帳簿の完備であり，そして，第 2 には，商法による会計規制と証券取引法上の会計基準（「企業会計原則」）とを合致させることによって，内容の一致ないし調和をはかることであった（江村 1982, 37 頁）。49 年改正では，会計に関連して以下のような事項が改正・新設

された。
　(1)　公正なる会計慣行の斟酌規定の新設（32条2項）
　(2)　商業帳簿に関する評価規定等の改正（32条～34条）
　(3)　開業財産目録及び決算財産目録の作成義務の廃止（281条1項）
　(4)　子会社株式の評価規定の改正（285条ノ6,2項）
　(5)　附属明細書の監査役監査規定の新設（281条ノ4）
　(6)　監査役監査の範囲を業務監査にも拡大（274条）
　(7)　中間配当制度の新設（293条ノ5）

　まず (1) については，1948年（昭和23年）12月2日の「調査会」会合に提出された「会計原則」の原案のうち，一般原則の1つとして次のものが挙げられていた（企業会計制度対策調査会1949, 44頁）。

　「二　企業会計は正規の会計原則に従って処理されなければならない。」

　しかし，これについては，「すでに自明の公理みたいなものであるから，むしろこれは削除した方が適当であるとの皆さんの意見によって」（企業会計制度対策調査会1949, 48頁）削除された。類似の規定が，49年改正の折に，第32条第2項の規定として定められた。

　(2) については，財産評価について「時価以下主義」が改められ，「企業会計原則」の原価主義の立場が採用された（大森・矢沢1971, 41頁）。

　(3) については，商法総則の計算書類の体系から財産目録が除かれたので，その代わりに，会計帳簿の記載事項に修正が加えられた。そのほか，従来，株主総会終了後に作成されていた計算書類の附属明細書が定時総会前に作成され，監査役・会計監査人の監査を受けた上で，株主・債権者に公示されることになった（大森・矢沢1971, 39頁）。

　(4) については，子会社の株式の評価について，長期に保有されることが明白な株式に低価基準を採用することは，企業の財政状態・経営成績の適正な表示を妨げるとして，「企業会計原則」ないし法人税法第30条（同施行令第34条第1項第2号）の規定にあわせて低価基準によらないものとされた。

　(5) については，下記のように監査役が業務監査をも行うことに伴い，取

締役に対する報告徴収権及び，業務状況調査権を拡大する一環として規定された。

(6)については，前述したように，昭和25年改正の折に監査役監査の範囲を会計監査に限定する規定（第274条）により，一旦外されていた業務監査が，また元に戻された。

(7)については，証券取引法会計との調整上，当初から障碍となっていた半年決算を一年決算に移行させる前提整備として，中間配当が認められた。その際，イギリス会社法やドイツ株式法，満鉄の例などの規定が参照された（大森・矢沢1971, 40頁）。

その他，負債の部において「特定引当金の部」の区分記載を要求すること，損益計算書において営業損益計算・経常損益計算・純損益計算の区分のほか，未処分損益の区分を設けて，そこに従来「特別損益の部」に計上されていた特定目的積立金の目的に従った取崩高，特定引当金の繰入，取崩高および中間配当額などを記載させる等の改正が行われた（大森・矢沢1971, 40頁）。

因みに，「商法調整意見書」の勧告のうち，37年改正と49年改正で積み残された「第7 計算書類の確定」については，1981年（昭和56年）の商法特例法の改正によって，また「第11 自己株式」については，2001年（平成13年）の商法改正によって実現した。「第13 臨時巨額の損失」については商法に反映されなかったが，1954年（昭和29年）に公表された「企業会計原則注解」において規定され，その後1963年（昭和38年）の同「注解」改正の折に「特に法令をもって認められた場合」という文言を入れることによって調整された（新井ほか1978, 35頁）。

37年及び49年改正は公認会計士監査受容のためのものでもあった。矢澤惇は後に次のように総括している。

「企業会計原則と正面からかかわる商法の改正は，二回，今おっしゃるとおり昭和37年と昭和49年とありますけれども，二つともいわば会計原則およびそれを基準とする監査制度を実現するために行われたものであることを忘れないでいただきたいと思います。それも大筋で企業会計審議会の意見をい

れたものです。」(傍点引用者)(新井ほか 1978, 24 頁)

④　昭和 56 年商法改正

　戦後昭和期の大きな商法改正は，その後，昭和 56 年 (1981 年) に行われた。56 年改正では，37 年及び 49 年改正における会計・監査制度の整備を強化・拡充するための更なる調整が行われた。すなわち，56 年改正では，会計に関連して以下のような事項が改正・新設された。

昭和 56 年改正商法 (昭和 57 年 10 月 1 日施行)
(1) 計算書類等の取締役会による作成及びの取締役会による承認義務の明文規定 (281 条 1 項)
(2) 営業報告書の取締役会による確定 (283 条 1 項)
(3) 監査役による計算書類と附属明細書の同時監査 (281 条ノ 2.2 項)
(4) 監査役による監査報告書の記載事項の改正 (281 条ノ 3, 2 項)
(5) 資本組入規定の改正 (284 条ノ 2)
(6) 引当金規定の改正 (287 条の 2)

　そして，同年，商法特例法も改正され，以下のような事項が改正・新設された。
(1) 会計監査人監査を受けるべき会社の範囲について貸借対照表上の負債総額 200 億円以上の会社を追加 (2 条)
(2) 会計監査人および監査役の適法意見が付された貸借対照表および損益計算書の取締役会の承認での確定 (16 条 1 項)
(3) 貸借対照表に加えて，損益計算書 (又はその要旨) の公告規定の追加 (16 条 2 項および 3 項)
(4) 会計監査人の資格・選任・任期・解任等に関する規定の追加・新設 (3 条ないし 6 条ノ 4)

引 用 文 献

[欧文]
American Accounting Association 1936 "A Tentative Statement of Accounting Principles Affecting Corporate Reports," *Accounting Review*, June 1936, pp. 187-191（翻訳；中島訳 1964）.
――――1941, "Accounting Principles Underlying Corporate Financial Statements," *Accounting Review* June 1941, pp. 133-139（翻訳；中島訳 1964）.
――――1948 "Accounting Concepts and Standards Underlying Corporate Financial Statements," *Accounting Review*, October 1948, pp. 339-344（翻訳；中島訳 1964）.
――――1957 "Accounting and Reporting Standards for Corporate Financial Statements," 1957 Revision, *Accounting Review*, October 1957, pp. 536-546（翻訳；中島訳 1964）.
――――1966 *A Statement of Accounting Basic Theory*（翻訳；飯野訳 1969）.
――――1977 *A Statement on Accounting Theory and Theory Acceptance*（翻訳；染谷訳 1980）.
American Institute of Certified Public Accountants 1970 Statement No. 4 of APB, *Basic Concepts and Accounting Principles Underlying Financial Statements of Business Enterprises.*（川口訳 1973）.
――――1973-1974 *Objectives of Financial Statements*（翻訳；川口訳 1976）.
AICPA Special Committee on Financial Reporting 1994, *Improving Business Reporting ― Customer Focus*（八田・橋本訳 2002）.
Anthony, Robert N. 1984 *Future Directions for Financial Accounting*, Dow Johnes-Irwin（翻訳；佐藤訳 1989）.
Arbeitskreis Bilanzrecht Hochschullehrer Rechtswissenschaft 2008, "Nochmal: Plädoyer für eine Abschaffung der "umgekehrten Maßgeblichkeit"," *Deutsches Steuerrecht (DStR)* 2008, S. 1057-.
Bundesministerium der Finanzen 2011, "Elektronische Übermittlung von Bilanzen sowie Gewinn- und Verlustrechnungen; Anwendungsschreiben zur Veröffentlichung der Taxonomie"（BMF-Schreiben 28. 9. 2011）.
Canning, J. B. 1929, *The Economics of Accountancy*, New York, The Ronald Press Company.
Ebener, Eckart/Stolz, Hansjörg/Mönning, Johann H./Bachem, Hellmuth 2013, *E-Bilanz Ein praktischer Leitfaden*, C. H. Beck.

Eilers, Stephan/Nücken, Sandro/Valentin, Cyril/Daniel-Mayeur, Vincent 2012, "Das "Grünbuch der Deutsch-Französischen Zusammenarbeit - Konvergenzpunkte bei der Unternemensbesteuerung," *Der Betrieb* (*DB*) Nr. 10.

Endres, Dieter et al 2007, *The Determination of Corporate Taxable Income in the EU Member States*, Kluwer Law International.

Ernst, Christopf/Naumann, Klaus-Peter 2009 *Das neue Bilanzrecht Materialien und Anwendungshilfen zum BilMoG*, IDW Verlag GmbH.

Essers, Peter (ed.) 2009 *The Influence of IAS/IFRS on the CCCTB, Tax Accounting, Disclosure and Corporate Law Accounting Concepts*, Kluwer Law International.

European Commission 2001, Directive 2001/65/EC of the European Parliamentand of the Council of 27 September 2001.

―――2002, Regulation (EC) No. 1606/2002 of the European Parliament and of the Council of 19 July 2002 on the application of international accounting standards.

―――2003a, Council Directive 2003/38/EC of 13 May 2003.

―――2003b, Directive 2003/51/EC of the European Parliament and of the Council of 18 June 2003.

―――2011, *Proposal for a COUNCIL DIRECTIVE on a Common Consolidated Corporate Tax Base* (*CCCTB*)（翻訳；大野訳 2012）.

―――2013, Directive 2013/34/EU of the European Parliament and of the Council of 26 June 2013.

Finacial Accounting Standards Board (FASB) 1974 *Discussion Memorandum* "An analysis of issues related to Conceptual Framework for Finacial Accounting and Reporting: Elements of Financial Statements and Their Measurements"（翻訳；津守監訳 1997）.

―――1976, *Scope and Implications of the Conceptual Framework Project*（翻訳；森川監訳 1988）.

―――1978, *Statement of Financial Accounting Concepts No. 1*. "Objectives of Financial Reporting by Business Enterprises"（翻訳；森川監訳 1988）.

―――1980a, *Statement of Financial Accounting Concepts No. 2*. "Qualitative Characteristics of Accounting Information"（翻訳；平松・広瀬訳 2002）.

―――1980b, *Statement of Financial Accounting Concepts No. 3* "Elements of Financial Statements of Business Enterprises."

―――1980c, *Statement of Financial Accounting Concepts No. 4*. "Objectives of Financial Reporting by Nonbusiness Organizations"（翻訳；平松・広瀬訳 2002）.

―――1984, *Statement of Financial Accounting Concepts No. 5* "Recognition and Measurements in Financial Statements of Business Enterprises"（翻訳；平松・広

瀬訳 2002).
―――― 1985, *Statement of Financial Accounting Concepts No. 6* "Elements of Financial Statements"- A Replacement of FASB Concepts Statement No. 3 (翻訳；平松・広瀬訳 2002).
―――― 2000, *Statement of Financial Accounting Concepts No. 7* "Using Cach Flow Information and Present Value in Accounting Measurements" (翻訳；平松・広瀬訳 2002).
―――― 2006, *Discussion Paper* "Preliminary Views on an improved Conceptual Framework for Financial Reporting: The Objective of Financial Reporting and Qualitative Characteristics of Decision-Useful Financial Reporting Information."
―――― 2008a, *Exposure Draft* "Conceptual Framework for Financial Reporting: The Objective of Financial Reporting and Qualitative Characteristics of Decision-Useful Financial Reporting Information."
―――― 2008b, *Discussion Paper* "Preliminary Views on an improved Conceptual Framework for Financial Reporting: The Reporting Entity."
―――― 2010a, *Exposure Draft* "Conceptual Framework for Financial Reporting: The Reporting Entity."
―――― 2010b, *Statement of Financial Accounting Concepts No. 8* "Conceptual Framework for Financial Reporting-Chapter 1, The Objective of Financial Reporting, and Chapter 3, Qualitative Characteristics of Useful Financial Information."
Fischer, Carola/Kalina-Kerschbaum, Claudia 2010, "Maßgeblichkeit der Handelsbilanz für die steuerliche Gewinnermittlung," *DStR* 8/2010, S. 399-401.
Fisher, Irving 1906, *Income and Capital*, in: Parker, R. H./Harcourt, G. C./Whittington, G. 1986 *Readings in The Concept and Measurement of Income*, 2nd ed., Oxford.
Förster, Guido 2010, "*Bedeutungswandel der Steuerbilanzpolitik*," Vortrag am 64. Deutscher Betriebswirtschafter-Tag 2010 (30. 9. 2010, Düsseldorf).
Förster, Guido/Krauß, Sebastian 2011", Der Richtlinienvorschlag der Europäischen Kommission zur Gemeinsamen konsolidierten Köperschaftsteuer-Bemessungsgrundlage (GKKB) vom 16. 3. 2011," *Internationales Steuerrecht (IStR)* 16/2011.
Förster, G./Schmidtmann, D. 2009, "Steuerliche Gewinnermittlung nachdem BilMoG", *Betriebs-Berater (BB)* 25 (15. 6. 2009).
Fuhrmann, Sven 2013," Chancen der E-Bilanz werden immer noch untersetzt !,"*Die Wirtschaftsprüfung (WPg)* 5/2013.
Gassen, Joachim/Pierk, Jochen/Weil, Matthias 2012, "Pensionsrückstellungen nach dem BilMoG -Erste empirische Evidenz," *DB* Nr. 19.

Gee, Maria/Haller, Axel/Nobes, Christopher 2010, "The Influence of Taxon IFRS Consolidated Statements: The Convergence of Germany and theUK," *Accounting in Europe*, vol. 7, 2010.

Haller, Axel/Ferstl, Eva-Maria/Löffelmann, Johann 2011, "Die "einheitliche" Erstellung von Handels- und Steuerbilanz," *DB* Nr. 16.

Haller, Axel/Groß, Tobias 2012, "Der MicroBilG-RefE — Neue Regeln für die Rechnungslegung kleiner Kapitalgesellschaften, *DB* Nr. 38.

Hawkins, D. F. 1963 "The Development of Modern Financial Reporting Practices among American Manufacturing Corporation," *Business History Review*, vol. ⅩⅩⅩⅤⅡ, No. 3, pp. 135-168.(山口訳 1972).

Hennrichs, Joachim 2008, "IFRS-Eignung für Ausschüttungszweck ?," *Betriebswirtschaftliche Forschung und Praxis*（*BFuP*）60, Heft 5.

Herzig, Norbert 2004, "*IAS/IFRS und steuerliche Gewinnermittlung*," IDW Verlag.

―――2010, "Tax Accounting zwischen BilMoG und E-Bilanz," *DStR*, 37/2010.

―――2011, "Vorschlag eienr GKKB-RL — ein ambitioniertes Zukunftsprojekt," *DB* Nr. 15.

―――2012a, "Prinziporientierung und schrittweise Umsetzung des GKKB-Projektes," *Finanz-Rundschau* 94 Jahrgang.

―――2012b, "Erfahrungen mit dem BilMoG aus steuerlicher Sicht," *DB* Nr. 24.

Herzig, Norbert/Kuhr, Johannes 2011, "Grundlagen der steuerlichen Gewinnermittlung nach dem GKKB-Richtlinienentwurf," *DB* Nr. 15

Herzig, Norbert/Briesemeister, Simone 2009, "Steuerliche Konsequenzen des BilMoG — Deregulierung und Maßgeblichkeit, *DB* Heft 18.

Herzig, Norbert/Briesemeister, Simone/Schäperclaus, Jens 2012, "E-Bilanz：Finale Fassung des BMF-Schreibens und der Steuertaxonomien 2012," *DB* Nr. 45.

Hicks, John Richard 1977, *Economic Perspectives Further Esseys on Money and Growth*, Oxford University Press（翻訳；貝塚訳 1985）.

IASB 2010, "The Conceptual Framework for Financial Reporting"（翻訳；IFRS 財団編, 企業会計基準委員会・財務会計基準機構監訳 2013）.

―――2011, *IFRS 13*, "Fair Value Measurement"（翻訳；IFRS 財団編, 企業会計基準委員会・財務会計基準機構監訳 2013）.

―――2013, *Discussion Paper* "A Review of the Conceptual Framework for Financial Reporting."

IASC 1989, "Framework for the Preparation and Presentation of Financial Statements.

―――1990, *International Accounting Standard No. 32*, Financial Instruments — Disclosure and Presentation.

──────1991, *Exposure Draft 40*, Financial Instruments.
──────1994, *Exposure Draft 48*, Financial Instruments.
IASC/CICA 1997, *Accounting for Financial Assets and Financial Liabilities*（翻訳；日本公認会計士協会訳 1997）.
Ijiri, Yuji 1980, "*An Introduction to Corporate Accounting Standard*: A Review," *Accounting Review*, pp. 620-628.
Joint Working Group of Standard Setters 2000, Draft Standard: *Financial Instruments and Similar Items*, International Accounting Standards Committee（翻訳；日本公認会計士協会訳 2001）.
Kahle, Holger/Dahlke, Andreas/Schulz, Sebastian 2011, "Der EU-Richtlinienvorschlag zur CCCTB-Anmerkung aus Theorie und Praxis," *Die Unternehmensbesteuerung (Ubg)* 7/2011.
Kahle, Holger/Schulz, Sebastian 2011, "Harmonisierung der steuerlichen Gewinnermittlung in der Europäischen Union," *BFuP* 63/Heft 5.
Kaminski, Bert 2010, "Nere Problem mit §5 Abs. 1 EStG i. d. F. des BilMoG auf Grund des BMF-Schreibens vom 12. 3. 2010," *DStR* 15/2010.
Knobbe-Keuk, Brigitte 1993, *Bilanz- und Unternehmenssteuerrecht*, 9 aufl. O. Schmidt.
Lawson, F. H. 1953 *A Common Lawyer Looks at the Civil Law*（翻訳；小堀ほか訳 1971）.
Lennard, Andrew 2007 "Stewardship and the Objective of Financial Statements: Preliminary Views on an Improved Conceptual Framework for Financial Reporting: The Objective of Financial Reporting and Qualitative Characteristics of Decision-Useful Financial Reporting Information," *European Accounting Review* Vol. 4, 2007.
Lenz, Martin/Rautenstrauch, Gabriele 2011," Der Richtlinienentwurf zur Gemeinsamen konsolidierten KSt-Bemessungsgrundlage (GKKB)," *DB Nr.* 13.
Malkiel, Burton G. 1990, *A Random Walk Down Wall Street*（翻訳；井手訳 1993）.
MicroBilG 2012a, Referentenentwurf des Bundesministeriums der Justiz: Entwurf eines Gesetzes zur Umsetzung der Richtlinie 2012/6/EU des Europäischen Parlaments und des Rates am 14. März 2012 zur Änderung der Richtlinie 78/660/EWG des Rates über den Jahresabschluss von Gesellschaften bestimmer Rechtsformen hinsichtlich Kleinbetrieben (Kleinstkapitalgesellschaften-Bilanzrechtsänderungsgesetz — MicroBilG).
MicroBilG 2012b, Gesetzentwurf der Bundesregierung: Entwurf eines Gesetzes zur Umsetzung der Richtlinie 2012/6/EU des Europäischen Parlaments und des Rates am 14. März 2012 zur Änderung der Richtlinie 78/660/EWG des Rates über den Jahresabschluss von Gesellschaften bestimmer Rechtsformen hinsichtlich

Kleinbetrieben (Kleinstkapitalgesellschaften-Bilanzrechtsänderungsgesetz — MicroBilG).

Micro-Richtlinie 2012, Richtlinie 78/660/EWG des Rates über den Jahresabschluss von Gesellschaften bestimmer Rechtsformen hinsichtlich Kleinbetrieben.

Mueller, Gerhard G./Gernon, Helen/Meek, Gray 1994, "*Accounting: An International Perspective*," 4th ed. (翻訳；野村・平松監訳 1999).

Oser, Peter 2012, "MicroBilG Abschied von einem "ungelibten Kind"," *BB* 36. 2012.

Paton, William A./Littleton, A. C. 1940, *An Introduction to Corporate Accounting Standards* (翻訳；中島訳 1958).

Previts, G. J./Merino, B. D. 1979, *A History of Accounting in America: An Historical Interpretation of the Cultural Significance of Accounting*, New York (翻訳；大野ほか訳 1983).

Prinz, Ulrich 2010, "Materielle Maßgeblichkeit handelsrechtlicher GoB - ein Konzept für die Zukunft im Steuerbilanzrecht ?," *DB* Nr. 38 (24. 9. 2010).

Scheffler, Wolfram/Krebs, Claudia 2011, "Richtlinienvorschlag zur CCCTB: Bestimmung der Steuerbemessungsgrundlage im Vergleich mit der Steuerbilanz nach EStG," *DStR* 49Jg.

Schmiel/Breithecher (Hrsg.) 2008, *Steuerliche Gewinnermittlung nach dem Bilanzrechtsmodernisierungsgesetz*, ERICH SCHMIDT VERLAG.

Schulze-Osterloh, Joachim 2004, "HGB-Reform: Der Einzelabschluss nicht kapitalmarktorientierter Unternehmen unter dem Einfluss von IFRS," *BB* 59. Jg., Heft 47.

――――2008, "Ausgewählte Änderungen des Jahresabschlusses nach dem BilMoG-RefE," *DStR* 2008,

Spengel, Christoph 2010, "Concept and Necessity of a Common Tax Base — an academic introduction," in; *Eine einheitliche Körperschaftsteuerbemessungsgrundlage für Europa*, Springer-Verlag Berlin Heidelberg.

Spengel, Christoph/Ortmann-Babel, Martina/Zinn, Benedikt/Matenaer, Sebastian 2013, "Gemeinsame Konsolidierte KSt-Bemessungsgrundlage (GK(K)B) und steuerlichen Gewinnermittlung in den EU-Mitgliedstaaten, der Schweiz und USA — Eine vergleichende und quantitative Analyse —," *DB* Beilage Nr. 2 zu Heft 8 vom 22. Februar 2013, 66 Jahrgang.

Von Keiz, Isabel/Wenk, Marc Oliver/Jagosch, Christian 2012, "HGB-Bilanzierung nach BilMoG aus steuerlicher Sicht," *DB* Nr. 44 (Teil 1), *DB* Nr. 45 (Teil 2).

Whittington, Geoffrey 2008, "Fair Value and the IASB/FASB Conceptual Framework Project: An Alternative View," *ABACUS*, Vol. 44, No. 2.

Wüstemann, Jens 1996, "US-GAAP: Modell für das deutsche Bilanzrecht ?," in: *WPg*,

Jahrgang 49.

Zwirner, Christian 2010, "Neues BMF-Schreibung unterstreicht die Bedeutung einer eigenständigen Steuerbilanzpolitik," *DStR* 12/2010, S. 591-593.

―――2012, "MicroBilG: Bilanzieriungs- und Offenlegungserleichterungen für Kleinstkapitalgesellschaften fraglich," *BB* 36. 2012.

Zwirner, Cristian/Schmid, Reinhard/König, Beate 2012, *E-Bilanz konkret*, C. H. Beck.

［和文］

青山慶二 2012「EUにおける共通の統合法人税課税ベース指令案の予備的考察」『筑波ロー・ジャーナル』11号.

―――訳 2012「共通の統合法人税課税ベース―単一税率によるEU法人所得税に対する望ましい代替案」『租税研究』第749号.

新井清光編 1989『日本会計・監査規範形成史料』中央経済社.

新井清光ほか 1978「〈座談会〉企業会計制度の基盤」『企業会計』第30巻第12号.

―――1980「〈座談会〉『計算・公開』改正試案の問題点」『企業会計』第32巻第3号.

新井益太郎 1999『会計士監査制度史序説』中央経済社.

荒井優美子 2009「確定決算主義について」『税経通信』第64巻第11号.

―――2013「税務申告におけるIFRSの位置づけ」『産業経理』第72巻第4号.

飯野利夫訳 1969『基礎的会計理論』国元書房.

池田良一 2010『ドイツ進出企業の会計・税務・会社法・経営』税務経理協会.

石井照久・大住達雄 1951「〈対談〉新会社法の問題点」『剄草書房.

井尻雄士 1984『三式簿記の研究』中央経済社.

井手正介訳 1993『ウォール街のランダム・ウォーク』日本経済新聞社.

伊藤邦雄 2013「IFRSへの取組みの現状・論点・課題」『別冊企業会計』中央経済社.

稲見亨 2004『ドイツ会計国際化論』森山書店.

―――2013「ドイツにおける非資本市場指向の会計制度改革」『會計』第183巻第2号.

IFRS財団編, 企業会計基準委員会・財務会計基準機構監訳 2013,「財務報告に関する概念フレームワーク」(『国際財務報告基準 (IFRS)』中央経済社, 所収).

―――2013, IFRS第13号「公正価値測定」(『国際財務報告基準 (IFRS)』中央経済社, 所収).

岩田巌 1950「監査基準の一目標」『産業経理』第10巻第9号.

―――1951「初度監査について」『産業経理』第11巻第7号.

―――1952「次年度監査の構想」『産業経理』第12巻第4号.

―――1953「正常監査の解説・批判・疑義」『産業経理』第13巻第6号.

―――1954『会計士監査』森山書店.

上田明信・吉田昂・味村治 1963『株式会社の計算』中央経済社。
植月献二 2011「リスボン条約後のコミトロジー手続き―欧州委員会の実施権限の行使を統制する仕組み」『外国の立法』第249号。
浦野晴夫 1991「確定決算と損金経理」『税務会計研究』第2号。
江村稔 1961a「商法における評価規定の意義―棚卸資産の評価基準を結論として―」（山下勝治編『会計の論理・商法の論理』中央経済社所収）。
─────1961b「商法改正試案における『損益法』の観点」（山下勝治編『会計の論理・商法の論理』中央経済社所収）。
─────1982「企業会計法の基本問題」（江村稔編『企業会計法』中央経済社所収）。
江村稔編 1969『会計監査資料集（改訂版）』森山書店。
遠藤一久ほか訳 1993『現代ドイツ商法典［第2版］』森山書店。
大蔵省主税局編輯 1950『シャウプ使節團第二次日本税制報告書』日本租税研究協會。
太田哲三 1968『近代会計側面誌―会計学の六十年―』中央経済社。
太田哲三ほか 1953「〈座談会〉第四次監査は如何に行われるか」『企業会計』第5巻第7号。
大野功一，岡村勝義，新谷典彦，中瀬忠和訳 1983『プレヴィッツ＝メリノ アメリカ会計史』同文舘。
大野雅人 2012「CCCTBに関する2011年3月欧州委員会提案の概要と展望― ALPの海に浮かぶフォーミュラの貝殻―」『筑波ロー・ジャーナル』11号。
─────訳 2012「資料：EU欧州委員会『共通連結法人課税ベース（CCCTB）に関する理事会指令の提案』『筑波ロー・ジャーナル』12号。
大沼宏 2013「IFRSと確定決算主義」『企業会計』第65巻第5号。
大森忠夫・矢沢惇 1971『注釈会社法（1）』有斐閣。
岡村俊 1953『証券取引法について』［講述］大蔵省官房調査課，金融財政事情研究会。
小野寺美恵 2009「国際財務報告基準に関する税務を見据える」『税経通信』第64巻第13号。
貝塚啓明訳 1985『経済学の思考法―貨幣と成長についての再論』岩波書店。
加藤盛弘・鵜飼哲夫・百合野正博訳著 1981『会計原則の展開』森山書店。
川口順一訳 1973『アメリカ公認会計士協会企業会計原則』同文舘出版。
─────訳 1976『財務諸表の目的』同文舘出版。
川口八洲雄編著 2005『会計制度の統合戦略』森山書店。
神田秀樹 2006「会社法の企業会計への影響」『企業会計』第58巻第1号。
神田秀樹ほか 2003「〈座談会〉平成14年商法改正と会計・計算〔上〕」『商事法務』第1670号。
企業会計制度対策調査会 1949「企業会計原則設定に関する企業会計制度対策調査会速記録（2）企業会計原則――一般原則並びに損益計算書原則」『會計』第56巻第5

号。
企業財務制度研究会 1994『ドイツにおける会計制度と関係法令』。
木下勝一 2004「ドイツの概念フレームワーク公開草案の論点」『會計』第165巻第6号。
─────2008「ドイツ連邦法務省の商法会計法現代化の意義」『會計』第174巻第1号。
─────2010「IAS/IFRSと税務上の利益計算」『會計』第177巻第5号。
金融庁・企業会計審議会・企画調整部会 2009「我が国における国際会計基準の取扱いに関する意見書（中間報告）」。
─────2012「国際会計基準（IFRS）への対応についてのこれまでの議論（中間的論点整理）」。
─────2013「国際会計基準（IFRS）への対応のあり方に関する当面の方針」。
久保田秀樹 1995a「インフレ会計の展開におけるASOBATの意義」『滋賀大学経済学部研究年報』，第1巻。
─────1995b「会計原則の展開における『ASOBAT』の連続性」『彦根論叢』第296号。
─────2001『日本型会計成立史』税務経理協会。
─────2005「商法計算・監査規定の近代化と『企業会計原則』」『會計』第168巻第4号。
─────2007a「昭和期会計規制整備にみる『日本型』近代化プロセス」『企業會計』第59巻第2号。
─────2007b「企業会計基準と商法（会社法）との交渉パターンの変容」『會計』第171巻第5号。
─────2008『『日本型』会計規制の変遷』中央経済社。
─────2010「『日本型』会計文化の出発点『企業会計原則』の誕生」『企業会計』第62巻第10号。
─────2013a「ヨーロッパ共通連結法人税課税ベース（CCCTB）の概要」『会計・監査ジャーナル』第692号2013年3月号。
─────2013b「伝統的時価主義会計と公正価値測定」（渡邉泉編著『歴史から見る公正価値会計─会計の根源的な役割を問う─』，森山書店，2013年の第9章。
黒澤清 1949「財務諸表原則及び準則について」口述筆記（成蹊大学附属図書館『黒澤文庫目録Ⅱ─第一次史料─』2000年，整理番号Ⅱ-5　5）。
─────1950「監査基準の生成と発展」『産業経理』第10巻第9号。
─────1954「企業会計原則の部分修正並に企業会計原則注解について」『企業会計』第6巻第8号。
─────1990『日本会計制度発展史』財経詳報社。
黒澤清編著 1987『わが国財務諸表制度の歩み』雄松堂。

黒澤清ほか 1957「〈座談会〉正規の監査への新しい態勢について」『産業経理』第 17 巻第 1 号。
黒田全紀 1987『解説 西ドイツ新会計制度―規制と実務―』同文舘。
黒田全紀編 1993『ドイツ財務会計の論点』同文舘。
郡司健 2005「ドイツ会計制度改革の新局面」『會計』第 168 巻第 4 号。
小林量 2005「新会社法による資本の変容」『企業会計』第 57 巻第 9 号。
小堀憲助・真田芳憲・長内了訳 1971 F. H. ローソン『英米法とヨーロッパ大陸法』中央大学出版部。
斎藤真哉 2009a「ドイツにおける会計と税務の関係への IFRS の影響―貸借対照表法現代化法（BilMoG）の検討―」『産業経理』第 69 巻第 2 号。
―――2009b「会計基準の連単分離と連結先行」『税研』第 146 号。
坂本雅士 2010「IFRS 導入と税務法制―確定決算主義の視点から」『税務弘報』第 58 巻第 13 号。
佐藤博明 2009「ドイツ会計法現代化法の成立と論点」『會計』第 176 巻第 6 号。
佐藤博明/ヨルク・ベェトゲ編 2014『ドイツ会計現代化論』森山書店。
佐藤誠二 2010「IFRS への対応と非対応の会計法改革」『會計』第 178 巻第 3 号。
佐藤誠二編 2007『EU・ドイツの会計制度改革』森山書店。
佐藤倫正訳 1989『アンソニー財務会計論』白桃書房。
シャウプ使節団 1949『シャウプ使節団日本税制報告書』附録，巻Ⅳ，GHQ/SCAP。
白石浩介 2009「国際会計基準と法人税の課税ベース」『税研』第 146 号。
鈴木竹雄ほか 1958「〈座談会〉『会社の計算』規定改正をめぐって」『企業会計』第 10 巻第 11 号。
―――1962「〈座談会〉商法の一部改正―株式会社の計算規定―」『ジュリスト』第 247 号。
鈴木竹雄・竹内昭夫 1977『商法とともに歩む』商事法務研究会。
鈴木基史 2009「会計基準と税務基準の接点・異動」『税経通信』第 64 巻第 13 号。
租税調査会・法人課税小委員会 1996「法人課税小委員会報告」。
染谷恭次郎訳 1980『会計理論及び理論承認』国元書房。
武田昌輔 2009『法人税回顧 60 年』TKC 出版。
武田隆二 1996「確定決算主義と会計基準」『企業会計』第 48 巻第 1 号。
―――1998『法人税法精説〈平成 10 年版〉』森山書店。
―――2002『法人税法精説（平成 14 年版）』森山書店。
―――2009「企業会計基準の改訂への提言」『税経通信』第 64 巻第 1 号。
千葉修身 2010「ドイツ連邦財務省『基準性』通達の含意」『會計』第 178 巻第 2 号。
千葉準一 1998a「日本のディスクロージャー制度の変遷」『企業会計』第 50 巻第 1 号。
―――1998b『日本近代会計制度―企業会計体制の変遷』中央経済社。
津守常弘監訳 1997『FASB 財務会計の概念フレームワーク』中央経済社。

戸田龍介 2003「ドイツにおける会計の諸相」『商経論叢（神奈川大）』第 39 巻第 1 号．
中島省吾訳 1958『会社会計基準序説［改訳版］』森山書店．
―――訳 1964『増訂 A. A. A. 会計原則』中央経済社．
中田清 2008「ドイツにおける貸借対照表法の現代化と企業課税」『修道商学』第 49 巻第 1 号．
―――2013『税務貸借対照表に対する商事貸借対照表の基準性の原則―ドイツ税務会計の考察―』同文館出版．
日本会計研究学会 1957「〈円卓討論〉監査基準及び準則の検討」『會計』第 72 巻第 3 号．
日本公認会計士協会 2010『租税調査会研究報告第 20 号　会計基準のコンバージェンスと確定決算主義』．
日本公認会計士協会訳 1997『ディスカッションペーパー「金融資産及び金融負債の会計処理」』日本公認会計士協会．
―――訳 2001『金融商品及び類似項目』日本公認会計士協会．
日本公認会計士協会 25 年史編纂委員会 1975a『公認会計士制度二十五年史』同文舘出版．
―――1975b『会計・監査史料』同文舘出版．
庭山慶一郎 1957「いわゆる全面監査の実施について」『産業経理』第 17 巻第 2 号．
野村健太郎・平松一夫監訳 1999『国際会計入門（第 4 版）』中央経済社．
長谷川一弘 2009『ドイツ税務貸借対照表論』森山書店．
八谷まち子 1999「コミトロジー考察」『政治研究』第 46 号．
八田進二・橋本尚訳 2002『事業報告革命』白桃書房．
番場嘉一郎ほか 1974「〈座談会〉企業会計四半世紀の歩み」『企業会計』第 26 巻第 1 号．
平松一夫・広瀬義州訳 2002『FASB 財務会計の諸概念〔増補版〕』中央経済社．
古川栄一監訳 1968『利益と資金の会計　アカウンティング・フロー』東洋経済新報社．
本多潤一 1994『ドイツにおける会計制度と関係法令』企業財務制度研究会．
マーカス・フックス/太田実佐/ロアン・コーマン 2012「連単の取扱いにおける欧米の動向―日本の議論の動向を踏まえて」『企業会計』第 64 巻第 5 号．
松原友里 2014「ドイツの結合企業税制改革―EU 統合の流れの中、シュレーダー・メルケル政権下の国内法改正の試みと挫折―」『税研』第 174 号．
松原友里訳 2013a，ノーベルト・ヘルツッヒ「国際財務報告規準（IFRS）/中小企業向け会計基準（IFRS for SMEs）のドイツ国内法への影響」『企業会計』第 65 巻第 8 号．
―――訳 2013b，ノーベルト・ヘルツッヒ「欧州連合（EU）及びドイツの企業結合税制改革」『税務弘報』2013 年 11 月号．
松本丞治ほか 1950「〈座談会〉改正商法の諸論点」『法律時報』第 22 巻第 3 号．

松本剛 1990『ドイツ商法会計用語辞典』森山書店。
真鍋明裕 2013「ドイツにおける会計法現代化法と E-Bilanz 導入による基準性原則の変化」『国際経営フォーラム』第 24 号。
三木正幸訳 1979『利潤と価値の測定―理論と計算―』白桃書房。
三井秀範 2009「我が国企業への国際会計基準の適用について」『企業会計』第 61 巻第 9 号。
村井正「企業課税の収束に関する独仏共同作業グリーンペーパーについて（上）（下）」『税研』第 165 号，第 166 号。
森川八洲男 1994「ドイツ税法における『基準性の原則』の意義と問題点」『税務会計研究』第 6 号。
森川八洲男監訳 1988『現代アメリカ会計の基礎概念』白桃書房。
矢沢惇ほか 1967「〈座談会〉監査制度の改正方向」『企業会計』第 19 巻第 10 号。
弥永真生 2009「会社法・会計基準・法人税法」『租税研究』2009 年 6 月。
山口一臣訳 1972「近代的財務報告制度の発展―製造業―」古川栄一監訳，J. P. ボーマン編『アメリカ近代経営史』日本経営出版会。
山下勝治編 1961『会計の論理・商法の論理』中央経済社。
ロバート・C・マートン/大野克人編著 1996『金融技術革命』東洋経済新報社。
渡邊実 1951「初年度監査実施要領について―監査証明実施に関する通ちょうの説明―」『産業経理』第 11 巻第 9 号。
―――― 1953「第三次監査の実施について」『税経通信』（昭和 28 年 1 月）第 8 巻第 1 号。
―――― 1954「第四次監査の批判と第五次監査の問題点」『産業経理』第 14 巻第 11 号。
―――― 1955「第五次監査について」『産業経理』第 15 巻第 2 号。

【資　料】
会計監査基準懇談会 1951a「会計制度監査準則」日本公認会計士協会 1975b，新井 1999 所収。
―――― 1951b「内部統制の質問書」日本公認会計士協会 1975b，新井 1999 所収。
―――― 1952a「次年度監査準則」日本公認会計士協会 1975b，新井 1999 所収。
―――― 1952b「第三次監査準則」日本公認会計士協会 1975b 所収。
―――― 1953「『財務書類の監査証明について』に関する申合せ」日本公認会計士協会 1975b 所収。
―――― 1955a「『財務書類の監査証明について』に関する申合せ」日本公認会計士協会 1975b，新井 1999 所収。
―――― 1955b「いわゆる第五次監査の監査報告書に関する覚書」日本公認会計士協会 1975b 所収。

索　引

あ

IAS 適用規則 ……………………………… 31, 36
後入先出法 ………………………… 33, 45, 58, 164

い

意思決定有用性アプローチ ………………… 3
移転価格 ……………………………… 152, 157, 188
EU マイクロ企業指令 ……………… 79, 86, 90

う

売上原価法（Umsatzkostenverfahren）
………………………………………… 20, 86, 102

え

営業税（Gewerbesteuer） ……… 132, 182
英米法 ………………………………………… 19
英米モデル ………………… 1, 3, 13, 18, 70, 76

お

欧州委員会 ……… 86, 117, 151, 153, 178, 183, 188, 189, 191
欧州銀行間取引金利（EURIBOR）… 172
欧州裁判所 ……………………… 77, 122, 125
欧州中央銀行 ……………………… 172, 179

か

会計監査基準懇談会 ……………… 200, 205
会計制度監査 ……………………………… 199
会計法改革法（BilReG） ……………… 18, 31
会計法現代化指令 ………………… 18, 29, 31
会計法現代化法（BilMoG） …… 18, 22, 35, 54, 64, 80, 133, 195
会計統制法（BilKoG） ………………… 32
概念ステートメント ……………………… 5
概念フレームワーク ……………… 1, 6, 11, 23
開放条項（Öffenungsklausel） …… 37, 40
確定決算主義 … 13, 15, 19, 22, 26, 56, 133, 150, 193, 222
影の貸借対照表（Schattenbilanz）… 157, 174
株式会社（AG） ……………………… 82, 92
株式合資会社（KGaA） ……………… 82, 92
過料（Bußgeld） ……………………… 89, 92
間接原価（Gemeinkosten） ……… 162, 174

き

企業会計原則 ……… 18, 195, 197, 213, 216, 218, 221, 222
企業グループ課税 ………………… 125, 133
企業会計基準委員会（ASBJ） …… 22, 221
企業固有の仮定 …………………………… 10, 12
企業登記簿規則（Unternehmensregister-verordnung） ……………………… 79, 93
企業領域統制・透明化法（KonTraG）
………………………………………………… 30
基準性の原則
　（Maßgeblichkeitsgrundsatz）… 15, 16,

234

23, 37, 42, 47, 53, 65, 71, 133, 147, 150, 152, 158, 193, 222
寄託された決算書 ………………… 88
規模基準値修正指令 ………………… 32
逆基準性（umgekehrte Maßgeblichkeit）……… 20, 25, 33, 39, 40, 48, 56, 57, 61, 63, 64, 114, 133, 152
キャッシュフロー計算書 …………… 30
共通法人課税ベース（CCTB）… 153, 188
共通連結法人課税ベース（CCCTB）
 ……………… 61, 76, 117, 133, 150, 151
金融商品 ………………… 8, 25, 36, 62

く

組合（Genossenschaft）…………… 90
グリーンブック（Grünbuch）…… 118, 132

け

計画外減価記入 ………………… 166
経済財 ………………… 41
経済的利益 ………………… 10
計算限定 ………………… 41
計算限定項目（Rechnungsabgrenzungsposten）
 ……………………… 83, 88, 90, 144
継続的価値減少 ……………… 45, 63
決算書の寄託（Hinterlegung der Bilanz）………………… 87, 95
欠損金繰越（Verlustvortrag）
 ………………… 123, 137, 140
欠損金繰戻し（Verlustrücktrag）
 ………………… 124, 137

こ

合資会社 ………………… 31, 83
工事進行基準 ………………… 183
公正価値 …… 8, 25, 36, 62, 77, 89, 167, 178, 183
公正価値アプローチ（Fair Value View）
 ………………… 10
公正価値指令 ………………… 18, 29, 32
公正なる会計慣行 ………………… 16
公認会計士監査 ……… 3, 199, 207, 209, 219
合名会社（OHG）………………… 83
国際会計基準審議会（IASB）…… 11, 22, 55, 221
国際財務報告基準（IFRS）…… 1, 8, 18, 21, 23, 49, 53, 64, 71, 72, 76, 123, 149, 151, 192, 195, 221
個人商人（Einzelkaufleute）……… 35, 80
固定資産台帳 ………………… 47, 161
コンバージェンス ………………… 221

さ

財務会計基準審議会（FASB）……… 4, 11
先入先出法 ………………… 46, 58, 164

し

事業財産（Betriebsvermögen）……… 136, 137
事業財産比較（Betriebsvermögensvergleich）…… 53, 96, 134, 138, 146, 149, 160
事業支出（Betriebseinnahmen）……… 135
事業収入（Betriebsausgaben）……… 135

事業収入と事業支出 159
自己創設の無形（固定）資産 36, 42,
　　63, 110, 139, 161, 165, 185
資産負債アプローチ 8, 13, 183
市場参加者の仮定 10
実現原則 23, 63, 77, 183, 185, 193
司法事務処理費規則（Justizverwaltungs
　　kostenordnung） 79, 93
資本会社 34, 36, 80, 162
資本会社&Co.（Kapitalgesellschaft &
　　Co.） 31, 34
資本会社&Co. 指令法（KapCoRiLiG）
　　.................................... 30
資本調達容易化法（KapAEG） 30
資本的支出 163
自由業者（Freiberufler） 135, 146, 158
収益費用アプローチ 8, 13, 183
収入余剰計算 133, 158
収入余剰計算書（Einnahmen-
　　Überschußrechnung） 36
受託責任アプローチ（Stewardship
　　View） 10
収容項目（Auffangposition） 107, 110,
　　111, 112, 113, 114
少額資産（経済財） 47, 164
状況報告書（Lagebericht） 82, 112
商工業者（Gewerbliche Unternehmer）
　　................................. 135, 146
条項法（Artikelgesetz） 29, 39, 79
消費順法（Verbrauchsfolgeverfahren）
　　........................... 45, 58, 164
商法決算書（Handelsbilanz） 15, 37,
　　57, 101

商法典 47, 79
商法典施行法（EGHGB） 93
所得税ガイドライン（EStR） 43, 58,
　　167
所得税施行令（EStDV） 15, 37
真実かつ公正な概観（true and fair
　　view） 20, 68, 71
慎重性原則（Vorsichtsgrundsatz） 71
人的会社（Persongesellschaft） 80, 83,
　　101, 130, 182
人的商事会社
　　（Personhandelsgesellschaft） 36, 91
信頼性 24, 55

せ

正規の簿記原則（Grundsätze
　　ordnungsmäßiger Buchführung; GoB）
　　..................... 17, 34, 37, 44, 190
税効果会計 25
製作原価 33, 43, 58, 162
生産高比例法 46, 59, 186
税法独自の会計基準 56, 62, 76, 134
税務会計 61, 77
税務決算書（Steuerbilanz） 15, 21, 37,
　　57, 64, 74, 101
セグメント報告書 30
セーフガード条項 190

そ

総原価法（Gesamtkostenverfahren）
　　....................... 20, 85, 102, 110
租税通則法（AO） 96, 146, 148, 181
損金経理要件 22, 26, 56, 64, 133

た

第4指令 ·················· 20, 35
第7指令 ·················· 20, 35
退職年金引当金 ············ 42, 171, 173
大陸法 ························ 19
大陸モデル ·········· 1, 13, 64, 70, 76, 195
多元的規準アプローチ ················ 5
タクソノミ ········ 96, 99, 101, 105, 111

ち

秩序金（Ordnungsgeld） ·········· 92
注記・付属明細書（Anhang） ······ 38, 82, 88, 89, 92, 94, 112
忠実な表現 ···················· 6, 23
調整計算書（Überleistungsrechnung）
  ············ 15, 95, 101, 110, 111, 114
直接原価（Einzelkosten） ······· 162, 174

て

定額法 ············ 45, 59, 135, 165, 186
逓減償却 ························ 119
逓減法 ············ 45, 59, 135, 186
電子税務決算書（E-Bilanz） ···· 61, 95, 96, 150

と

ドイツ会計基準（DRS） ·········· 30, 105
ドイツ会計基準委員会（DRSC） ······· 30
ドイツ憲法 ···················· 49, 55
ドイツ財務報告監視機関 ············ 32
ドイツ商法典 ······················ 29
東京合意 ······················ 22, 221

統

統一決算書（Einheisbilanz） ··· 37, 61, 62, 66, 95, 109, 134, 147
透明化・開示法（TransPuG） ········ 31
独立した税務会計基準 ·········· 150, 193

な

内国歳入法（IRC） ············ 16, 69, 72

の

納税申告書（Steuererklärung） ········ 96, 112, 152, 156
農林業経営者（Land- und Forstwirte）
  ···························· 135, 146
のれん（Geschäfts- oder Firmenwert）
  ···················· 109, 120, 161, 165

は

発生のおそれのある損失引当金
  （Drohverlustrückstellung） ···· 42, 109, 143, 171, 185

ひ

秘密積立金（stille Rücklagen） ········ 44

ふ

不均等原則（Imparitätsprinzip） ······· 71, 166, 172
不指摘・不否認規定
  （Nichtbeanstandungsregelung）
  ·················· 97, 98, 112, 113, 114
部分価値（Teilwert） ······ 45, 136, 167
プール減価償却 ················ 164, 166

索引　237

ま

マイクロ資本会社
　（Kleinstkapitalgesellschaft）………… 79
マイクロ資本会社会計法改正法
　（MicroBilG）…………………………… 79

も

目的適合性 ……………………… 5, 23, 55

ゆ

有限会社（GmbH）……………………… 81
有限責任合資会社（GmbH & Co. KG）
　………………………………………… 81
US-GAAP ………………… 1, 16, 70, 73

り

利益供与契約
　（Gewinnabführungsvertrag）……… 127
利用者指向 ………………………… 3, 4, 6

れ

連邦金融監督庁（BaFin）……………… 32
連邦公報（Bundesanzeiger）……… 66, 87
連邦財政裁判所（BFH）……… 34, 71, 124, 145
連邦財務省（BMF）…………………… 96

わ

ワン・ストップ・ショップ制（"one-stop-shop" system）…………………… 152

【初出一覧】

　本書は，下掲の論文等またはその一部大幅に修正・加筆し，一部を書き下ろしてまとめたものである。

第1章『市場経済の展開と発生主義会計の変容』(滋賀大学経済学部研究叢書第26号)(1996年1月)
　　第2章　発生主義会計の成立と産業化および証券投資の大衆化
　　　　3　1929年大恐慌と財務公開制度の確立
　　第4章　インフレーション会計の展開における『ASOBAT』の意義
　　　　2　ASOBATの「意思決定有用性─多元的規準アプローチ」と多元的評価
　　第5章　資産・負債アプローチへの移行と企業会計におけるストック中心思考
　　　　1　AAA会計原則における連続性としての「利用者指向」
　　第10章　会計類型としての「アメリカ型」及び「ドイツ型」の特色
　　　　2　「英米モデル」と「大陸モデル」

「資本市場のグローバリゼーションによる市場指向型会計の普遍化と会社規制型会計との調整」『彦根論叢』第307号(1997年5月)。

「伝統的時価主義会計と公正価値測定」(渡邉泉編著『歴史から見る公正価値会計─会計の根源的な役割を問う─』森山書店，2013年所収)。

第2章「ドイツにおける会計規制現代化と課税所得計算─『逆基準性の原則』の削除」『甲南経営研究』第51巻第1号(2010年7月)。

「ドイツにおけるIFRSと課税所得計算─『基準性の原則』の行方」『甲南経営研究』第51巻第3号(2011年2月)。

「ドイツにおける『基準性原則』の変容と課税所得計算」『産業経理』第71巻第1号(2011年4月)。

第3章「ドイツにおける連単分離および逆基準性の廃止とその後─『確定決算主義』の行方─」『會計』第183巻第5号(2013年5月)。

「税／会計リンケージに対する国際財務報告基準(IFRS)の普遍化の影響」『甲南

経営研究』第53巻第1号（2012年7月）。

第4章「マイクロ資本会社会計法改正法（MicroBilG）による会計規制軽減」『甲南経営研究』第53巻第4号（2013年2月）。

「EUにおける法人税課税ベース調和化とその困難性」『甲南経営研究』第54巻第1号（2013年6月）。

「ドイツにおける電子税務決算書（E-Bilanz）の導入について」『甲南経営研究』第54巻第3・4号（2014年3月）。

第5章「EU加盟国の法人税課税標準算定の多様性と『独仏共同政府報告書—企業課税におけるコンバージェンス諸点』」『甲南経営研究』第53巻第2号（2012年8月）。

「簡素化された課税所得計算の可能性」『甲南経営研究』第53巻第3号（2012年11月）。

第6章「国際的税務会計基準としての共通連結法人税課税標準（CCCTB）に関するEU指令提案」『甲南経営研究』第52巻第2号（2011年9月）。

「修正収入余剰計算としてのEU共通連結法人税課税標準（CCCTB）」『甲南経営研究』第52巻第4号（2012年2月）。

補論「『日本型』会計規制史上における会計制度監査（1951-1956年）の意義」『甲南経営研究』第50巻第1号（2009年9月）。

「戦後占領期の会計規制と商法計算規定の近代化」（甲南大学経営学会編『経営学の伝統と革新』千倉書房，2010年所収）。

「日本における企業会計と課税所得計算との関係の過去と将来」『會計』第180巻第2号（2011年8月）。

あ と が き

　本書補論では「企業会計原則」を牽引役として進められた日本の会計規制近代化の経緯を概観した。1971年の商法改正以後，「企業会計原則」については，「商法が会計原則のルールを取り入れたその瞬間に会計原則はセミの抜け殻」（新井ほか1978, 24頁）という事態となった。しかし，それは，「企業会計原則」の目指した近代化が達成されたことの謂いでもあった。

　会計ビックバンと呼ばれた，1990年代以降の日本の会計基準の整備によって，日本の会計規制の様相が一変した。すなわち，税効果会計，退職給付会計，金融商品会計，減損会計，企業結合会計等の会計領域が追加された。また，それ以前から存在した基準についても，外貨建取引等会計処理基準や連結財務諸表の基準が欧米並みのものに整備された。そして，連結財務諸表がメインの財務諸表と位置付けられた。

　さらに，2007年の東京合意に基づき，IFRSと日本基準とのコンバージェンスが進められているが，近年，包括利益の開示や退職給付会計の処理と開示等，連結に限定してのコンバージェンスも増えてきた。その結果，連結財務諸表はますます複雑化している。

　そもそも，1973年の国際会計基準委員会（IASC）の結成以来，会計基準の国際的調和化は，1つの努力目標であった。その実現は，当時，はるか先の夢のような話であった。しかし，国際会計基準審議会（IASB）への転換以降の展開は，会計基準の実質的統一化ともいうべき動きを見せてきた。もちろん，それは，上場会社の連結決算に限られた話ではあるが，僅か40年前の状況との隔たりは驚かざるを得ない。

　あるいは，国内の状況を見ても，企業会計基準委員会（ASBJ）というアメリカ型の基準設定主体ができ，かつての会計基準を巡る議論からすれば，1つ

の理想的状況が実現しているのである。

　しかし，「はじめに」で記したように，かつては，大会社会計規制は，中小会社にとっても少なくともその理想，あるいは到達目標として措定された時代があった。だが，会社規制のグローバリゼーションによって複雑化した大会社会計規制は，中小会社にとっては，単なる過重負担（over load）となってしまった。

　本書では，会計規制のグローバリゼーションが税務会計との軋轢を増加させる中，確定決算主義（基準性の原則）によって会社法（商法）会計が税務会計とリンクされている日独等の国で両者の関係がどうあるべきかを考察した。財務会計と課税所得計算とを別々に行うことは，コスト的にも人員的にも大企業には可能であっても，中小企業にとっては過重負担である。例えば，ドイツにおける「基準性の原則」温存の大きな理由の一つが，その負担を回避するために，いわゆる統一決算書の可能性を残すという点にあった。

　また，別の解決策として，税務会計を独立させるという意見もある。その際の税務会計には「簡素化」が不可欠ということも紹介した。しかし，企業会計と税務会計との関係において，後者を独立させるより，やはり現行のリンクを温存した上で，両者の共通部分については基礎（的計算）を残すべきだというのがドイツの一部の識者の結論である。その限りにおいて，「基準性の原則」は維持されることになるだろうと。

　企業会計と税務会計との共通部分については基礎（的計算）を残すべきだという意見は，単に実務だけに限られず，会計教育にとっても重要である。個別財務諸表がメインの時代は，その知識が財務諸表論（財務会計論）の入門的知識であり，連結財務諸表は，それに基づく中級ないし上級の知識という位置付けで済んでいた。しかし，現在は，連結財務諸表がメインであり，かつ会社法の計算書類にも含まれている以上，その知識は財務諸表論（財務会計論）の不可欠な知識となっている。だが，財務会計の初学者が，そうした複雑な連結財務諸表の知識を学習するのは相当困難である。

　財務会計の初学者にも，企業会計と税務会計との共通部分についての基礎

（的計算）の知識の教授が求められていると思う．かつて，筆者は，会計文化という観点から「企業会計原則」の成立の経緯について論じたことがあるが（久保田 2010），本書補論で見たように，「企業会計原則」は，証券取引法会計の整備だけでなく，法人税課税所得計算の近代化とも深いつながりがあり，また，商法会計の近代化に貢献した．つまり，個別決算中心の日本の会計規制近代化を牽引した，企業会計の礎として機能していた．さらに，会計教育にも多大に影響を与えてきた．会計のグローバリゼーションは，税務会計との関係に問題を突き付けるだけでなく，このように会計教育にも問題をもたらしている．複雑な実務をこなせる専門家の養成も重要な課題であるが，それを支える，すそ野たる初学者の教育も大事である（武田 2009, 25 頁参照）．

　現在，「企業会計原則」は，金融商品の評価をはじめ，重複する企業会計基準が優先的に適用されるとして，骨抜きにされたまま放置されている．大企業会計と中小企業会計，個別決算と連結決算，そして企業会計と税務会計についての共通部分としての基礎を担うものとして，「企業会計原則」の改訂版ともいうべきものが求められているのではないだろうか．

〈著者略歴〉

久保田 秀樹（くぼた ひでき）

1958年生まれ
1980年　関西学院大学商学部卒業
1982年　神戸大学大学院経営学研究科博士前期課程修了
1989年　滋賀大学経済学部助教授
1992年　ザールラント大学（ドイツ）にて10ヶ月間研究従事
1997年　アウクスブルク大学（ドイツ）にて2ヶ月間研究従事
　　　　博士（経営学）（神戸大学）
2000年　滋賀大学教授
2004年　経済監査士協会（ドイツ）にて2ヶ月間研究従事
2006年　甲南大学経営学部教授（現在に至る）
2010年　デュッセルドルフ大学（ドイツ）にて6ヶ月間研究従事

ドイツ商法現代化と税務会計

2014年9月18日　初版第1刷発行

著　者　Ⓒ　久保田秀樹
発行者　　　菅田直文
発行所　有限会社　森山書店　東京都千代田区神田錦町
　　　　　　　　　　　　　　1-10 林ビル（〒101-0054）
　　　　TEL 03-3293-7061 FAX 03-3293-7063　振替口座 00180-9-32919

落丁・乱丁本はお取りかえ致します　　印刷／製本・シナノ書籍印刷

本書の内容の一部あるいは全部を無断で複写複製することは，著作権および出版社の権利の侵害となりますので，その場合は予め小社あて許諾を求めてください。

ISBN 978-4-8394-2145-8